모두를 위한 사회과학

서용석 교수님께
감사드리며

모두를 위한 사회과학

김윤태 지음

Humanist

인간다운 삶을 위한 사회과학 공부

사회는 끊임없이 변화하고 우리는 언제나 미래를 상상한다. 하지만 그 미래는 우리를 배반하곤 한다. 1991년 냉전이 끝나고 세계의 평화와 안정이 도래하리라 기대했지만 우리는 테러와의 전쟁과 경제 위기를 맞았다. 2007년 세계 금융 위기가 터지자 수많은 사람이 직장을 잃고 거리로 쫓겨났다. 한국에서도 1997년 외환 위기 이후 사회불안이 커지고 개인의 삶의 만족감은 작아지고 있다. 헌법상 대한민국은 민주공화국이지만 스스로가 주권을 가졌다고 믿는 사람은 많지 않다.

2016년 한국에서 권력형 부정 비리가 폭로되면서 정부의 권위와 신뢰가 바닥까지 떨어졌다. 유례없는 최대 규모의 시위로 이어진 광화문 촛불 집회는 한국 민주주의의 새로운 역사를 만들었다. 국회의 대통령 탄핵 심판 청구는 1,000만 시민의 힘을 보여주었지만 실업과 빈곤의 벼랑에 선 보통 사람의 삶은 정치 무대에 오르지 못했다. 광화문 촛불 집회에 모인 이들이 저마다 느낀 해방감은 일시적이고 직장과 학교, 일상에서 우리는 기득권층의 횡포와 여전히 마주한다.

대의 민주주의에서 변호사와 직업적 정치인이 국회를 독식하고 대다수 시민은 정치에서 배제되었다. 대다수 국민의 삶에 영향을 미치는 법률과 제도는 소수 엘리트에 의해 좌우되며 국가는 대기업이라는 특수 이익집단의 인질이 되었다. 비정규직, 청년 실업, 빈부 격차는 우연히 발생한 것이 아니라 사회의 인간이 만든 결과다. 왜 우리는 스스로가 '헬조선'이라 부르는 이런 사회를 만들었을까? 지금 우리는 어떻게 사회가 운영되는지, 우리가 원하는 사회는 무엇인지, 어떻게 사회를 바꿀 수 있는지 되돌아볼 필요가 있다.

이 책은 사회가 무엇이고, 사회를 어떻게 보아야 하고, 사회가 작동하는 방식이 무엇인지에 대해 질문을 던지려고 했다. 그리고 우리는 로빈슨 크루소처럼 살아갈 수 없고 사회 속에서 남과 더불어 살아가야 하는 인간이라고 강조했다. 개인의 행동을 분석하는 데 몰두하는 주류 경제학과 심리학은 어느 정도 유용한 지식을 만들어내지만 이를 통해서는 인간을 온전히 이해할 수 없다. 사회의 개인들이 어떻게 연결되어 어떤 영향을 주고받으며 사회를 바꾸는지 설명해내지 못한다면, 나무만 보고 숲을 보지 못하는 어리석음을 범할 것이다. 왜 대다수 경제학자가 금융 위기를 예측하지 못했고, 왜 심리학자들이 개인의 소외감과 불행감이 커지는 현실에 직면하게 되었는지 우리는 묻지 않을 수 없다. 세계화와 정보화가 저성장과 불평등을 불러일으키는 격변기에 다시금 사회과학의 시대가 열리고 있다. 하지만 재테크, 처세술, 자기 계발에 이어 멘토링, 힐링 등등과 같이 사회문제를 개인의 문제로만 돌리면서 개인의 절망감을 부추기고 사람들을 현혹하는 사이비 학문이 우리 주변에 가득하다.

사회과학은 언제나 '오늘' '여기'의 문제를 직시하고 해결하려 애쓴다. 이런 점에서 사회과학자들은 왜 사람들은 점점 고립되고 원자화되고 파편화되는지, 왜 모두 열심히 노력해도 취직은 어렵고 빈곤과 불평등은 더욱 커지는지, 왜 우리가 불행하다는 느낌은 점점 커지는지와 같은 근본적 질문을 던진다. 모든 사람이 자신이 희망한 대로 살아갈 수는 없지만, 우리가 꿈꾸는 희망과 현재 우리의 삶 사이의 간격이 너무 크다. 그렇다면 우리의 선택은 둘 중 하나다. 우리의 희망을 이루기 위해 사회에 뛰어들어 더 나은 세상을 만들기 위해 싸우든지, 희망이 도저히 이루어질 것 같지 않다는 회의가 든다면 스스로 포기하고 패배자의 굴욕을 감내하고 살아가든지.

우리 가운데 희망을 잃지 않은 사람이라면 먼저 우리가 살고 있는 사회가 무엇인지, 사회를 움직이는 힘은 무엇인지, 사회가 어느 방향으로 가고 있는지 진지하게 성찰해야 한다. 이 책은 이 질문에서 출발했다. 2011년에 이 책이 처음 출간된 이래 많은 사람의 관심을 받았지만 이번 개정판에서는 그 내용을 전면적으로 수정·보완했다. 특히 새롭게 넣은 8장 '사회과학, 불평등을 해부하다'에서는 오늘날 가장 중요한 사회문제인 불평등을 다루었다. 한국뿐 아니라 전 세계적으로 불평등은 인류가 맞은 가장 심각한 도전이다. 미국과 유럽에서 불평등은 1929년 대공황 직전 수준으로 심각해졌다. 세계 최고 수준인 한국의 노인 빈곤, 자살률, 저출산, 사교육비, 성형수술, 사치품 열광 등의 문제 대부분은 불평등에서 비롯된 것이다. 불평등은 우리를 불행하게 만들고 경제성장을 저해하고 궁극적으로 사회를 파괴한다. 나는 다른 책에서 이 문제를 좀 더 깊고 폭넓게 다루려 한다.

모두를 위한 사회과학

사회가 어떻게 변하든지 난 상관없다고 생각하거나 행복은 외부에서 오는 것이 아니라 내 마음에 달렸다고 외치는 사람들에게는 이 책이 별로 소용이 없을지도 모른다. 하지만 사회에서 살아가는 한 우리 스스로 사회를 보는 눈을 키워야 한다. 테렌티우스는 "나는 인간이다. 인간에 관한 일이라면 무엇이든 남의 일로 여기지 않는다."고 말했다. 사회과학적 사고와 상상력이 없다면 사회는 물론 자신도 이해할 수 없기에 자기 자신을 위해서라도 사회과학을 공부해야 한다. 사회를 이해하는 능력이 없다면 개인의 문제도 해결할 수 없기 때문이다. 당연히 좋은 사회가 도래하지 않는다면 인간다운 삶도 요원하다. 2016년 한국 민주주의의 힘을 결집하며 국민이 이 나라의 주인임을 보여준 모든 분을 위해, 특히 우리의 미래인 청년 세대의 앞날을 위해 이 책이 작은 도움이 되기를 기대한다.

2017년 2월
김윤태

| 차례 |

사회과학,
사회를
탐구하다

1장

1장은 아리스토텔레스와 에밀 뒤르켐, 상징적 상호작용주의를 통해 사회를 보는 세 가지 눈을 소개한다. 먼저 고대 그리스 철학자 아리스토텔레스는 사회를 자연적 공동체로 보았으며, 19세기 후반 프랑스 사회학자 뒤르켐은 사회를 구조의 결합으로 보았다. 마지막으로 20세기 후반 대두한 상징적 상호작용주의는 사회를 개인들의 상호작용으로 보았다. 이와 같이 사회를 바라보는 눈이 저마다 다른 것처럼 사회를 연구하는 학문의 내용도 매우 다양하다. 하지만 사회를 연구하는 학문은 일반적으로 사회현상이 일어나는 원인과 과정을 탐구하며 사회문제를 해결하기 위해 노력한다.

우정을 나누는 친구가 없다면 어느 누구도 살고 싶지 않으리라.

우정은 삶에 절대적으로 필요한 것이다.

— 아리스토텔레스

아리스토텔레스의
호모 소키에타스

고대 아테네에서는 정치에 관심 없는 사람을 '이디오테스idiotes'라고 불렀다. 이것은 바보라는 뜻의 영어 '이디어트idiot'의 어원으로, 당시에는 정치에 관심 없는 사람을 바보로 여길 정도였다. 도시국가이자 정치 공동체인 폴리스polis 시민이라면 누구나 정치에 참여할 권리와 의무를 가졌다. 폴리스에서는 삶 자체가 정치였다. 오늘날 널리 사용하는 정치politics라는 용어도 원래는 폴리스에서 나온 말이다. 이로써 정치라는 용어는 오늘날의 직업적 정치가 아니라 다양한 사람이 모여 사는 공동체에서 일어나는 모든 일을 의미함을 알 수 있다. 인간은 광장에 함께 모여 서로의 말과 생각을 나누며 더불어 사는 존재라는 것이다.

인간은 폴리스의 동물

고대 그리스 철학자 아리스토텔레스는 《정치학》에서 도시의 정치 공동체를 두고 다음과 같은 유명한 말을 했다. "사회에서 살 수 없거나 혼자서도 살 수 있기 때문에 사회가 필요하지 않는 사람은 야수이거나 신이다." 인간은 결코 혼자 살 수 없으며 다른 사람과 더불어 사회 속에서 살아야 한다. 한마디로 "인간은 폴리스의 동물"이라고 강조했는데, 이는 "인간은 정치적 동물"이라는 말로 옮겨졌다. 아리스토텔레스가 말한 폴리스는 단순히 그리스의 도시국가를 가리키는 것이 아니라 인간이 모여 사는 공동체를 뜻한다. 즉 인간은 폴리스에서 살아야 한다는 것이며, "정치적 동물"이란 말은 사실상 '사회적 동물'과 거의 같은 뜻이다. '지혜가 있는 인간'이라는 뜻의 호모사피엔스Homo sapiens가 이로써 '사회적 인간'이라는 뜻의 호모 소키에타스Homo societas로 바뀐 것이다.

고대 그리스의 폴리스는 어떤 도시국가였을까? 폴리스는 오늘날의 도시와 같았을까? 2,500년 전 그리스 사람들은 폴리스라는 공동체를 이루어 모여 살았다. 수많은 폴리스가 있었지만 아테네와 스파르타, 테베가 대표적인 폴리스였다. 폴리스들은 각자의 필요에 따라 동맹을 맺기도 했지만 통일국가는 이루지 못했다. 평야는 적고 산지가 많은 지형 때문에 지역 간 교류가 활발하지 못해 작은 정치 단위를 이룰 수밖에 없었다. 이렇듯 각각의 폴리스는 산과 바다로 가로막혀 고립된 곳이었지만 그 안에서는 어디든 걸어서 다닐 수 있을 정도의 작은 세계였다.

서로 다른 폴리스들은 비교적 독립성을 띠었으며 폴리스 자체는 목적성을 갖고 움직였다. 폴리스는 공동체 구성원인 시민에게 절대적인 권한을 행사했고 종교의식을 통해 시민을 결집시켰다. 또 시민은 법률의 지배를 받았다. 이러한 의미에서 폴리스는 근본적으로 전체를 위해 개인의 자유를 억압하는 전체주의적 성격을 띠는데, 스파르타가 대표적이다. 반면 아테네는 여러 면에서 스파르타에 비해 자유로웠다.

모두를 위한 사회과학

레오 폰 클렌체(Leo von Klenze), 〈아테네의 아크로폴리스와 아레오파고스의 이상적 풍경〉, 1846년
그림에서 중심부의 우뚝 솟은 바위 언덕과 신전이 자리한 곳은 아크로폴리스이고, 사람들이 모여 있는
그 아래 광장은 귀족정치의 산실인 아레오파고스 언덕이다. 그 왼쪽에 고대 그리스의 시장이자 민주주의
발상지인 아고라가 보인다.

민회가 열리던 아고라

아테네는 면적이 2,400제곱킬로미터에 불과한 작은 폴리스였다. 이곳에
서는 세계 최고로 민주주의가 행해졌는데, 그 중심은 아고라였다. 아고라
는 물건을 사고파는 시장일 뿐 아니라 정기적인 시민 총회인 민회ekklesia
가 열리는 장소였다. 아고라는 아테네 민주제의 중심지로 항상 많은 시
민으로 북적거렸으며, 아테네 성인 남자들은 민회에 참여하여 국가 문
제에 대해 함께 토론하고 결정했다. 민회가 열림을 알리는 연기가 프닉
스 언덕에 피어오르면 시민들은 아고라에 모여 그들의 의무를 기꺼이 행
했다. 이때 공적 업무를 맡는 모든 관리나 재판의 배심원은 추첨으로 선

출했기 때문에 누구나 공직자가 될 수 있었다. 시민 모두가 국가 관리인 동시에 권력을 가진 정치인인 셈이었다. 그러나 이러한 권한에도 제한이 있었다. 30여만 인구 가운데 실질적 시민권을 가진 사람들은 약 4만의 성인 남자뿐이었으며, 노예와 여자, 어린아이, 외국인은 시민권이 없었다.

아테네는 도시국가였지만 현대의 도시와는 매우 달랐다. 현대의 도시는 농촌과 떨어져 있으며, 도시에 사는 사람에게만 배타적 권한이 주어지는 세계다. 하지만 아테네는 주변 농촌 지역 거주민과 긴밀히 연결되어 있었다. 모든 시민이 아고라에서 물건을 사고팔고, 외부 침략을 받으면 성안으로 들어오고, 아크로폴리스에 세워진 신전에서 제례를 지냈다. 주변 지역의 땅을 소유하는 것이 시민적 정체성 유무를 정하는 기준이었다. 한 해의 농사를 마치고 겨울이 시작되면 종교 축제를 계속 열어 공동체적 삶을 확인했다. 연극, 무용, 행진, 경주, 횃불, 포도주 등을 이용한 종교 축제는 오랜 전통을 가진 의식이었다. 아테네에도 한때 왕이 있었지만 실권은 귀족이 쥐면서 사라져갔고 아홉 명의 집정관이 다스리는 귀족 정체도 농민의 반발로 무너졌다.

현대 기준에서 보면 아테네 민주제에는 제약이 있었지만, 시민들이 결정권을 가지고 직접 정치에 참여한 것은 혁명적인 일이었다. 자신의 일을 스스로 결정하는 자율성은 그리스의 정치 조건과 깊은 관련이 있었다. 무엇보다 농민이 부채로 인해 부유층에 예속된 상태에서 해방되어 땅을 소유해야 했고, 뛰어난 사람들(귀족)의 정치적 특권은 없어져야 했다. 보편적으로 인정된 법률 아래 모든 사람이 평등한 도시에서 사는 시민들의 마음속에는 뜨거운 애국심이 가득했다. 모든 시민은 자신의 국가를 위해 기꺼이 목숨 바칠 각오가 되어 있었다. 말 탄 귀족이 전쟁을 벌이던 시대는 지나고 중무장 보병 시대●가 되었다. 이렇게 평범한 농부들로 이루어진 그리스 군대는 페르시아 왕의 거대한 군대와 맞서 싸워 이겼다. 중무장 보병의 구성원이었던 농부는 바로 폴리스 시민들이었다.

사회는 다양한 개인이 모인 공동체

현대사회에서도 사회란 그리스의 폴리스처럼 다양한 개인이 한데 모인 공동체를 가리킨다. 영어로 이를 소사이어티society라고 하는데, 영국에서는 15세기부터 이 단어를 사용했다. 이것은 프랑스어 소시에테société를 빌려다 쓴 것이다. 그런데 소시에테 역시 고대 로마 시대에 사용하던 라틴어 소키에타스societas에 뿌리를 둔 단어로, 당시에는 '다른 사람과 어울리는 친구 모임'을 뜻했다. 이는 '친구, 동료, 사업 동반자'라는 뜻을 가진 라틴어 소키우스socius에서 생겨난 것이다. 소키우스도 다시 거슬러 올라가면 공동체 성원들 사이의 사회계약을 뜻하는 고대 그리스어 소쿠스 로쿠스socus locus에서 비롯한 단어다. 유럽 문명의 뿌리는 그리스 아닌가? 결국 서양 사회의 전통에서 보면 사회라는 말에는 사회 성원이 공통의 관심 또는 공통의 이익, 공통의 목표 또는 공통의 특징을 공유한다는 의미가 담겨 있다.

중무장 보병 시대 방패, 투구, 갑옷, 정강이 가리개 등으로 무장한 중무장 보병이 전쟁에서 주력 부대였던 시대를 말한다.

그러면 동양에서는 어떤가? 고대 중국에서는 '천하', '강호', '세간'이라는 용어를 썼지만, 사회라는 말과 그 뜻이 일치하지는 않았다. 사회社會의 '사社'는 중국에서 원래 토지신을 가리켰으나, 나중에는 지역에서 함께 제사를 지내는 집단을 뜻했다. 원나라에서는 지역 행정단위를 이르는 말로 사용했다가 명나라 이후 '회會'와 함께 쓰여 결사나 모임을 이르는 말이 되었다. '회'는 쌀 찌는 그릇에 뚜껑 올린 모양을 본뜬 글자로 사람이 모인다는 뜻으로 쓰였다. 하지만 동양 사회에는 서양 사회에서 사용하는 '사회'와 딱 맞아떨어지는 실체가 없었다. 그래서 19세기 일본 학자들은 소사이어티와 같은 의미로 '사회'라는 용어를 새로 만들었다. 일본 학자가 쓴 사회는 '사람들의 모임'을 가리켰는데, 서양 사회에서 사용했던 것과 똑같은 의미는 아닌 듯하다. 비슷한 시기에 개인, 자유, 권리, 존재라는 말도 새로운 번역어로 등장했다.

오늘날 사회과학자가 쓰는 '사회'라는 용어는 공통의 문화를 공유하고 특정한 영역에 살면서 통일적인 특별한 실체를 구성한다고 느끼는 사람들의 집단을 가리킨다. 일상적 의미에서의 사회는 개인적 주체와 분리되어 외부에 있는 단일한 실체로 간주된다. 수렵·채집 사회는 소수의 사람으로 이루어지는 반면, 현대사회는 적게는 수만 명, 많게는 수억 명으로 구성되기도 한다. 예를 들어 우리는 한국을 하나의 사회라고 생각할 수 있다. 한국은 하나의 언어를 사용하고 공통의 문화를 가지고 있다. 또한 수많은 사람이 한국 사회를 단일한 실체라고 생각하기에 한국인이라면 한국 사회에 강한 소속감을 가질 것이다. 한국 사회의 공통된 특징은 개인의 생활 방식과 사고방식에 커다란 영향을 미친다. 개개인은 자신이 독립적으로 사고하고 자유롭게 행동할 수 있다고 믿지만, 한국 사

모두를 위한 사회과학

회가 만든 눈에 보이지 않는 관습과 다양한 규칙에 많은 영향을 받는다. 그러면 개인과 동떨어진 독립적 실체로서의 사회는 실제로 존재할 수 있을까?

●

사회는 거대한 구조다 vs
사회는 개인의 상호작용으로 이루어진다

지금 우리가 사는 사회가 실제로 존재하는 것인지, 아니면 인간의 상상 속에서 만들어진 것인지 분명하게 말할 수 있는가? 사회가 실제로 존재 한다는 생각은 사회에 관한 연구가 본격적으로 시작된 초기 단계에서부 터 제기되었다. 에밀 뒤르켐●은 1902년 프랑스 소르본 대학교에 세계 최 초의 사회학 교수로 취임했다. 그는 사회는 눈에 보이지 않는 구조로 이 루어졌으며, 인간 행동은 그 구조의 영향을 받는다고 보았다. 뒤르켐은 《사회 분업론》에서 "사회는 사람들이 생각하는 것처럼 비논리적이고 무 논리적이며 일관성 없고 병적인 것이 전혀 아니다. 반대로 집단의식은 의식 중의 의식이기 때문에 심리적 생활의 가장 높은 형태다."라고 주장 했다.

에밀 뒤르켐(1858~1917) 프랑스 사회학자로 현대 사회학의 기본 개념과 방법론을 체계적으로 제시했다. 노동 분 업, 종교, 사회주의에 대한 체계적인 연구로 유명하다. 원래 철학을 공부했지만, 철학에서 독립된 사회학 방법을 주 창했다. 동시에 생물학, 심리학과는 다른 사회 연구의 독자적 규칙을 창안했다.

모두를 위한 사회과학

에밀 뒤르켐
프랑스 사회학자로, 사회학적 연구방법론을 체계
화시켜 제시했다. '사회사실'을 탐구해야 한다고
강조했으며, 사회가 구조로 이루어졌다고 보는 구
조적 사회학을 주장했다.

모든 자살은 타살이다

뒤르켐은 자살에 관한 실증적 연구를 통해 사회가 개인의 행동에 중요한
영향을 준다고 주장했다. 그는 《자살론》에서 자살이 표면적으로는 개인
적 행위로 보이지만, 그 이면에는 개인을 자살로 이끄는 사회유형이 존
재한다고 지적했다. 또 개신교도가 가톨릭교도보다 자살률이 높다는 점
을 주목했다. 왜 그럴까? 뒤르켐은 가톨릭교회에 공동체의 강력한 규범
과 규율이 있기 때문에 가톨릭교도의 자살률이 낮다고 해석했다. 가톨릭
교회는 직능별, 연령별, 지역별로 긴밀하게 연결된 조직을 가지며, 주교
와 신부의 권위가 매우 강하다. 반면에 개신교는 신 앞에 홀로 선 개인의
자유를 강조하기 때문에 공동체의 소속감이 상대적으로 약하다.

　뒤르켐은 자살을 심리학의 문제가 아닌 사회학의 문제로 보고, 자살률
과 사회 통합 사이에 상호 관계가 있다고 지적했다. 그는 외부의 사회적

압력이 개인의 자살률에 영향을 준다고 생각했다. 또 개인은 사회집단에 강하게 결속되기 때문에 개인의 욕망과 야심이 사회적 통념에 부합하는 사람들은 자살할 가능성이 낮다고 보았다. 뒤르켐은 프랑스 정부의 공식 통계를 조사하여 개인이 다른 사람들과 떨어져 고립될 때 자살률이 높다는 사실을 밝혀냈다. 대개 여성보다는 남성이, 가난한 사람보다는 부자가, 결혼한 사람보다는 혼자인 사람의 자살률이 높았다. 여성, 빈곤층, 결혼한 사람이 긴밀한 사회관계를 맺을 가능성이 많기 때문이다. 시대적 분위기도 영향을 미친다. 자살률은 전쟁 시기에 낮아지고, 경제가 불안정한 시기에 높아졌다. 전쟁 시기에는 사회 통합이 강해지는 데 비해, 경제가 불안정한 시기에는 사회 통합이 약해지기 때문이다.

뒤르켐은 사회 통합 정도에 따라 자살 유형을 이기적 자살, 이타적 자살, 숙명적 자살, 아노미적 자살로 구분했는데, 이 가운데 뒤르켐이 가장 주목한 것은 아노미적 자살이다. 아노미anomie는 개인주의가 강화되면서 사회규범과 사회 규칙이 약화되거나 붕괴된 상태를 말한다. 뒤르켐은 산업사회에서 개인주의가 확대되면서 아노미 현상이 증가한다고 보았다. 농촌을 떠나 도시로 이주한 사람은 과거의 생활 방식이나 가치 규범과는 다른 새로운 현실에서 혼란을 겪는다. 실연, 이혼, 가족과의 사별, 직장 해고, 명예 실추 또는 인기 상실도 중요한 요인이다. 1930년대 대공황 당시 미국의 자살률은 높았으며, 외환 위기 이후 한국 사회에서도 자살률이 급증했다. 즉 사회가 붕괴될수록 자살률은 높아진다.

모두를 위한 사회과학

사회는 거대한 구조다 – 구조적 사회학

뒤르켐의 주장에서 중요한 특징 가운데 하나는 자살을 개인 의지와는 독립된 '사회사실fait social'로 보았다는 점이다. 그는 자살 역시 순수한 개인 의지의 결과라고 볼 수 없으며, 자살에는 사회적 원인이 존재한다고 생각했다. 뒤르켐에 따르면 자살의 사례에서 볼 수 있듯이, 사회사실을 분석하는 것은 심리학이나 다른 차원으로 환원할 수 없으며, 사회를 연구하는 학자는 사회의 논리 자체를 찾아야 한다. 자살률이 종교 집단의 특징과 상관관계가 있듯이 모든 사회사실은 다른 사회사실과 인과관계로 맺어진다. 원인이 있어야 결과도 있다. 사회의 논리가 원인이고 개인의 행동이 그 결과다. 결국 사회가 개인의 행동을 결정한다.

　뒤르켐은 사회를 하나의 체계로 보며, 사회현상은 사회 자체의 기능으로 나타난다고 분석한다. 하지만 사회의 기능은 사회 체계 속에서 행동하는 사람들에게는 분명하게 드러나지 않는다. 사람들의 행동은 사회 전체가 가진 목적을 위하여 일정하게 기능한다. 이러한 점에서 사회를 단순하게 개인의 집합으로 보아서는 안 된다. 사회는 정치, 경제, 문화, 종교 등 다양한 부문의 구조를 통해 사람들이 서로 복잡하게 연결된 존재다. 사회를 하나의 거대한 구조로 보는 뒤르켐의 사고는 프랑스 사상가뿐 아니라 현대 사회과학자에게도 커다란 영향을 주었다.

　뒤르켐의 구조적 사고는 시간이 지나면서 많은 비판을 받았다. 사회가 개인의 외부에 존재하는 하나의 실체라면 모두가 사회에 관해 동일하게 인식해야 한다. 하지만 우리가 하나의 사회를 인식하는 과정이 분명하지 않은 경우가 있다. 예를 들어 1789년 프랑스혁명 당시 프랑스어를 사용하는 사람은 프랑스 총인구의 20퍼센트에 불과하여 스스로가 프랑스 국민이라고 생각하는 사람은 거의 없었다. 그렇다면 '소비에트 국민'이 모인 소련은 하나의 사회였을까? 1991년 이후 소련 사회는 러시아, 우크라이나, 벨라루스, 카자흐스탄 등으로 갈라졌다. 미국은 어떤가? 미국 사회에 존재하는 앵글로·색슨 사회, 이탈리아 이민자 사회, 중국계 화교 사회, 멕시코계 히스패닉 사회를 모두 한 사회라고 볼 수 없다.

우리나라의 경우를 살펴보자. 역사학자들은 한반도에서는 고려 말기에 이르러서야 국가 단위 집단의식의 단일성이 강화되었다고 본다. 오늘날 한국 사회는 수도권, 충청도, 경상도, 전라도, 제주도 등 서로 다른 사회가 모여 커다란 하나의 사회를 구성한다. 영토는 작지만 지리적으로 거대한 강과 산맥으로 나뉘어 각 지역이 서로 다른 방언과 독특한 문화를 유지한다. 또한 하나의 사회 안에서도 남성·여성·노인·청년·학생 사회 등 수많은 사회로 분류할 수 있다. 이처럼 우리는 종족, 성별, 지역, 계층에 따라 수없이 다른 사회를 구분하여 정의한다. 그러면 한국 사회라는 단일한 사회는 정말 존재하는 것인가?

사회는 개인의 상호작용으로 이루어진다 – 상징적 상호작용주의

일부 사회과학자들은 상식적 수준에서 사회를 정의한 것에 의문을 제기한다. 상징적 상호작용주의 이론●을 지지하는 학자들은 개인만 존재할 뿐 사회라는 고정된 실체는 존재하지 않는다고 주장한다. 그들은 우리가 사회를 제대로 알지 못하기 때문에 사회라는 개념을 쓰는 것이라고 여긴다. 사회란 상징적 상호작용을 통해 사회 체계를 형성하는 사람들의 집단에 불과하다는 것이다. 따라서 사회적 현실의 창조자는 개인이고, 사

모두를 위한 사회과학

회적 현실은 항상 유동적이고 변화한다. 사회 안에서 개인은 서로 조정과 협동을 이루려 하는데, 이 경우 사회는 고정된 실체가 아니기 때문에 개인 간의 상호작용에 의해 끊임없이 변화한다.

예를 들어 영국과 미국은 같은 혈통과 문화, 언어를 가진 하나의 사회였지만, 독립 전쟁이 일어나고 1776년 미합중국이 수립되면서 별개의 사회로 분리되었다. 일제강점기에서 해방된 1945년에 한반도는 하나의 사회였지만, 1948년 이후 분단국가가 세워지면서 별개의 사회가 되었다. 독일과 베트남도 분단국가가 세워지면서 두 개의 사회로 분열되었으나 나중에 하나의 사회로 통합되었다. 제2차 세계대전 이후 수많은 신생독립국이 생기면서 세계가 200여 개 나라로 갈라진 것처럼 보이지만, 다른 한편으로는 '국제사회'라고 부르는 새로운 사회가 만들어졌다. 이렇게 인간 사회는 고정된 형태로 존재하는 것이 아니라 인간의 상상, 의지, 신념에 따라 새로운 사회관계를 형성하면서 과거와 전혀 다른 형태로 변화한다.

사회 내부에서는 인간의 다양한 사회관계가 형성된다. 흔히 한 사회 내부의 사람들은 서로 긴밀하게 연결되어 있다고 생각하지만 실제로 어떻게 연결되는지 잘 모르는 경우가 많다. 정보 통신 기술의 발달로 세계가 하나의 거대한 정보공간으로 연결되면서 우리는 더욱 적은 단계를 거

상징적 상호작용주의 이론(symbolic interactionism) 이 이론은 언어·숫자·종교의식·놀이·예술 등에서 나타나는 인간의 상징적 의사소통 과정을 연구한다. 20세기 후반 미국에서 큰 인기를 얻었는데, 대개 사회화, 사회적 역할, 정체성이 만들어지는 과정을 연구했다. 하지만 권력, 구조, 역사를 소홀히 하는 대신 지나치게 사회심리학적 요소를 강조한다는 점에서 비판받았다. 이에 대해 상징적 상호작용주의 이론가들은 자신들의 연구가 상징주의와 관련된 권력의 한 측면을 연구하는 것이라며 반박한다.

쳐 서로 연결된다. '좁은 세상', 즉 끊임없이 서로 접촉하려는 사람들의 노력으로 이루어진 사회에서 살아간다. 우리가 만든 '지구촌global village' 도 정보 문명이 창조한 것이다. 지구촌에서 개인은 지구 반대편에 있는 다른 개인과 얼굴도 모르는 관계지만 연결될 수 있다. 국가를 토대로 이루어진 '국제사회'와는 질적으로 다른 사회가 탄생한 것이다. 사회 네트워크가 취약하던 시대에는 상상할 수도 없던 일이 일어났다. 지구촌이라는 정보 네트워크 사회는 과거에는 없었던, 새로 만들어진 사회다.

어쩌면 사회는 실제로 존재하는 동시에 인간의 상상 속에서 끊임없이 다시 만들어지는지도 모른다. 사회는 가족, 기업, 노동조합, 정부 같은 다양한 집단과 제도의 형태로 존재한다. 동시에 사회의 이런 모든 집단과 제도는 항상 유동적이며 구체적 실체가 없는 존재이기도 하다. 그 때문에 사람들은 사회를 이해하기까지 많은 혼란과 갈등을 겪기도 한다. 이제 사회 근원을 찾아가는 지난한 과정에서 해답을 찾기 위해 많은 노력을 기울인 학자들의 생각을 만나볼 것이다.

모두를 위한 사회과학

이성의 발견과
사회과학의 탄생

지성을 가진 인간은 사회를 이해하기 위해 끊임없이 노력해왔다. 고대 중국의 공자와 맹자, 고대 그리스의 플라톤과 아리스토텔레스는 인간 사회에 대해 높은 식견을 지녔으며, 사회가 작동하는 원리와 특징에 관한 많은 저작을 남겼다. 하지만 인간 행동을 분석하는 구체적이고 경험적인 해석을 제공하려면 더 많은 시간과 노력이 필요했다. 18세기에 이르러서야 본격적으로 인간 사회에 대한 연구가 시작되었다.

계몽주의, 인간의 이성을 발견하다

18세기 유럽 학자들은 과거와 다른 사회가 등장하는 현실을 직접 보았다. 당시 유럽은 급속도로 변화했다. 사회에 관한 새로운 연구는 사회가 평온한 시기보다 격변하는 시기에 쏟아져 나왔다. 유럽의 학자들은 과거의 방법으로는 급변하는 세계를 해석할 수 없음을 깨달았다. 홉스, 존 로크John Locke, 볼테르, 몽테스키외, 루소, 칸트, 헤겔 같은 학자들은 '이성'

이라는 새로운 개념을 사용하여 인간 세계를 해석하려 했다.

18세기에 인간과 사회를 바라보는 새로운 관점이 등장한 것은 인간의 합리적 이성에 대한 신념을 널리 퍼뜨린 '계몽주의'와 깊은 관련이 있었다. 사회에 대한 체계적 연구는 계몽, 진보, 변화, 비판을 강조하는, 유럽에서 일어난 새로운 지적 혁명과 함께 시작되었다. 특히 명예혁명과 프랑스혁명 시기에 새로운 철학이 집중적으로 등장했다. 영국 철학자 베이컨, 프랑스 철학자 데카르트와 볼테르는 이성에 근거하여 합리적 판단을 내려야 한다고 강조했다. 1784년에 독일 철학자 임마누엘 칸트Immanuel Kant 역시 《계몽이란 무엇인가》에서 인간은 이성의 빛을 통해 편견과 헛된 망상에서 벗어나야 한다고 역설했다. 미신과 종교의 권위에서 벗어나 인간을 합리적 이성을 가진 존재로 변화시키려는 노력은 인간 역사가 진보한다는 사고로 발전했다. 동시에 전통 사회의 비합리적 성격을 광범위하게 비판하는 내용이 제기되면서 합리적 이성을 기반으로 한 새로운 지식에 열정적으로 몰두하는 분위기가 만들어졌다.

종교를 맹렬히 비판한 계몽주의가 확산되는 것은 당시 기득권 세력에게 매우 위험한 일이었다. 그 시기 유럽에서의 모든 이성적 학문은 신학과 형이상학, 개인을 철저히 통제하는 전제 정부와 싸워야 했다. 계몽주의자의 새로운 학문은, 인간 사상을 다루는 인간 과학이 체험과 관찰이라는 경험적 방법으로 연구된다고 주장했다. 또 인간 역사는 신이 결정하는 것이 아니라 인간의 자유의지에 따라 만들어지는 것이라고 말했다. 종교와 같이 인간이 파악할 수 없는 원리를 이해해야만 하는 것은 더 이상 인간의 학문이 될 수 없었다. 인간이 개인과 집단, 다양한 사회를 제대로 이해하고 예측할 수 있다는 신념은 과학이 발전하면서 더욱 확산되었다. 일찍이 영국의 로크와 데이비드 흄David Hume이 이런 현상에 커다란 영향을 주었다. 로크는 《인간 오성론》에서 인간의 마음은 백지상태며 경험을 통해 관념이 생성된다고 주장했고, 흄은 《인간은 무엇인가》에서 인간 과학은 체험과 관찰이라는 경험적 방법으로 연구하는 과학이라고 주장했다.

산업혁명과 정치혁명, 전통 사회를 붕괴시키다

역사적으로 볼 때, 사회에 관한 연구는 미국독립혁명, 프랑스혁명, 산업혁명 이후 발생한 전통 사회의 붕괴 및 새로운 사회의 등장과 밀접하게 관련된다. 대표적으로 영국에서 시작된 산업혁명은 새로운 경제적·사회적 변화를 주도했다. 맨체스터와 리버풀을 연결하는 철도와 증기기관차는 산업사회industrial society로 진입하는 새로운 분기점이었다. 그 후 기계를 통한 대량생산이 이루어지고 인간의 생활은 근본적으로 변화했다. 산업화가 진행되면서 농사짓고 양을 키우던 농촌 사람들이 도시로 몰려들었고, 이로 인해 도시인구가 폭발적으로 증가했다. 토지를 기반으로 하는 전통 사회는 도시가 이끄는 산업혁명을 통해 붕괴되었다. 1891년 토머스 하디Thomas Hardy가 쓴 소설 《테스》에서 볼 수 있듯이 농촌 사회는 빠르게 해체되었다. 더버빌가 사람들은 소작권을 뺏기고 마을에서 강제로 쫓겨나 극빈의 상황에 내몰렸으며, 가족을 부양해야 하는 맏딸 테스는 운명의 소용돌이에 휘말렸다. 당시 영국의 도시에는 많은 재산을 축적한 신흥 부자와 자신의 노동력을 팔아 생활하는 다수의 노동자가 급격하게 증가했다.

산업혁명 이후 영국의 번화한 거리

18세기 중반 영국에서 일어난 산업혁명은 이전에 볼 수 없었던 획기적인 기술의 발명으로 시작되었으며, 농업 사회에서 공업 사회로 옮아가는 변화를 촉발했다.

모두를 위한 사회과학

산업혁명으로 인한 사회적 변화는 18세기 미국과 유럽의 급진적 정치 혁명과 밀접한 관련이 있다. 1776년 미국독립혁명의 성공은 인간 이성과 합리성을 강조하는 새로운 정치사상의 영향을 보여준 중요한 사건이었다. 토머스 제퍼슨Thomas Jefferson은 프랑스 계몽주의의 열렬한 지지자였다. 그는 "모든 사람은 평등하게 태어났고, 창조주는 몇 개의 양도할 수 없는 권리를 부여했으며, 그 권리 중에는 생명과 자유와 행복의 추구가 있다."는 문구가 포함된 미국 독립선언문을 썼다. 그러나 미국독립혁명은 새로운 이념을 실현하고자 하는 열정을 지닌 소수의 혁명가가 이끈 것이 아니었다. 그 혁명은 영국 왕이 식민지 미국에 지나치게 많은 세금을 부과해 불만이 쌓인 대중이 들고일어난 사건이었다. 13개 주 식민지는 대표의 참여 없는 식민지의 세금 부담은 무효라고 주장했다. '애국자'라고 불리던 독립운동 지도자들은 영국에 대항하는 독자적 의회를 결성하기로 했고, 마침내 식민지 대표는 미국 독립선언문에 서명하고 새로운 국가인 미합중국을 수립했다. 미국인들의 의지를 무시한 영국 왕은 더 이상 미국을 지배할 수 없었다.

프랑스혁명도 엄청난 세금 때문에 일어났다. 프랑스 부르봉 왕실은 과도한 지출로 재정 위기가 심각해지자 인구의 98퍼센트를 차지하는 평민(제3신분)의 세금 부담을 늘리려 했다. 이에 불만을 품은 시민계급 부르주아지는 1789년 구체제의 상징이었던 바스티유 감옥을 습격하여 무너뜨렸다. 이를 계기로 프랑스혁명이 성공을 거두자 신분에 기반한 낡은 체제는 붕괴되었다. 제헌 국민의회가 채택한 프랑스 인권선언은 "인간은 태어나면서부터 자유로우며 평등하다."로 시작된다. 가톨릭교회 성직자(제1신분)와 귀족(제2신분)의 지배 체제는 허망하게 무너졌다. 평등을 부르

샤를 테브냉(Charles Thevenin), 〈바스티유의 함락〉, 1793년
1789년 7월 14일 일어난 프랑스혁명은 시민계급의 혁명만이 아니라 모든 인간이 자유롭고 평등한 권리를 가진다고 주창한 혁명으로 평가받는다.

젊은 프랑스 혁명가들은 군주제를 철폐하고 미국독립혁명과 마찬가지로 개인 인권을 강조하는 정치사상을 빠르게 확산시켰다. 프랑스는 공화정을 수립하여 국민이 대표를 선출하는 국민의회를 만들었으며, 민족주의와 시민권을 토대로 하는 현대적인 국민국가를 발전시켰다. 30대 애송이 정치인들이 바글거린 그 당시 파리는 세계의 정치적 수도가 되었다. 이렇게 프랑스에서 태동한 현대적 국가와 민주적 정치체제는 유럽뿐 아니라 전 세계로 퍼져나갔다.

사회과학은 진화한다

소르본 대학교, 옥스퍼드 대학교 같은 19세기 이전의 유럽 대학은 신학, 철학, 수사학 등 주로 인문학을 가르쳤다. 이 대학들은 교수들의 동업조합으로 사제를 양성하기 위해 세워진 일종의 교육기관이었다. 20세기 초반 프랑스, 독일, 미국, 영국, 이탈리아에서 새로운 학문 분야로서 정치학, 경제학, 사회학이 등장하자 많은 대학에 관련 학과가 생겨났다. 사회과학이 신학과 철학에서 떨어져 나와 드디어 독립된 학문으로 인정받은 것이다. 하지만 일반적으로 20세기 전반의 사회과학은 국가적 차원에서 독자적인 이론을 형성하는 수준이었다.

1940년대 이후 미국 사회학자 탤컷 파슨스Talcott Parsons에 의해 사회학이 국제화되었다. 영국과 독일에서 공부한 파슨스는 미국으로 돌아가 사회 안정과 균형을 강조하는 종합적인 사회학 이론 체계를 집대성했다. 그의 사회학은 제2차 세계대전 이후 미국의 부흥과 함께 미국의 정치·경제 체제를 합리화하는 강력한 이론 도구가 되었다. 파슨스의 사회학은 국제사회에서 차지하는 미국의 주도적 위치를 이념적으로 표현했다. 이는 1960년대 전반까지 전 세계 차원에서 지배적인 사회학 패러다임이 되었다. 이 시기에 정치학은 안정적인 정치체제를 주로 다뤘으며, 경제학도 스스로 균형을 이루는 시장경제의 기능에 관심을 가졌다. 당시의 사회과학이 안정과 균형이라는 비슷한 문제의식과 관점을 가진 것은 우연이 아니었다.

1960년대 후반 서구와 미국에서 학생운동, 반전운동, 시민운동, 여권운동이 분출하면서 사회 통합과 안정을 강조하는 주류 사회과학은 난관에 부딪쳤다. 학계는 방향을 바꿔 사회 통합보다는 사회 갈등에, 사회 안

정보다는 사회변동에 관심을 쏟았다. 이로써 계급, 노동, 갈등, 여성, 의사소통을 강조하는 사회과학의 새로운 흐름이 등장했다. 그 후 사회과학의 지배적 패러다임이 여러 요인으로 인해 심각한 도전을 받으면서 분화되었고 다양한 학문적 관점과 방법론이 확산되었다. 1980년대 한국의 사회과학이 국가 역할, 노동운동, 남녀평등에 높은 관심을 가진 것도 한국 사회의 변화와 밀접한 관련이 있다.

21세기 현대 사회과학은 새로운 전환 국면을 맞고 있다. 첫 번째 중요한 측면은 문화에 관심이 다시금 쏠린 것이다. 그리하여 여성, 소수자, 사회적 약자의 문화, 가치, 신념, 상징, 정체성에 관심을 더욱 기울이고 있다. 다음으로 지구화에 새롭게 관심이 집중된 것을 들 수 있다. 지구화 과정이 경제, 정치, 문화 등 사회 전 측면에 걸쳐 영향을 미치는 사회변동으로 인식되기 시작했다. 최근에는 과학기술 발전, 환경, 노동의 변화, 신사회운동, 정보사회, 사회 네트워크social network 등 새로운 것에 관한 지적 관심이 커지고 있다. 이처럼 사회과학은 인간 사회가 지속적으로 직면하는 주제를 이해하기 위해 끊임없이 변신하는 학문이라 하겠다.

사회과학은
무엇을 탐구하는가

동서양을 막론하고 사회과학은 빠르게 성장하고 있다. 오늘날 사회과학자들은 현대사회의 다양한 현실을 분석하여 이론적으로 설명하려 한다. 사회과학은 사회의 다양한 모습 이면의 논리를 볼 수 있는 눈을 갖게 해준다.

사회를 움직이는 힘을 찾아라

음악회를 생각해보자. 많은 사람이 음악은 사회와 독립된 자율적 예술이고, 음악회는 음악가의 능력에 좌우된다고 생각할 것이다. 하지만 음악회라는 공간과 형식은 사회적으로 만들어진 것이다. 미국 영문학자이자 비교문학자인 에드워드 사이드Edward W. Said는 《음악은 사회적이다》에서 연주자의 역할이 변화한 사례를 설명한다. 19세기 이전만 해도 모차르트, 베토벤, 쇼팽, 리스트 같은 음악가는 작곡과 편곡, 연주를 모두 해냈으며, 그들의 음악 세계는 청중에게 직접 전달되었다. 하지만 현대 음악에서 작곡과 연주는 거의 분리되었다. 일반적으로 연주자들은 과거에 활동하던 작곡가의 음악 세계를 청중에게 전달할 뿐이다. 청중은 뛰어난 기교를 펼치는 연주자에게만 박수갈채를 보낸다. 왜 이러한 변화가 생겼을까?

사이드는 현대 음악에서 연주가의 뛰어난 기교는 권력이나 배후의 제도 없이는 나오기 힘들다고 지적한다. 그는 자질이 뛰어난 연주가의 피나는 연습, 연주회를 주최하는 회사의 매니저나 매표 업자와 같은 문화 대행 업자의 계산, 최고의 연주를 듣고 싶어 하는 청중의 바람이 어우러져 비로소 연주회가 존재 가치를 가지며 '극단적인 사건'을 만든다고 강조한다. 반면에 라디오와 레코드가 보급되고 녹음 기술이 발전하면서 청중은 스스로 악기를 연주하거나 악보를 읽지 않는다. 청중의 지식과 집중력이 결여되면서 결국 청중의 듣기 능력도 퇴보한다. 직업적 연주가와 그의 절묘한 연주에 압도된 청중 사이의 거리는 더 멀어졌다. 음악 비평은 오직 운동경기를 중계하여 대중에게 보여주는 스포츠 중계처럼 음악회를 실황 중계하는 데 그치고 있다. 이처럼 음악가의 역할은 사회 변화와 함께 바뀌어왔다. 사이드는 사회과학자는 아니지만 연주회의 사회적 성격에 대한 날카로운 통찰을 제시했다.

하지만 사회과학이 모든 것을 설명할 수는 없다. 왜 사람들이 아름다운 시에 감동하는지, 왜 젊은 시절의 사랑에서 환희를 느끼는지, 왜 꽃향기를 좋아하는지에 대해 정치학, 경제학, 사회학이 자세한 답을 주지는 못할 것이다. 일반적으로 사회과학은 사회생활과 관련된 문제에 대한 답을 추구한다. 남성다움과 여성다움은 어떻게 만들어지는지, 상층계급, 중간계급, 하층계급의 옷차림과 취향은 어떻게 다른지, 서로 잘 알지

모두를 위한 사회과학

도 못하는 사람들이 왜 인터넷을 통해 만나려 하는지 등을 탐구한다. 사회과학은 개인의 사회화와 소속감에 관한 문제뿐 아니라 산업혁명, 대공황, 세계대전, 정보사회의 등장과 같은 거대한 사회변동도 연구한다. 이러한 점에서 사회과학은 사회적 의미를 지니는 사람들의 행동을 이해하기 위한 학문이라 할 수 있다.

일반적으로 사회과학자는 인간의 사회적 행동 원인을 설명하려 한다. 예를 들어 경제학자는 왜 경제 위기가 발생하는지, 어떤 국가의 경쟁력이 더 높은지 설명하고, 정치학자는 유권자가 어느 정당을 지지하는지, 어떤 이슈에 관심을 가지는지 추적한다. 그리고 사회학자는 시민 단체에서 활동하는 사람들과 시위에 가담한 사람들의 동기를 알고자 한다. 이처럼 사회과학자는 사회에서 일어난 사건을 정확하게 해석하는 데 집중하는 경향이 있다. 또한 매우 신중하게 미래 사회가 어떻게 변화할지 예측하기도 한다.

사회에 관한 연구에서 중요한 특징 가운데 하나는 학자의 시각에 따라 하나의 사실도 매우 다르게 해석된다는 점이다. 사회과학이 싹트던 19세기에도 세계를 바라보는 학자들의 관점은 저마다 달랐고, 미래를 예측하는 것도 매우 달랐다. 현대 사회과학 이론도 사회사실을 저마다 완전히 다르게 해석해서 도대체 누구 주장이 옳은지 몰라 어리둥절할 때가 많다. 이 때문에 사회과학을 공부하는 이들이 난감해지곤 한다. 그러나 세상을 보는 관점에 따라 저마다 전혀 다른 주장을 하는 것은 학계의 자연스러운 모습이기도 하다. 과거에 가장 유력했던 이론이 시간이 지나면서 형편없는 이론으로 혹평을 받는가 하면, 과거에 아무 관심을 끌지 못했던 이론이 새삼 주목받는 경우도 있다. 그리고 보면 사회과학자는 스스로의 운명도 예측하지 못하지만 인간 사회의 미래를 예측해야 하는 과제를 짊어진 존재라 하겠다.

사회과학 연구는 어떻게 이루어지는가

사회과학은 무엇을 연구하는가? 사회과학자는 일반적으로 개인의 사회생활, 사회집단, 사회제도, 사회 체계에서 작동되는 모든 것을 체계적으로 연구한다. 물론 학문 분과에 따라 연구 분야는 다르다. 사회학은 주로 현대사회의 사회 조직과 사회변동의 특징을 연구한다. 정치학은 정치과정과 정치제도를 연구하고, 경제학은 시장의 경제활동을 연구한다. 경영학, 행정학, 사회복지학은 각각 기업, 정부, 복지 기관을 체계적으로 연구한다. 이처럼 학문 분과는 저마다 고유한 영역을 가지지만, 연구 방법은 상당히 유사하다.

　먼저, 사회에 관해 연구하기 위해서는 연구 질문을 명확하게 설정해야 한다. 미국 작가 에드거 앨런 포Edgar Allan Poe의 《모르그가의 살인 사건》에서 볼 수 있듯이 "필요한 지식은 무엇을 관찰할 것인지에 관한 것"이다. 따라서 무엇을 연구할지 연구 질문을 정하는 것이 가장 중요한 출발점이다. 왜 사회에 빈곤이 존재하는가? 왜 현대사회의 가족은 점점 해체되는가? 왜 혁명이 일어나는가? 왜 일자리는 구하기 힘들어지는가? 사회의 빈부 격차가 점점 커지는 이유는 무엇인가? 누가 가난한가? 이와 같이 자신이 연구하고자 하는 문제가 분명해야 한다. 문제가 없다면 조사나 연구로 이어질 수 없다.

　다음으로는 연구 질문에 관한 자료를 수집할 효율적인 조사 방법을 찾아야 한다. 빈곤을 경험적으로 연구하여 수집한 자료는 빈곤 계층의 비율이 얼마고, 빈곤 계층은 어디에 살며 무엇을 먹고 어떤 옷을 입는지를 실제 사례를 들어 체계적으로 보여준다. 그러나 단순히 수집한 사실만 보여주는 것은 아니다. 단편적 사실을 나열하여 묘사한다면 신문 기사와 다를 게 없다. 사회에 관한 연구는 어떤 일이 어떻게 일어났는지 조사하는 동시에, '왜' 일어났는지를 조사해야 한다. 왜 어떤 사람들은 빈곤한지, 왜 특정 나라와 사회에 빈곤 계층이 더 많은지 그 이유를 설명해야 한다.

일반적으로 사회과학은 우리의 실생활과 밀접하게 연관된 부분을 연구 대상으로 삼는다. 독일 사회학자 막스 베버●는 규모와 권한이 점점 커지는 정부와 기업의 관료제를 연구한 학자로 유명하다. 그러나 베버는 합리적 권위를 설명할 때 비공식 관계와 소규모 조직은 세밀히 고려하지 않았다. 베버 이후 새로운 학자들은 인간 조직에서 비공식적 인간관계가 매우 중요함을 알게 되었다.

1959년 미국 사회학자 멜빌 돌턴Melville Dalton은 미국 중서부의 화학 공장에서 직접 노동자들과 함께 생활하면서, 심층 면접을 통한 참여 관찰participant observation을 수행했다. 그는 공장노동자들의 비공식 조직이 공식 조직보다 작업을 수행하는 데 실질적으로 중요한 역할을 한다고 주장했다. 또한 파벌과 정치적 음모는 생산적 활동을 방해하기보다 모든 조직 활동에서 기본적으로 나타나는 행동으로 보았다. 1963년 미국 사회학자

막스 베버(1864~1920) 사회학을 체계적으로 발전시켰으며, 학문의 가치중립성을 주장하고, 인간의 사회 행동을 해석하는 '이해(Verstehen)'의 사회학을 강조했다. 법학, 경제학, 역사학, 종교 등 다방면에서 많은 저작을 남겼다.

피터 블라우Peter Blau는 소득세 탈루 적발 정부 기구를 조사하면서 정부 조직 내부에도 비공식적 인간관계가 존재한다고 지적했다. 동료 집단과 같은 기본적 사회집단이 형성되면서 내부적으로 정보를 교환하고 의사소통을 하는 인간관계가 만들어졌다고 본 것이다.

미국 사회학자 마크 그래노베터Mark Granovetter의 연구는 보통 사람이 직장을 구할 때 연줄이 중요하다는 점을 보여주었다. 그는 1969년 논문 〈약한 연결의 힘〉●을 통해 사람들이 직업을 구할 때 강한 친분 관계보다 약한 사회적 연결이 더 유용하다고 주장했다. 친구들의 사회 네트워크는 덩어리와 같은 클러스터cluster로 이루어지는데, 이는 작은 서클이 강하게 연결된 것이다. 친구로 이루어진 서클은 약한 연결을 통해 다른 서클과 연결되는데, 그 서클 역시 친한 친구들과 강하게 연결된다. 실제로 친한 친구들은 직업을 구하는 데 별로 도움이 되지 않을 수 있다. 그들은 나와 같은 서클에 속하기 때문에 동일한 정보를 가지고 있을 경우가 많다. 새로운 정보를 얻고 싶으면 약한 연결을 이용해야 한다. 그냥 아는 사람은 친한 친구와는 다른 서클에 있으므로 그로부터 새로운 정보를 얻을 수 있기 때문이다. 이와 같이 사회 연결 망을 분석하는 경험적 연구는 사회관계를 파악하는 데 더 정확하고 생생한 정보를 주기도 한다.

〈약한 연결의 힘(The strength of Weak Ties)〉 이 글은 사회학에서 가장 많이 인용되는 고전적 논문 가운데 하나로, 2010년 1월까지 1만 2,000번 인용되었다. 그래노베터는 우리 사회가 클러스터로 연결되었다는 것을 최초로 발견했다.

모두를 위한 사회과학

더 좋은 사회를 만드는 사회과학 연구

사회과학은 기본적으로 인간의 사회생활에 유용한 지식을 제공한다. 오늘날 다양한 종류의 사회에 대한 연구는 사회 전체를 체계적으로 이해할 수 있게 해준다. 어느 한 가지 문제로 국한하거나 환원하여 생각하는 한, 사회를 전체적인 관점에서 이해할 수 없다. 현대 사회과학은 사회 내부의 다양한 개인과 집단, 제도를 종합적으로 파악할 수 있는 시각을 제시하고자 한다. 19세기 말 카를 마르크스는 경제적 관계를 현대사회의 인간 행동을 이해하는 데 가장 중요한 요소로 보았다. 20세기 초 지그문트 프로이트는 리비도Libido라 불리는 성적 충동이 인간 행동에 가장 큰 영향을 준다고 강조했다. 마르크스와 프로이트가 탁월한 통찰력을 보여준 것은 사실이지만, 인간 행동은 어느 하나로만 설명하기에는 매우 복잡하며, 현재의 기준에서 본다면 경제와 성욕만으로 사회를 설명하는 것은 지나치게 단순하다. 그러므로 사회를 보는 시야를 넓히는 것은 인간 행동을 이해하는 데 큰 도움이 될 것이다.

일부 현대 사회과학자들은 사회과학에 치우쳐 다른 인문학을 깎아내리면서 과학성을 강조하며 맹목적 신념에 가까운 과학관을 가지고 있는 듯하다. 그러나 현대 사회과학은 인문학의 도움으로 독자적인 학문이 될 수 있었다. 특히 역사학과 인류학은 사회과학 발전에 커다란 영향을 주었다. 사회과학이 주로 현대사회에 대한 연구에 집중하는 데 비해, 역사학과 인류학은 더 폭넓은 관점으로 사회를 연구한다. 로마 시대의 상업이나 고대 중국의 농업에 대한 연구는 역사학에서 이루어진다. 인류학은 아프리카와 아마존 밀림에 사는 부족사회를 연구한다. 프랑스의 저명한 인류학자 클로드 레비스트로스가 말한 것처럼 "역사학은 다양한 인간 사회를 시간 속에서 전개하며, 인류학은 공간 속에서 전개"한다. 이러한 시간과 공간의 대칭 관계는 인간 사회를 이해하는 데 매우 유용하다.

사회에 관한 연구는 인간 활동을 이해하기 위한 좀 더 넓은 시야를 요구한다. 하지만 사회과학이 사회 현실을 그대로 보여주거나 새롭게 이해하는 방법을 제시하는 것만은 아니다. 사회과학은 사회 현실을 해석하는 데서 더 나아가 현실을 개선할 구체적 방안을 모색하며 때때로 공공 정책과 밀접하게 관련되기도 한다. 1997년 한국의 외환 위기와 노동시장의 유연화 이후 등장한 '근로 빈곤working poor'에 대한 조사는 객관적 사실에 근거한 연구 결과를 도출할 것이다. 또한 빈곤 계층의 생활 조건을 개선하기 위한 구체적인 사회정책을 개발하는 데도 결정적인 도움을 줄 것이다. 사회과학은 항상 사회문제의 원인에 깊은 관심을 가지며, 현실의 변화를 이뤄내기 위해 새로운 대안을 모색하는 역할을 수행한다. 경제학자는 고용을 증대하는 정책을 찾고, 정치학자는 민주적 정치 참여 방안을 제시하며, 사회학자는 사회제도를 개선하는 방법을 찾는다. 사회과학자들은 공공 정책에 관한 다양한 연구에서 실제로 중요한 공헌을 해왔다.

사회과학이 수행하는 연구는 인간 자신을 구체적으로 이해하게 해준다. 철학이 인간의 가치와 윤리에 관한 사고를 증진시킨다면, 사회과학은 인간이 사회에서 어떤 역할을 하며 다른 인간, 조직, 제도와 어떻게 관련이 있는지 이해하는 데 도움을 준다. 예를 들어 기후변화에 대한 사회과학 연구는 기후변화가 단순히 기술 발전에 따르는 어쩔 수 없는 결과가 아니라는 사실을 알려준다. 사회과학 연구는 인간이 만든 조직과 제도가 기후변화에 영향을 주며, 인간 스스로 환경 개선을 위해 일정한 역할을 해내야 한다는 전망을 제시한다. 그리고 아시아와 아프리카의 기아와 빈곤에 관한 연구는 가난이 인간의 숙명이 아니라 사회제도를 개선함으로써 해결될 수 있는 문제임을 보여준다. 이렇게 사회과학은 다양한 분야에서 활동하는 사람들에게 사회현상을 체계적으로 이해할 수 있는 인식 체계를 제공한다. 사회를 정확하게 이해하는 눈을 갖는다면 더 좋은 사회를 만들기 위한 인간의 노력은 헛되지 않을 것이다.

우리는 이 장에서 인간이 사회적 존재라는 명제를 검토하면서 왜 우리가 사회를 이해해야 하는지 생각해보았다. 인간은 모두 개별적 존재지만 다른 사람과 다양한 관계를 맺으며 서로 영향을 주고받는 사회적 존재다. 그렇기 때문에 다른 사람은 물론 자신이 속한 사회 전체가 작동하는 방식을 제대로 파악하지 못한다면 자기 자신도 제대로 이해하지 못할 것이다. '세상이 어떻게 돌아가든 나와는 아무 상관없다.' 또는 '누가 뭐래도 나는 나대로 살아가겠다.'고 생각한 적이 있다면 우리 주위를 둘러보기 바란다. 당신이 이 세상에 살아가는 한, 다른 사람과 관련이 있을 수밖에 없고 사회도 끊임없이 모든 개인에게 영향을 미친다. 이 커다란 사회구조 속에서 개인이 완전히 자유로울 수는 없다. 이어서 다음 장에서는 개인과 사회가 어떻게 서로 관련을 맺고 영향을 주는지 살펴보도록 하겠다.

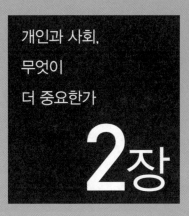

개인과 사회,
무엇이
더 중요한가

2장

개인과 사회의 관계는 사회과학의 중요한 문제다. 개인과 사회는 떼려야 뗄 수 없는 긴밀한 관계인데, 어떤 요인이 더 큰 영향을 미치는지 판단하기는 쉽지 않다. 사회에서 개인은 제멋대로 행동하지는 않지만 사회규범이나 사회 규칙대로 움직이지도 않는다. 개인과 사회는 시간과 공간에 따라 서로 일정한 관계를 유지한다. 사회는 구조를 재생산하는 개인의 행동이 반복되면서 작동한다. 인간 사회에는 눈에 보이지 않는 전통, 관습, 제도 등 다양한 사회구조가 존재하기 때문이다.

인간은 스스로가 인생을 이끌어간다고 생각하지만

마음 깊숙한 곳에는 운명이 이끄는 대로,

이에 항거할 수 없는 힘이 작용하고 있음을 느낀다.

— 괴테

신 앞에 홀로 선 개인,
쇠사슬에 묶인 개인

산업혁명이 일어나고 자본주의경제가 발전하면서 개인의 자유와 권리를 주장하는 개인주의가 퍼져나갔다. 당시 영국의 상공인 계층은 왕이나 귀족에게 개인의 재산을 빼앗기거나 생명의 위협을 받지 않을 자유를 절대적인 가치로 찬양하고 개인의 자립, 독립심, 자율성이야말로 인간의 중요한 정신이라고 생각했다.

디포의 《로빈슨 크루소》와 개인의 탄생

18세기 영국 작가 대니얼 디포Daniel Defoe의 《로빈슨 크루소》는 뜻하지 않은 풍랑을 만나 무인도에 표류하여 고립 생활을 하게 되는 영국인에 관한 소설이다. 주인공인 로빈슨 크루소의 모험담은 스코틀랜드 출신 선원 알레한드로 셀커크Alejandro Selkirk의 실제 무인도 표류기를 소설화한 것이다. 셀커크는 선장과 말다툼을 벌이고 배에서 쫓겨나 남태평양의 무인도 후안페르난데스 제도에 상륙하여 1704년 9월에서 1709년 2월까지 혼자서

생활했다. 그러다가 우연히 근처를 항해하던 배에 구출되어 1711년에 영국으로 돌아왔다. 이 소식은 영국에 널리 알려졌고, 1713년에 셀커크의 생존기를 담은 《잉글리시맨The Englishman》이 출판되었다. 디포가 이 이야기를 소설로 각색해 출판한 것이 바로 《로빈슨 크루소》다.

로빈슨 크루소가 무인도에서 혼자 살았다고는 하지만 엄밀히 말해서 인간 문명과 완전히 동떨어져 있던 것은 아니었다. 그는 인간 세상에서 얻은 식량과 무기를 이용해 생존 기술을 터득할 수 있었고, 프라이데이라는 하인과 함께 살았다. 하지만 한 인간이 오랫동안 무인도에서 살 수 있다는 점은 매우 큰 관심을 불러일으켰다. 디포의 소설이 얻은 인기는 당시 영국 개인주의 사상의 등장과 깊은 관련이 있다. 《로빈슨 크루소》는 단순한 모험 소설이 아니라 한 시대의 새로운 정신을 상징적으로 보여주는 문학 작품이다.

《로빈슨 크루소》에서 볼 수 있듯이 인간 사회와 동떨어져 있다고 해서 모두 바보가 되는 것은 아니다. 그래서 그 시대 사람들은 사회에서 독립한 개인의 능력을 미덕으로 찬양했다. 이러한 사고는 프로테스탄트(개신교)의 등장과 깊은 관련이 있다. 가톨릭교회는 교회와 사제를 통해서만 개인이 신과 관계 맺을 수 있다고 했지만 프로테스탄트는 교회 조직을 통하지 않고 신과 맺는 직접적 관계를 강조했다. 신 앞에 홀로 선 개인이 교회와 사제를 통하지 않고 기도를 통해 직접 신과 대면할 수 있다는 생각은 현대적 개인의 탄생과 관련된다. 이러한 점에서 프로테스탄트 정신이야말로 서양 개인주의의 출발점이라 하겠다.

개인의 자유를 촉구한 루소의 《사회계약론》

가톨릭과 영주, 기사의 지배가 무너지기 시작한 에스파냐에서 미겔 데 세르반테스Miguel de Cervantes는 《돈키호테》를 쓰면서 이런 말을 남겼다. "산초야, 자유는 신이 인간에게 준 소중한 선물 가운데 하나다. ……명예와 마찬가지로 자유를 위해서라면 목숨도 바쳐야 하지만 굴레는 인간에게 덮칠 수 있는 최대의 악이다." 말을 타고 풍차에 뛰어드는 미치광이로 알려진 돈키호테는 사실은 개인의 자유를 설파한 현대적 인물이었다. 돈키호테의 입을 빌려 세르반테스가 말한 것처럼 전통과 권위에 억눌려 살아가는 세상에서는 인간이 운명을 스스로 결정할 권리가 없다. 개인의 자유야말로 인간답게 살기 위해 필요한 가장 중요한 토대가 되지만, 자유는 거저 얻어지는 것이 아니다.

프랑스 철학자 장 자크 루소는 《사회계약론》에서 "인간은 자유롭게 태어난다. 그러나 인간은 어느 곳에서나 쇠사슬에 묶여 있다."고 말했다. 그는 인간은 원래 어디에도 구속받지 않는 자유로운 존재지만 사회의 인습이 인간을 억압한다고 보았다. 인간을 구속하는 미신, 종교적 권위, 사유재산제는 모두 쇠사슬일 뿐이다. 루소의 주장은 인간의 자유를 갈망하는 모든 혁명가를 열광시켰다. 루소의 영향을 받은 미국독립혁명가 패트릭 헨리Patrick Henry는 1775년 "자유가 아니면 죽음을 달라."고 외치며 미국독립혁명의 정당성을 주장했다. 루소를 숭배했던 제퍼슨과 막시밀리앙 로베스피에르Maximilien Robespierre는 각각 미국과 프랑스에서 혁명을 주도하는 이가 되었고, 독일의 마르크스도 그 뒤를 이었다. 그 후 자유라는 이름으로 많은 사람이 죽어갔다.

자유라는 관념은 서구 민주주의 발전에 커다란 영향을 주었다. 영국의

에스파냐 광장의 돈키호테 동상
새로운 모험을 찾아가는 돈키호테는 자유에 대한 신념과 평등사상을 지닌 시대의 선구자였다. 무모해 보이고 좌충우돌하는 그의 모습은 자신만의 상상으로 세계에 도전하는 개인을 상징한다.

자유주의는 개인이 군주의 전제에서 벗어나 자유롭게 살 수 있는 권리를 주장했다. 동시에 공적 세계와 사적 세계의 분리가 강조되었다. 사적 권리의 대표적 형태는 바로 사유재산이며, 그다음으로 종교·언론·결사의 자유다. 영국의 로크, 흄, 벤담은 인간이 자기 이익과 합리적 판단에 따른 자유로운 선택을 통해 살아갈 수 있으며, 국가는 개인 생활에 최소한으로 개입해야 한다고 주장했다. 국가의 역할을 두고 개인은 사회계약을 맺을 수 있다. 《국부론》을 쓴 애덤 스미스는 국가의 경제 개입을 비판하며 자유방임laissez-faire이 더 효율적인 경제정책이라고 주장했다.

그러나 로크 이후 영국에서 출발한 고전적 자유주의는 시간이 지나면서 많은 비판을 받았다. 자유주의는 자율적 개인과 중립적 규칙을 지나치게 강조하며, 개인적 자아와 추상적 규칙도 실제로는 사회가 만들었다는 사실을 부정하기에 이르렀다. 하지만 미국 정치철학자 존 롤스John Rawls가 지적한 것처럼 인간은 "자신의 사회적 위치와 다른 사람에 대해 이해하기도 전에 우리가 사는 사회에는 이미 시민의 의무와 권리가 정해진 계약이 존재"함을 이해해야 한다. 사실 우리가 태어나기도 전에 법률제도와 사회제도가 존재하지 않았던가? 사회를 개인이 산술적으로 총합된 집합체로만 여기는 것은 어떤 면에서는 역사적 배경을 무시하는 사고다. 개인의 의지와 무관하게 사회는 이미 존재하며 사회 속에서 살아가는 한, 개인은 끊임없이 사회의 영향을 받는다. 개인이 사회와 결별하고 다른 사람과의 모든 접촉을 끊은 상태로 살아갈 수 있을까? 그러한 개인이 과연 세상에 존재할까? 우리 모두 로빈슨 크루소처럼 무인도에서 살 수 있는 것은 아니다.

이와 같이 개인과 사회를 둘러싼 논쟁에서 우리는 심각한 문제에 맞닥뜨린다. 영국의 자유주의자들이 말한 것처럼 자유를 추구하는 개인에게 사회는 굴레에 불과한가? 그들은 소년 노동을 규제해야 한다고 말하고 세금 인상, 노동조합 결성을 반대하며, 모든 것을 개인의 자유에 맡겨야 한다고 주장했다. 그들이 말한 것처럼 개인의 자유를 최대한 보장하고 국가가 개입하지 않는 자유 시장경제는 항상 효율적으로 작동하는가? 또는 루소가 말한 것처럼 (나쁜) 사회가 없어져야 (또는 바뀌어야만) 자유를 얻을 수 있는가? 개인과 사회는 항상 대립적인가? 이는 19세기 이후 사회과학의 가장 근본적 질문이었다.

뒤르켐과 마르크스의
구조주의 관점

19세기에 주요 흐름이었던 개인주의 사상과 달리 20세기에는 사회가 거대한 구조로 이루어졌다는 사고가 유행했다. 이러한 주장은 1960년대 이후 널리 퍼진 구조주의structuralism 이론에서 잘 나타난다. 구조주의는 사회의 다양한 사실과 결부된 사례나 유형을 제시하는 것이 아니라 그 배후에 있는 심층적·보편적 규칙을 주목한다. 구조주의는 기본적으로 개인보다 사회가 먼저 존재하며, 사회가 개인의 행동을 결정적으로 규정한다고 본다. 하지만 사회가 반드시 개인의 모든 행동을 결정한다고 볼 수는 없다. 이런 이유로 구조주의는 주어진 조건에 따라 사회가 독특한 변화 과정을 겪는다는 사실을 부정하지 않는다.

사회는 거대한 구조로 이루어졌다

구조주의는 원래 페르디낭 드 소쉬르Ferdinand de Saussure와 로만 야콥슨Roman Jakobson의 언어학에서 비롯된 이론인데, 인류학 연구에 응용되면서 많은 관심을 끌었다. 특히 프랑스 인류학자 클로드 레비스트로스●의 친족에 관한 연구가 유명하다. 레비스트로스는 구조주의란 어떤 대상 속에 있는 관계의 체계를 이해하는 것이라고 보았다. 그는 사람보다 사람들의 관계에 관심이 있었다. 남편이 없으면 아내도 없고, 자식이 없으면 부모도 없으며, 조카가 없으면 삼촌도 없다. 친족 관계는 구조다.

사람들의 행동을 이해하려면 행동의 내용보다 그 구조를 살펴보아야 한다. 레비스트로스의 구조주의는 근친상간에 대한 새로운 설명을 제시한다. 대부분 사회에서는 부모와 자식, 삼촌과 조카, 그리고 남매의 근친상간을 엄격히 금지한다. 왜 현대사회뿐 아니라 모든 부족사회에서 근친상간을 금지하는가?

많은 학자는 유전적 결함을 피하거나 친족 체계의 위계질서를 유지하기 위해 근친상간을 금지하는 것이라고 주장했다. 하지만 레비스트로스는 근친상간 금지를 결혼 제도에 있는 '호혜성의 원칙'이라는 교환 구조로 설명한다. 받으면 반드시 되돌려주어야 하는 호혜성의 원칙에 따라 결혼을 통해 내 누이와 딸을 타인에게 내주고 타인의 누이와 딸을 데려온다. 이 같은 '여자의 교환'은 서로 다른 사회집단 간 대립을 완화하는 동시에 이들을 하나로 결합시킨다. 한마디로 근친상간은 유전적 문제나 윤리적 문제가 아니라 사회구조에 따른 결과다. 레비스트로스는 부족사회 사람들이 비합리적이라는 편견과 달리, 자연환경에 합리적으로 대응한다

클로드 레비스트로스(1908~2009) 프랑스의 유명한 인류학자로, 구조주의적 인류학을 발전시켰다. '인간의 사회 관계와 행동 양식을 규정하는 틀로서의 구조'라는 새로운 차원을 제시한 학자다. 구조주의 시각을 통해 친족과 신화를 분석한 탁월한 연구로 유명하다. 20세기 프랑스 지성계에서 가장 영향력 있는 인물이라는 평가를 받았다.

고 주장한다. 결국 모든 사회에서 인간 행동은 공통 구조를 가지는 셈이다. 이렇듯 보이지 않는 구조를 탐구하는 방법을 구조주의라 부른다.

구조주의를 좀 더 쉽게 설명해보자. 의자는 나무로 만들지만 모든 나무가 의자가 되는 것은 아니다. 나무를 다듬어 결합하는 방식에 따라 의자나 책상이 된다. 그러므로 의자와 책상을 이해하기 위해서는 나무에 대한 연구보다 먼저 의자와 책상의 구조를 연구해야 한다. 집을 짓는 설계도야말로 구조를 알기 쉽게 보여주는 예라 하겠다.

아직도 구조란 말이 이해되지 않는다면 다른 예를 들어보자. 서부영화 〈셰인〉을 보면 세상은 선한 사람과 악한 사람으로 나뉜다. 마을 사람들은 낯선 이방인인 영웅을 인정하지 않는다. 악당이 마을 사람들을 괴롭히면 영웅은 혼자 총을 들고 싸우러 나간다. 영웅은 악당을 물리치고 마을 사람들의 환대를 받지만 다시 쓸쓸히 마을을 떠난다. 그런데 〈스타워즈〉, 〈다이하드〉, 〈매트릭스〉의 이야기 구조도 〈셰인〉과 비슷하다. 이처럼 할리우드 대형 영화사에서 만든 영화가 주제와 상관없이 비슷한 느낌을 주는 것은 '할리우드 방식'이라는 유사한 구조를 가지기 때문이다.

문학과 문화 비평에서도 구조주의는 유용하다. 스티븐 손드하임Stephen Sondheim의 〈웨스트 사이드 스토리〉는 전혀 새로운 뮤지컬이 아니다. 셰익스피어의 《로미오와 줄리엣》과 이야기 구조가 비슷하기 때문이다. 두 작품 모두 한 소년과 소녀가 사랑에 빠지고, 자신들이 속한 집단이 서로 미워하며, 죽음을 통해 갈등이 해소되는 줄거리로 이루어진다. 때로는 시간과 공간을 초월하여 이야기가 비슷한 경우도 있다. 고대 그리스 비극 작가 아이스킬로스의 《아가멤논》과 한국의 고전소설 《심청전》이 그 예다. 신의 노여움을 풀기 위해 이피게네이아와 심청은 제물로 바쳐진

모두를 위한 사회과학

다. 서양 동화 《신데렐라》와 한국의 설화 《콩쥐와 팥쥐》의 이야기 구조도 비슷하다. 신데렐라와 콩쥐는 계모의 구박으로 고통 받지만 마지막에는 행복하게 산다. 둘 다 계모와 의붓자식 사이의 갈등이 이야기의 구조를 이룬다. 서로 다른 이야기지만 서사의 흐름은 매우 비슷하다.

사회에서 구조를 살펴보는 것도 이와 비슷하다. 예를 들어 법률은 눈에 보이지 않는다. 그러나 법률은 모든 인간 행동을 규제한다. 결혼과 이혼은 인간 행동이지만 법적 절차를 거쳐야만 남녀 관계가 변화한다. 회사의 설립과 해산도 마찬가지다. 한 나라의 통치 방식을 결정하는 헌법은 사회의 '구조'를 대표적으로 보여준다. 의회와 행정부를 법적으로 규정하는 조항이 없다면 어떻게 국가를 유지하고 운영할 수 있는가? 일개미를 관찰하는 생물학자는 개미들이 서로 정확하게 역할을 분담하고 협력한다는 점에 놀란다. 우리는 개미가 호르몬 물질로 의사소통한다고 짐작하지만, 개미의 사회구조는 정확히 모른다. 이처럼 인간의 사회구조도 정확히 알기 어렵다.

종교를 신성한 사회로 본 뒤르켐

앞서 살펴본 구조주의가 사회과학에 어떤 영향을 주었을까? 사회를 구조적으로 해석하는 사고는 20세기 초반 뒤르켐의 종교에 관한 연구에서도 나타난다. 뒤르켐은 《종교 생활의 원초적 형태》에서 사회 통합을 표현하는 것으로서 종교를 주목하고, 종교가 생겨나기 이전에 종교의 기능을 수행한 가치와 신념 체계에 관심을 가졌다. 그는 동물을 숭배하는 토테미즘totemism을 종교의 원초적 형태로 보았다. 토테미즘은 특정한 동식

종교의 다양한 모습

종교의식은 저마다의 상징적 표현을 통해 갖춰진다. 종교적 상징은 여러 추종자를 하나로 결집하고 집단 의식을 가지게 한다.

물을 비롯한 자연물이 부족 또는 씨족과 특수한 관계가 있다고 믿어 신성하게 여기는 문화를 가리킨다. 토템과 인간 집단 사이의 관계를 둘러싼 신념, 의례, 관습이 제도 체계로 발전하기도 한다. 곰과 호랑이가 나오는 단군신화도 일종의 토테미즘을 보여준다 하겠다.

종교는 토템의 신화, 이미지, 전통과 뒤섞이면서 발전한다. 원시사회의 토테미즘은 성스러운 것과 세속적인 것을 분리한다. 토템으로 숭배하는 동물은 실제로는 사회집단을 상징하는 것이기 때문에 신성시되어 경외의 대상이 되고, 종교적으로 신격화되기도 한다. 인간과 초자연적 사물의 관계는 개인과 공동체의 관계를 상징한다. 이러한 관점에서 뒤르켐은 "신은 사회가 확대된 것이다."라고 생각했다.

초자연적 실체를 믿지 않는 사람들에게 종교란 하나의 오해에 불과하다. 신은 인간이 상상으로 만든 가공물일 뿐이다. 하지만 뒤르켐은 종교를 하나의 사회적 실재로 보았고, 종교가 사회의 연대성을 강화하는 기능을 수행한다고도 보았다. 개인은 종교를 믿음으로써 사회의 한 성원으로 인정받을 수 있다. 이러한 점에서 종교는 문화와 깊은 관련이 있다. 유교와 기독교, 이슬람교에서 볼 수 있듯이 종교가 다르면 생활 방식과 행동 유형도 다르다. 전통 사회의 사람들은 초자연적 대상을 공동으로 숭배하며 서로 동질감을 가질 수 있었다. 이렇게 종교는 사회 구성원을 연결하는 끈이었다. 뒤르켐은 종교를 "인간과 분리되고 인간에게 금지된 신성한 대상을 대하는 통일적 신념과 실천의 체계인 동시에, 모든 사람을 연결하는 교회와 같이 단일한 도덕적 공동체를 형성하는 통일적 신념과 실천의 체계"라고 주장했다.

뒤르켐은 사회규범이 인간 의식을 형성한다고 보는 극단적인 구조적 방법을 제시했다. 그는 "개인의 내부에서도 사회가 나타난다."고 주장했다. 종교야말로 일종의 사회질서 보호 메커니즘이다. 종교는 사회 속 개인을 단단하게 연결하는 시멘트와 같은 역할을 한다. 그래서 뒤르켐은 종교를 개인의 경험이 아니라 집단의 경험으로 보았다. 일상생활 영역에 있는 세속적인 것과 특별하고 초월적인 영역에 있는 신성한 것을 분리할 때 종교현상이 일어난다. 예를 들어 가톨릭 미사에서 사용되는 포도주와 빵은 단순한 먹을거리가 아니라 예수의 피와 살을 상징한다. 뒤르켐은 종교가 사회적 맥락을 통해 만들어지기 때문에 종교란 곧 '신성한 사회' 그 자체라고 보았다. 그는 종교가 규율을 집행하고, 사람들을 하나로 통합하며, 활력을 불어넣고, 행복감과 자신감을 주는 기능을 수행한다고 지적했다. 이렇게 종교는 사회를 표현하고 개인의 의식과 행동을 결정하는, 눈에 보이지 않는 거대한 힘이다. 하지만 종교가 붕괴된다고 해서 도덕까지 무너지는 것은 아니다. 뒤르켐은 현대사회에서 종교가 사라지면 인간 사회가 만든 시민적 도덕이 사회를 통합해야 한다고 주장했다.

　뒤르켐이 사회를 지나치게 강조한 이유는 현대 산업사회가 등장하면서 점차 종교가 약화되고 사회규범이 붕괴되어 나타나는 아노미로 인한 혼란이 커질 것을 두려워했기 때문이다. 또한 프랑스혁명 이후의 사회 혼란을 보며 우려하게 된 것도 크게 작용했다. 교육에 큰 관심을 가졌던 뒤르켐은 교육을 통해 프랑스 시민을 하나로 통합할 수 있다고 믿었다. 그래서 교육이 현대사회의 아노미를 막기 위해 누구나 공유할 수 있는 문화적 기반을 제공해야 한다고 주장했다. 또한 다양한 직업 조직을 만들어냄으로써 '사회연대'의 토대를 마련해야 한다고 강조했다. 뒤르켐의 구조적 사고는 사회의 개인화, 파편화로 인한 불안과 혼란이 커지는 현실의 변화에 대응한 것이라고도 볼 수 있다.

현대사회의 구조를 분석한 마르크스

19세기 공산주의 사상가 카를 마르크스●의 주장에서도 구조주의적 사고가 엿보인다. 마르크스는 생산력과 생산관계의 상호작용이 '생산양식'을

카를 마르크스(Karl Marx, 1818~1883) 독일의 철학자이자 경제학자, 혁명가다. 자본주의경제, 국가, 사회 계급, 혁명에 관한 중요한 이론적 기초를 세웠으며 공산주의 이론을 최초로 정식화한 사람으로 널리 알려져있다.

모두를 위한 사회과학

규정한다고 주장했다. 생산력은 물질적 재화를 만들 수 있는 능력으로, 주로 노동력과 생산수단에 의해 결정된다. 생산관계는 생산의 내부에서 맺는 상호 관계를 가리키며, 생산수단에 대한 소유관계가 그 핵심이다. 생산관계와 생산양식은 우리 눈에 보이지 않고, 뒤르켐이 주장했듯이 사회구조로서 작동할 뿐이다. 마르크스는 생산양식에 따라 사회가 봉건사회, 자본주의사회, 공산주의 사회로 변화·발전한다고 생각했다. 그는 생산양식이 모든 사회 체계의 토대를 형성하고, 이것으로부터 정치, 법률, 이데올로기 등 상부구조가 세워진다고 주장했다. 결국 마르크스는 사회구조가 개인의 발전에 결정적 영향력을 가진다고 보았다.

프랑스 마르크스주의 철학자 루이 알튀세르Louis Althusser는 구조주의 틀을 이용하여 사회현상의 배후에 생산양식이라는 보이지 않는 구조가 존재한다고 보았다. 그리고 경제, 이데올로기, 정치 등 세 가지 차원으로 만들어진 '사회구성체'라는 개념을 사용했다. 이러한 사회구성체는 인간 활동을 제약하는 조건이 된다. 봉건사회에서 인간은 영주나 농노로 태어나지만, 자본주의사회에서는 생산수단을 소유한 부르주아(자본가)와 노동력 이외에는 생산수단을 소유하지 못한 프롤레타리아(노동자)로 태어난다. 자본주의사회에서도 모든 사람에게 자유가 주어지는 것은 아니다. 특히 노동자에게는 '노동력을 팔 자유'와 '굶을 자유'만 있다. 이렇게 개인의 자유는 궁극적으로 사회에 의해 구속된다.

마르크스는《공산당 선언》에서 자본주의사회가 발전할수록 프롤레타리아의 힘이 커져 프롤레타리아가 주체가 되어 자본주의적 관계의 근원인 사유재산제를 철폐하고 계급 없는 사회를 만들 것이라고 예측했다. 마르크스는 자본주의사회 구조를 분석하면서 사회 통합을 주장하는 뒤르켐과 달리 사회 갈등을 통해 전혀 다른 사회가 만들어질 것이라고 주장했다. 프롤레타리아혁명과 같은 모든 극적인 사회변동은 노동자 개인의 의지와 상관없이 사회법칙에 따라 일어난다고 보았다. 마르크스는 개인의 행동에는 자연과학 법칙처럼 사회구조가 정한 일정한 법칙이 존재한다고 가정한다. 모든 개인이 사회구조에 의해 규정된다면, 노동자계급은 자신을 착취하는 자본주의사회를 무너뜨리는 혁명에 필연적으로 참여하는가? 그러나 마르크스는 개인의 자유와 사회법칙의 관계를 일관성 있게 제시하지 못했다.

사회와 개인의 관계에 관한 논쟁은 20세기 후반 사회학에서 구조와 행위자의 문제에 관한 논쟁으로 발전했다. 앞서 언급한 것처럼 구조란 사회 속의 여러 요소가 상호 연결된 관계와 양식을 말한다. 사회구조는 다양한 규칙과 제도, 체계를 만들어낸다. 이에 비해 행위자agency란 개인, 조직, 국가와 같은 행위 주체를 가리킨다. 구조와 행위자의 관계를 둘러싸고 어떻게 구조가 만들어지고, 어떻게 구조가 개인의 행동을 결정하며, 구조와 독립적으로 행동하는 개인의 힘은 어떤 것인지를 두고 논쟁이 벌어졌다. 어떤 학자들은 구조에는 결정적 힘이 없기 때문에 외부 세계를 창조하는 개인의 행동에 관심을 가져야 한다고 주장한다. 다른 학자들은 개인의 행동을 제한하고 결정하는 사회구조의 특징을 분석해야 한다고 강조한다. 이 두 시각을 통합하려고 하는 학자들은 구조가 개인의 행동을 결정하지만 동시에 개인은 외부 세계와 독립적으로 행동한다고 강조한다. 이에 대해 좀 더 자세히 살펴보자.

구조적 제약과
개인의 선택

《돈키호테》를 쓴 세르반테스는 "운명아 비켜라, 내가 나간다."고 외쳤지만, 모든 사람이 자신의 운명에 대해 그렇게 생각한 것은 아니다. 일제강점기 식민지 조선의 시인 백석白石은 〈남신의주 유동 박시봉방南新義州柳洞朴時逢方〉에서 "나는 내 뜻이며 힘으로, 나를 이끌어가는 것이 힘든 일인 것을 생각하고, 이것들보다 더 크고 높은 것이 있어서, 나를 마음대로 굴려가는 것을 생각하는 것인데"라고 말했다. 어떤 때는 백석의 시가 마음에 더 와 닿을 때도 있다. 실제로 우리는 자신의 운명이 외부의 힘에 의해 끌려가는 듯한 느낌을 받을 때가 많다. 구조주의에 따르면 사회는 하나의 거대한 구조로 이루어지고, 사회구조는 인간 행동을 결정한다. 그러면 사회 속 개인의 역할은 무엇인가? 사회에서 개인의 행동은 미리 정해져 있거나, 아니면 무시해도 될 만큼 작은 차이를 만들 뿐인가?

히틀러가 없었다면 전쟁은 일어나지 않았을까

19세기 러시아 작가 표도르 도스토옙스키Fyodor Mikhailovich Dostoevskii는 인간이 신의 섭리를 거역하여 자신의 의지로 결정할 수 있는 유일한 것은 자살이라고 보았다. 세상 모든 일이 신의 섭리에 따라 이미 결정되어 있다면, 스스로 죽음을 선택하는 것 말고 인간이 자유의지로 할 수 있는 것은 없다. 과연 자살은 인간의 순수한 자유의지의 결과인가? 1장에서 뒤르켐은 자살조차도 순수한 개인의 행동이라고 볼 수 없다고 못 박았다. 그러면 인간은 단순히 거대한 구조에 의해 결정되는 수동적 존재에 불과한가? 이는 신의 섭리에 따라 인간의 운명이 결정되는 것과 무엇이 다른가?

도스토옙스키의 《죄와 벌》을 보면 가난한 학생 라스콜리니코프는 나폴레옹처럼 선택된 강자는 인류를 위해 사회의 도덕률을 초월하여 행동할 권리가 있다는 생각에 이른다. 이를 위해 그는 모두에게 도움이 되지 않는 일을 하는 고리대금업자 노파를 살해한다. 그러나 그는 뜻밖에도 양심의 가책을 느끼며 죄의식에 사로잡히고 '인류와의 단절감'에 괴로워하는 자신을 발견한다. 이 책에서 우리는 인간의 윤리적 판단을 넘어서 개인과 사회의 관계를 짚은 중요한 문제에 맞닥뜨린다. 여기서 개인(라스콜리니코프)은 사회 현실을 그대로 인정하고 받아들이는 대신 행동으로 새로운 변화를 추구하려 한다. 그러나 노파가 없어져도 고리대금업이 계속 존재한다면 그의 행동은 아무 효과가 없는 것이 아닌가?

또 하나의 예로 소련과 중국의 수용소를 들어보자. 1930년대 소련 스탈린 시대에 정치적 반대파는 처형되거나 강제수용소 굴락Gulag에서 강제 노역을 해야 했다. 굴락은 감옥이 아니라 정신병원으로 여겨졌다.

모두를 위한 사회과학

나치 독재자 아돌프 히틀러
히틀러의 나치당은 모든 개인이 한 명의 지도자에게 권한 일체를 위임하는 '지도자의 원칙'을 제시했다. 강력한 지도자가 온 국민을 이끌어야 한다는 믿음은 유대인 학살과 제2차 세계대전이라는 참극을 불렀다.

1953년 스탈린이 사망한 이후에도 굴락은 오랫동안 유지되었다. 이미 소련 체제는 굴락으로 유지되는 사회가 돼버린 것이다. 이처럼 굴락은 스탈린이라는 개인이 주도해 만든 것이지만, 개인이 사라졌다고 해서 없어지는 것이 아니다. '라오가이劳改'라고 불리는 중국의 강제수용소도 마오쩌둥 시대에 만들어졌지만, 마오쩌둥이 사망한 이후에도 여전히 존재한다. 개혁 개방 이후 중국 경제가 빠르게 성장하는 것과 무관하게 라오가이에 수용된 정치범들은 여전히 강제 노역에 시달린다. 그들이 만든 차가 해외로 수출되고 있다는 소식까지 들려온다. 굴락과 라오가이를 통해 개인보다 구조가 사회에 더 큰 영향을 미침을 볼 수 있다. 스탈린과 마오쩌둥이라는 개인은 없어졌지만 그들이 만든 국가 구조는 여전히 존재하기 때문이다.

제2차 세계대전에서 행한 히틀러의 역할에도 문제를 제기할 수 있다. 청년 시절 화가를 꿈꾸었던 히틀러는 훗날 독일 나치당을 만들어 정권을 장악하고 전 세계를 전쟁의 포화 속으로 몰아넣는다. 만약 역사에 히틀러가 존재하지 않았다면 나치의 유대인 학살은 일어나지 않았을까? 그가 빈의 미술학교에 합격해 유명한 화가가 되어 다른 인생을 살았다면 나치당은 세상에 존재하지 않고, 독일은 전쟁을 일으키지 않았을까? 아니면 히틀러가 아니더라도 누군가가 똑같은 일을 저질렀을까? 구조적 시각을 강조하는 사람은 1929년 대공황 이후 경제 위기를 해결하려는 독재자가 독일에 나타나 대외 팽창과 침략 전쟁을 도발했을지도 모른다고 생각할 수 있다. 그러나 그 당시 똑같이 경제 위기를 겪은 미국과 영국, 프랑스에는 히틀러 같은 독재자가 등장하지 않았다는 사실을 어떻게 설명할 수 있을까?

박정희가 없었다면 한국 현대사는 어떻게 달라졌을까

여기서 우리는 구조적 시각이 사회를 이해하는 유용한 도구가 될 수 있지만 정치, 경제, 종교 등 어느 한 요소로 환원하여 사회를 설명하고자 하는 순간 심각한 이론적 결함을 가지고 있음을 알게 된다. 물론 경제 위기, 정당 분열, 계급 갈등도 사회를 설명해주는 중요한 변수다. 하지만 위의 언급처럼 개인의 지도력은 동일한 구조적 조건에서도 서로 다른 결과를 만들어낼 수 있다. 1920년대 독일은 전후 처리의 후유증, 경제 위

모두를 위한 사회과학

기, 사회적·경제적 분열로 인해 민주주의가 흔들리고 독재가 나타날 구조적 가능성이 컸다. 여기에 히틀러가 이끄는 극단적이고 폭력적인 나치당 집권은 독일을 전쟁으로 이끄는 결정적 원인이 되었다. 하지만 구조적 가능성과 결정적 원인에 반드시 인과관계가 있는 것은 아니다. 여기에서 역사에 존재하는 우연성의 문제가 나타난다.

1960~1970년대 한국 현대사에서 대통령 박정희를 평가하는 논쟁에서도 필연성과 우연성의 문제를 엿볼 수 있다. 박정희는 두 측면에서 상반된 평가를 받는다. 하나는 군사 쿠데타를 통해 민간 정부를 밀어내고 권력을 장악한 독재자라는 점이며, 다른 하나는 급속한 경제성장을 이끈 지도자라는 점이다. 만약 박정희가 없었다면 한국 현대사는 어떻게 진행되었을까? 물론 역사에는 가정이 존재하지 않는다. 하지만 이론적으로 역사적 사실과 반대되는 조건은 사회과학에서 인과관계를 이해하는 데 일정한 유용성을 지닌다. 이와 관련하여 두 가지 명제를 제시해본다면 다음과 같다. 첫째, 박정희가 장면 정부를 쿠데타로 무너뜨리지 않았다면 급속한 경제성장은 이룰 수 없었을 것이다. 둘째, 박정희가 장면 정부를 쿠데타로 무너뜨리지 않았다면 한국에서 민주주의는 계속 발전했을 것이다.

먼저 첫 번째 명제는 한국의 경제성장과 박정희라는 개인이 불가분의 관계에 있는 것으로 본다. 박정희가 아닌 다른 사람이 박정희의 경제정책을 그대로 실행하여 경제성장을 이룰 가능성은 없다는 것이다. 하지만 4.19 혁명 이후 집권한 장면 정부는 경제개발 계획을 준비해놓고 있었다. 그렇다면 장면 정부의 경제개발 계획은 경제성장을 보장할 수 있는 것이었나? 장면 정부가 계속 집권했다면 한일 협정을 통해 도입한 무상

5.16 군사 쿠데타로 정권을 잡은 박정희

박정희를 평가하는 입장은 극단적으로 대립한다. 경제개발 계획과 새마을운동을 주도해 고도성장을 이루었다는 긍정적 평가도 있지만, 군사 쿠데타와 10월 유신으로 민주주의와 인권을 짓밟았다는 부정적 평가도 있다.

3억 달러, 유상 2억 달러, 상업 차관 3억 달러로 포항제철을 건립했을지가 불분명하다. 박정희 정권은 피해자 개인에게 돌아가야 할 일본의 식민지 지배에 대한 보상금(대일 청구권 자금) 25억 6,560만 원을 가로챘다. 또한 베트남전쟁에 군대를 파견해 10억 2,200만 달러나 되는 베트남 특수도 챙겼다. 사실 박정희 정권의 제1차 경제개발 계획(1962~1966)은 큰 성공을 거두지 못하여 경제성장률이 8.5퍼센트에 그쳤는데, 1965~1969

년 연평균 경제성장률은 11.8퍼센트에 달했다. 한일 협정과 베트남 파병이 부정적으로 평가되지만, 박정희가 주도한 이 시기의 경제성장에는 도움이 된 셈이다. 그러고 보면 장면 정부는 경제 발전의 청사진이 있었지만, 박정희와 똑같은 길이 아닌 다른 길로 나아갔을 가능성도 크다. 결국 첫 번째 명제는 맞을 수도 있고 맞지 않을 수도 있다. 즉 박정희 통치 체제에 경제성장의 필연성이 있다고는 말할 수 없다.

두 번째 명제는 박정희가 아니라 다른 군인이 쿠데타로 정권을 장악하고 권위주의 정치를 도입할 가능성을 부정한다. 1961년 군사 쿠데타 당시 박정희가 아니었다면 김종필을 비롯한 소장파가 다른 사람을 추대하고 쿠데타를 추진할 가능성은 없었을까? 실제로 박정희가 사라진 다음에도 민주주의가 제자리를 찾지 못하고 전두환과 노태우가 이끄는 '신군부' 세력이 쿠데타로 집권하여 권위주의 정치체제를 계속 이어갔다. 한국의 군부독재는 1987년 민주화 운동이 일어난 다음에야 무너졌다. 결국 한국의 민주주의에서 문제였던 것은 박정희 개인이 아니라 군부가 정치에 개입할 수 있는 제도적 조건이었다. 박정희가 죽은 이후에도 폭력 수단을 사용해서라도 국가권력을 장악해야 한다고 생각한 군부 엘리트가 있었기 때문에 권위주의적 국가 구조가 계속 유지될 수 있었다. 박정희 개인만의 문제가 아니라 제도와 구조도 문제가 된다. 이렇게 개인은 구조의 변화에 직접적인 영향을 줄 수 있지만, 다른 한편으로는 지속적으로 구조의 영향을 받는다고 볼 수 있다.

그렇다면 박정희가 쿠데타로 집권한 이후 한국을 권위주의 국가로 만든 것은 불가피한 것이었나? 권위주의 국가 구조는 주로 민주주의가 발전하지 못한 후진국에서 나타난다. 하지만 모든 후진국에서 반드시 이와 비슷한 국가 구조가 나타나는 것은 아니다. 인도의 경우 경제적으로는 낙후되었지만, 상당한 수준으로 민주주의 제도가 발전했다. 인도 독립을 이끈 자와할랄 네루는 국가 주도 경제정책을 추진했지만, 통치 체제로 권위주의 대신 민주주의를 선택했다. 반면에 박정희는 민주주의 대신 권위주의를 선택했다. 이처럼 한 개인이 국가 제도에 미치는 영향은 어떤 측면에서는 비슷하지만, 다른 측면에서는 매우 다를 수 있다.

앞서 살펴본 바와 같이 사회와 개인의 관계는 단순한 논리로는 설명할 수 없다. 1909년 10월 26일, 조선 통감을 지냈던 이토 히로부미는 만주 하얼빈 역에서 안중근에게 사살되었다. 그 후 70년이 지난 1979년 10월 26일 박정희 대통령은 김재규 중앙정보부장의 총에 맞아 사망했다. 최고 권력자가 없어졌지만 사회구조는 크게 달라지지 않았다. 이토 히로부미는 죽었지만 일본은 한국을 식민지로 만들고 제국주의 침략 전쟁을 계속 추진했다. 박정희는 죽었지만 한국은 여전히 군부독재 지배를 받으며 권위주의 정치체제를 유지했다. 두 개인은 역사에서 사라졌지만 그들이 속했던 일본 제국주의 정부와 한국 군부 권력 구조는 그대로 유지되었다. 이토 히로부미와 박정희의 죽음은 사회구조와 '괴리되었기' 때문이다. 이에 반해 히틀러의 죽음은 사회구조와 밀접히 연관된다. 히틀러는 제2차 세계대전에서 패배가 확실해지자 자살로 생을 마감했다.

개인의 합리적 행동을 주목하는 이론들

구조에 대한 뒤르켐과 마르크스의 설명과 달리 베버는 개인의 행동을 이해해야 한다고 강조했다. 베버는 개인이 일정한 목적을 가지고 행동해야만 집단행동이 존재한다고 보았다. 이와 같은 베버의 '방법론적 개인주의'는 계급, 권력, 교육체계와 같은 사회현상을 설명할 때 반드시 개인의 특징을 설명해야 한다고 주장한다. 이러한 관점은 사회사실이 개인과 분리된다고 본 뒤르켐의 주장과 다르다. 베버는 중국, 인도의 사회변동을 구조적 요인으로 분석하기도 했지만, 지속적으로 개인의 합리적 행동에 관심을 가졌다.

경제학에서는 신고전파 경제학자들이 개인의 합리적 행동에 큰 관심을 가졌다. 그들은 시장이 균형 상태를 이룬다면 인간은 합리적으로 행동한다고 말했다. 다시 말해서 완전고용과 효용 극대화 원리가 제대로 작동한다면 인간은 자신의 이익을 극대화하기 위해 행동한다는 것이다. 때때로 개인적 차원에서는 비합리적 선택을 할 수 있다. 하지만 개별적·확률적 예외는 있을 수 있어도 전체적·지속적 예외는 있을 수 없다. 불합리한 선택은 좀 더 큰 이익을 주는 합리적 대안에 의해 시장에서 도태될 수밖에 없기 때문이다. 그러므로 모두가 합리적 행동을 한다면 인간 행동은 예측할 수 있다고 보았다.

인간의 합리적 행동을 설명하는 대표적 사례로 '수인의 딜레마prisoner's dilemma'를 들 수 있다. 공범 A와 B가 경찰에 체포되어 격리된 방에서 심문을 받는다. 만약 두 사람이 자백하지 않으면 모두 무죄로 풀려난다. 그러나 두 사람이 모두 자백하면 각각 3년형을 선고받는다. 두 사람 가운데 한 사람이 자백하고 다른 사람이 자백하지 않으면 한 사람은 무죄로 풀려나고, 다른 사람은 10년형을 받는다. 당신이라면 어떤 선택을 할 것인가? 가장 좋은 결과는 둘 다 자백하지 않는 것이다. 그러나 한 사람은 자백하고 다른 한 사람은 자백하지 않으면 최악의 결과를 낳는다. 이것이 바로 수인의 딜레마다. 결국 공범 A와 B는 최악의 결과를 피하기 위해 자백하고 각각 3년형을 받게 될 것이다.

게임이론에서는 죄수가 상대방의 선택을 감안해 자신의 이익을 최대로 추구한다는 가정을 전제한다. 이때 죄수는 협력보다 배신을 택함으로써 안정된 이익을 얻기 때문에 서로 배신을 택하는 '내시 균형Nash equilibrium' 이 이루어진다. 내시 균형은 두 사람이 경쟁자의 선택에 맞춰 자신이 내린 선택이 최선의 결과라는 결론에 이르러 서로 자신의 선택을 바꾸지 않는 균형 상태를 이른다. 즉 상대방이 현재 전략을 유지한다는 전제 아래 나 자신도 현재 전략을 바꿀 이유가 없는 상태를 말한다. 이는 1994년 노벨 경제학상을 수상한 존 내시John F. Nash가 주장한 이론이다.

실제로 개인이 자기의 이익만 추구하려 할 때 사회에 손실을 주는 행동을 한다. 공공물의 무료 이용을 예로 들 수 있다. 공공물의 비용을 부담하지는 않지만 그 혜택을 누릴 수 있다면 사람들은 무료 이용을 선택한다. 그러나 모든 사람이 그렇게 행동한다면 비용을 조달할 수 없어 공공물의 무료 이용은 중단될 것이다. 국제정치에서도 비슷한 사례를 볼 수 있다. 지구 환경을 파괴하고, 자원을 남획하며, 분쟁 지역에 무기를 판매하는 나라들이 있다. 국가 간 협력을 확신하지 못하기 때문에 개별 국가가 각자 이익을 추구하는 선택을 하는 것이다.

인간의 합리적 행동을 이해하려는 합리적 선택이론rational choice theory은 현대 정치학에도 커다란 영향을 주었다. 20세기 노르웨이 정치학자 욘 엘스터Jon Elster는 "세상에 사회란 존재하지 않는다. 단지 상호작용을 하는 개인만 존재할 뿐"이라고 주장했다. 사회를 구조로 보는 생각을 아예 무시하는 셈이다. 합리적 선택이론은 시장의 합리적 최적화 모델을 가정

모두를 위한 사회과학

하고, 거래와 협상을 통해 무언가를 얻기 위해 다른 것을 희생해야 하는 '트레이드오프trade-off'가 시장에서 이루어진다고 보았다. 또한 서로 다른 거래 조건을 이해하기 위해 게임이론을 적용하기도 한다. 예를 들어 폴란드 출신의 미국 정치학자 애덤 셰보르스키Adam Przeworski가 《자본주의와 사회민주주의》에서 지적했듯이 서유럽의 노동조합은 사유재산제 철폐와 사회주의혁명을 요구하지 않고, 사용자의 사유재산을 인정하는 대신 임금 인상과 복지 확대를 받아들였다. 이는 노동조합과 사용자가 서로 타협하여 합리적으로 차선책을 선택한 결과다. 특히 1938년 살트셰바덴 협약을 통해 노사 타협을 이루고 사회 안정을 이룬 스웨덴이 대표적 사례다.

하지만 이러한 설명은 가끔 불완전하고 만족스럽지 못하다. 게임이론에 따르면 모든 역사적 전환기에 정치적 타협을 통해 사회가 안정적 균형을 유지할 수 있었지만, 현실은 그렇지 않다. 다수가 항상 차선책을 선택하는 것은 아니기 때문이다. 1980년대 영국 보수당 총리 마거릿 대처Margaret Thatcher는 노동당의 복지 정책을 두고 국민의 모든 것을 돌보는 국가는 '보모 국가nanny state'라고 비난했다. 그 후 영국은 노동조합의 반발에도 불구하고 대처가 제안한 자유 시장경제 철학을 받아들였다. 시민권을 가진 모든 사람에게 아무 대가 없이 보편적 복지를 제공하는 복지 정책은 심각한 공격을 받았다. 결국 서로 다른 정치적 관계자(노동조합, 사용자, 정부 관료)는 협상을 하는 대신 각자의 길을 갔다.

그러면 왜 어떤 시대에는 타협과 합의를 존중하고, 다른 시대에는 그러지 않는가? 1980년대 영국의 경우를 보면 타협과 합의를 거부하고 새로운 방향을 추구했다. 자유 시장경제를 신봉하던 대처가 "사회는 실체가 없는 것"이라고 말한 점은 주목할 만하다. 대처는 "사회란 존재하지 않고, 단지 개인과 가족으로만 구성된다."고 말했다. 사회라는 관념은 인공적인 것이고 복지국가는 자연스러운 것이 아니다. 이러한 대처의 사고는 서양 사회 자유주의의 오랜 전통을 계승한 결과이기도 하다. 19세기 이래 영국의 자유주의는 개인과 기업의 자유를 강조하고, 자유를 억압하는 모든 인위적 구속을 거부했다. 이는 20세기 후반에 이르러 다시 개인과 기업의 자유를 강조하는 신자유주의라는 정치 이념으로 탈바꿈하여 나타났다.

1980년대 신자유주의는 노동조합과 노동당에 반대하는 기업과 보수당의 전폭적인 지지를 얻었다. 개인의 선택, 경쟁, 경제 효율성을 강조한 기업과 보수당은 수많은 연구소, 출판물, 대중매체를 통해 복지국가를 공격하고 신자유주의 이념을 빠르게 확산시켰으며, 총선에서 승리하여 권력을 장악했다. 1980년대 대처 정부는 적자 상태의 탄광을 폐쇄하기로 결정하고 이에 맞서는 노동조합의 총파업에 강경하게 대응하면서 타협 일체를 거부했다. 이처럼 정치 이념이 서로 다른 정당과 정부는 전혀 다른 행동을 선택한다. 개인, 집단, 정당의 전략적 선택은 사회적·정치적 조건과 긴밀한 연관을 가진다. 개인과 사회는 서로 긴밀하게 연결되어 여러 조건에 따라 상호작용하며 다양한 결과를 만들어낼 수 있다. 이러한 상호작용의 조건과 결과야말로 인간의 사회 행동을 이해하는 핵심 요소다.

개인과 사회의 상호작용,
부르디외의 아비투스

개인이 사회에 미치는 영향만큼 사회가 개인에게 미치는 영향에 관한 질문도 매우 중요하다. 맬컴 글래드웰Malcolm Gladwell은 《아웃라이어》에서 상위 1퍼센트의 성공과 부의 비밀을 탐구했다. 그는 그동안 우리가 알았던 성공 비결이 모두 틀렸다고 말했다. 카네기, 록펠러 같은 세계적 부자들은 과연 개인의 능력과 노력만으로 거대한 부를 거머쥔 걸까?

성공하는 사람들의 비밀

글래드웰은 "그들의 성공은 그들만의 작품이 아니다. 그것은 그들이 자라난 세계의 산물이다."라고 지적했다. 한 개인이 이례적인 성공을 하기 위해서는 탁월한 재능과 열정, 두뇌는 물론이고 '특별한 기회'와 '환경적 행운'이 있어야 한다. 빌 게이츠가 성공할 수 있었던 것도 부자 부모와 좋은 환경의 영향이 컸다.

미국에서 1830년대에 태어난 사람 가운데 부자가 많고, 1950년대에 태어난 사람 가운데 컴퓨터 산업을 이끈 사람이 많은 것처럼 '특별한 기회'는 성공의 결정적 요인 가운데 하나다. 한국에서는 이병철, 정주영처럼 1910년대에 태어난 사람 가운데 부자가 많고 안철수, 이찬진처럼 1960년대에 태어난 사람 가운데 컴퓨터 산업을 이끈 사람들이 많은 것도 비슷하다. '특별한 기회'란 적기適期를 말한다.

글래드웰은 캐나다의 우수한 아이스하키 선수들의 생일을 추적한 결과 연초에 태어난 사람들이 많다는 사실을 알아냈다. 왜 그럴까? 학생시절 유소년 하키 리그가 1월 1일을 기준으로 선수들을 나누기 때문이다. 1월 1일에 태어난 아이들은 같은 해 12월 31일에 태어난 아이들과 같은 리그에서 뛴다. 다른 아이들보다 몇 달 먼저 태어난 아이들은 키도 더 크고 발육 상태도 좋다. 결과적으로 신체 조건이 좋은 아이가 선수로 선발되고, 더 많은 훈련 기회를 만날 가능성이 높다. 이러한 현상을 글래드웰은 '누적적 축적'의 사례라고 말한다. 가난한 사람은 더 가난해지고 부유한 사람은 더 부유해지는데, 이를 미국 사회학자 로버트 머튼Robert K. Merton의 논리를 인용해 "무릇 있는 자는 받아 풍성하게 되고 없는 자는 그 없는 것까지 빼앗기리라."는 성경 구절에서 따와 '마태 효과'라고 일컫는다. 운동선수의 성공은 천부적 능력에 의해 결정되는 것이 아니라 재능 있는 사람을 선발하는 특수 조건에 따라 결정될 수도 있다.

프랑스 인상파 화가들의 그림에서도 개인과 사회의 관계를 생각할 수 있다. 1874년 '제1회 인상파 전시회'는 미술의 역사를 바꾸었다. 당시 고답적인 화풍이 대세였던 '살롱' 전시회에 출품했다가 떨어진 모네, 르누아르, 세잔, 피사로 등은 기성 화단에 반발해 자신들만의 전시회를 열었다. 전시회를 본 어느 신문기자가 모네의 〈인상 : 해돋이〉를 보고 '인상파 전람회'라며 조롱 섞인 기사를 썼다. 그러나 오히려 '인상'이라는 단어야 말로 자신들의 새로운 예술 방식을 표현한다고 생각한 화가들은 스스로를 '인상파'라고 불렀다.

세월이 흐른 뒤 인상파 화가들 그림의 운명이 완전히 바뀌었다. 2008년 영국 크리스티 경매에서 인상파 화가 모네의 〈수련〉이 8,040만 달러에 낙찰되었다. 그야말로 천문학적 액수의 미술품이다. 지금 인상주의 작품들은 사람들의 많은 관심을 받고 있지만, 150년 전만 해도 이상하고 볼품없으며 외설적인 것으로 여겨졌다. 전통적 표현 방식을 거부한 화가들의 전복 행위를 주류 미술이 쉽게 받아들이지 않았기 때문이다. 마네, 모네, 르누아르, 피사로, 드가 등 인상파 화가들은 냉대와 무관심 속에 30년이 지난 후에야 미술 애호가들의 인정을 받았다.

그러면 위대한 화가의 예술성은 개인의 능력이 아니라 사회의 판단에 따라 결정되는 것이라고 보아야 하는가? 왜 모네의 그림이 어떤 시기에는 형편없는 그림으로 평가받다가 또 다른 어떤 시기에는 세계적인 명화로 숭배받는가? 미술품은 화가 개인의 창조물이지만 미술품 시장은 화가, 수집가, 딜러, 비평가 사이의 복잡한 상호작용을 통해 형성된다. 이는 결국 위대한 천재의 작품도 시기에 따라 전혀 다른 결과를 낳을 수 있다는 것을 보여준다. 위대한 명화의 탄생은 바로 사람들의 변덕스러운 판단에 달린 것인지도 모른다. 미술 작품을 평가하는 데서 볼 수 있듯이 사회와 개인의 관계는 끊임없는 상호작용에 의해 전혀 예상하지 못한 결과를 낳기도 한다.

범죄자로 낙인찍힌다면

인간 사회에서 개인의 사회관계는 인간의 가치, 평판, 지위를 결정하는 중요한 토대가 된다. 개인은 사회의 판단에 따라 위대한 예술가가 될 수도 있지만, 매우 사악한 범죄자가 될 수도 있다. 특히 상호작용주의 이론은 인간 행동에 영향을 미치는 사회관계의 힘을 주목한다. 미국 사회학자 하워드 베커Howard Becker는 《국외자》에서 사회집단이 일탈을 규정하는 규칙을 정하고 특정인에게 적용하여 국외자로 낙인찍음labeling으로써 일탈을 조장한다고 주장했다. 사회의 어떤 집단이 사회적으로 어떤 행동이나 현상을 일탈 행위로 낙인찍는 과정에 주목하는 베커의 이론은 낙인 이론으로 널리 알려졌다.

낙인 이론은 처음 범죄를 저지른 사람을 주변에서 범죄자라고 낙인찍어, 결국 그 스스로가 범죄자의 가치, 행동, 태도를 갖게 되어 다시 범죄자가 되는 경우를 설명한다. 이러한 낙인은 개인을 범죄자라는 정체성에 가두기도 한다. 이렇게 일탈과 비행은 개인 행위의 특성이 아니라 다른 사람의 반응에 의해 규정된다고 볼 수도 있다. 이는 1960년대 미국의 반문화●와 죄수, 동성애자, 장애인 등이 주도하는 다양한 사회운동을 동정하는 경향과 밀접한 관련이 있다. 또한 주류 문화와 다른 소수집단의 문화를 일탈로 보는 견해에 반대하는 새로운 흐름이 등장하기도 했다. 그러면 일탈은 개인의 의지가 아니라 사회적 반응에 따른 결과로 보아야

반문화(counterculture) 한 사회의 문화에는 다양한 하위문화(subculture)가 있는데, 반문화는 지배 문화에 정면으로 대응해 적극적으로 도전하는 하위문화를 말한다. 1960년대 미국에서는 베트남전쟁에 반대하는 학생운동이 거세게 일어나면서 지배 문화에 저항하고 대립하는 반문화가 확산되었다. 여성해방 운동, 흑인 민권운동, 동성애 운동, '진정한 자아'를 찾기 위해 마약을 권장한 히피 운동 등이 대표적이다.

하는가? 개인의 책임은 모두 사라지는가? 모든 범죄자가 "내가 범죄를 저지른 것은 모두 사회 때문이야."라고 말할 수 있는가? 하지만 사회관계가 개인에 미치는 효과는 훨씬 더 복잡한 현실의 사회 모습을 보여준다.

영국 사회학자 폴 윌리스Paul Willis는 《학교와 계급 재생산》에서 자본주의사회의 노동이 어떻게 문화적 경험으로 구성되는지 분석했다. 그는 노동자계급의 고등학생 자녀 12명의 반항적 문화를 심층 면접으로 조사해 다음과 같은 내용을 도출했다. 그들의 비공식 또래 집단은 학교의 권위에 도전하고 규범과 질서를 깨뜨리며 하나의 세력을 만든다. 또한 학교와 공식적 제도에서 가치가 있다고 여겨지는 공부, 성실한 태도는 모두 거부한다. 그들은 정신노동을 경멸하고 육체노동을 더 좋아한다. 정신노동은 '계집애들'에게나 어울리는 일이고 육체노동이야말로 '사나이'다운 힘과 경험을 보여준다고 믿는다. 그들은 학교를 졸업해도 돈과 명성을 얻기 힘들다는 것을 알기 때문에 처음부터 교육과정에 관심을 두지 않는다. 그러나 그들의 저항 문화는 그들의 미래를 육체노동자로 이끌어 철저히 자본주의사회의 위계질서에 이바지하게 만든다. 여기에서 아이러니가 성립한다. 청소년 또래 집단이 만든 저항 문화가 결국 전체 사회질서를 재생산하는 데 기여하는 것이다.

영국 10대 청소년의 하위문화는 다른 사회의 하위문화와 비슷할 수 있다. 미국의 한 사회학자는 중간계급 가정의 자녀가 노동자계급의 자녀보다 학교생활에 더 잘 적응한다고 이야기했다. 그 이유는 중간계급인 학교 교사들의 말투와 태도가 자신의 부모와 비슷하기 때문이다. 중간계급 성향을 띤 교사들의 문화와 가치도 학생들에게 영향을 미친다. 시간이 지날수록 노동자계급 자녀들은 학교생활에 흥미를 잃고 잘 적응하지 못한다. 학교 성적이 점점 떨어지고 나중에는 학교를 중퇴하기도 한다. 프랑스 학교에서도 비슷한 일이 벌어진다는 사회학자들의 연구가 발표되었다. 중간계급 자녀들은 고전음악과 고전문학을 쉽게 접할 수 있는 자신들의 가정 문화가 학교교육과 큰 차이가 없다고 느끼는 반면, 노동자계급 자녀들은 학교교육과 거리감을 느낀다. 이러한 문화 차이는 학교교육에 쏟는 관심과 성과에 영향을 미친다(이 주제는 5장에서 다시 다룰 것이다).

아비투스, 사회와 개인을 연결하는 코드

사회와 개인은 서로 긴밀하게 연결되어 있다. 사회(구조)와 개인(행위자)의 관계에 대해 새로운 설명을 시도한 사람은 영국 사회학자 앤서니 기든스●다. 그의 '구조화 이론structuration theory'은 사회 활동이 개인의 무차별적 행위로만 이루어진다고 보지 않는다. 그러나 인간의 사회적 행동이 사회적 힘에 좌우된다고 보는 견해도 거부한다. 인간 행위는 미시적 행위를 총합한 것도 아니지만, 거시적으로 모든 것을 설명해줄 수 있는 것도 아니다. 행위자로서 인간과 사회구조는 서로 일정한 관계를 유지하는데, 사회구조는 개인의 행위에 의해 구성된다. 인간 사회에는 전통, 제도, 도덕적 코드, 어떤 일을 행하는 관행과 같은 다양한 사회구조가 형성되어 있기 때문이다.

기든스는 '구조'를 사회적 재생산에 반복적으로 영향을 미치는 '규칙'과

앤서니 기든스(1938~) 영국의 대표적 사회학자로, 현대사회의 계층, 국민국가, 정체성, 지구화에 관한 이론적 연구로 유명하다. 1990년대 이후 신사회운동, 제3의 길, 기후변화 등 다양한 정치사회학 연구를 발표했다.

모두를 위한 사회과학

'자원'으로 본다. 인간이 사회구조를 바꾸려 한다면 사회구조는 변하겠지만, 사람들은 자신의 기대와는 다른 행동을 하는 사람을 보면 심한 반감을 보인다. 노예가 허용되던 시대에 노예제 폐지 운동은 거센 반발에 직면했다. 기든스는 이러한 문제를 언어에 비유한다. 언어는 사람들이 말하고 글을 쓰는 순간에 존재하지만, 사람들은 대부분 언어의 규칙과 관습을 무시하는 행동을 받아들이지 않는다. 공식적인 자리에서 저속한 표현이나 막말을 사용한다면 심한 비판을 받을 수 있다. 마찬가지로 사회 질서에 관한 '규칙'도 우리의 머릿속에만 존재하며, 글로 표현하기 쉽지 않고 공식적인 힘을 가지고 있지도 않다. 그런데도 사람들은 작은 사회적 기대가 이루어지지 않으면 충격을 받는다. 20세기 초 여자가 치마 대신 바지를 입는 것조차 사회적으로 커다란 논란을 일으켰다.

1960년대 미국 사회학자 해럴드 가핑클Harold Garfinkel은 이와 관련된 실험 결과를 내놨다. 일상 대화에서 상대방이 전혀 기대하지 않았던 방식으로 반응했을 때, 사람들이 '정상적 행위'라고 생각하는 것을 파괴하는 행위에 화를 낸다는 것을 보여준 것이다. 그는 학생들에게 "안녕하세요?"라는 안부 인사를 받을 때 "잘 지내."라는 답변 대신 "어떤 상태에 대해 묻는 거냐?"라고 질문하라고 시켰다. 그 결과, 피실험자들은 모두 이상해하며 화를 냈다. 이처럼 우리의 일상 대화에도 암묵적인 틀이 있으며, 상대방이 이를 지켜줄 것이라는 사회적 합의가 있음을 알 수 있다. 사람들의 일상 행동은 '사회적 힘'과 '사회구조'를 만드는 일련의 기대를 강화하고 재구성한다. 기든스의 말처럼 "사회는 형태를 가질 뿐이다. 그리고 그 형태는 구조가 사람들의 행동으로 만들어지고 재생산되는 한에서만 사람들에게 영향을 준다."고 볼 수 있다.

사회가 개인과 긴밀하게 연계된다는 사고는 프랑스 사회학자 피에르 부르디외●의 '아비투스habitus'에서도 찾을 수 있다. 아비투스는 특정한 사회 환경에서 만들어지는 습관적 사고·인지·판단의 행동 체계를 말한다. 아비투스는 이러한 일정한 선호를 만들고 인간이 사회에 반응하는 방식을 결정한다. 19세기 조선의 양반은 상류사회 사교 모임에서 교류하며 자신들만의 문화와 관습을 유지했다. 양반 문화에 속하고 싶은 개인들은 시詩, 서書, 화畵의 재능을 교양으로 갖춰야 했다. 이렇게 인간은 아비투스를 만드는 창조자이자 아비투스로 만들어진 결과물이기도 하다. 제2의 천성이라고 할 수 있는 아비투스는 구조와 개인을 연결하는 역할을 수행한다. 아비투스를 지닌 개인의 모든 행동은 일정한 규칙성을 지니며 예측이 가능하다. 양반은 자신만의 아비투스를 지키며 상류사회의 경계를 형성하고, 다른 계층과 취향을 구별 짓고 차이를 지키려 했다.

　아비투스를 활용하는 부르디외의 견해는 상당 부분 일리가 있지만, 인간의 모든 행동을 설명할 정도로 완벽하지는 않다. 인간 행동에는 무척 많은 경우의 수가 있기 때문이다. 프랑스 작가 미셸 투르니에Michel Tournier의 《방드르디, 태평양의 끝》은 로빈스 크루소에 관한 전혀 다른 이야기를 한다. 이 작품은 일종의 패러디로, 방드르디는 프라이데이를 뜻하는 프랑스어다. 무인도에 살게 된 로빈슨 크루소는 자본주의와 프로테스탄트 윤리에 입각한 아비투스를 지니고 있다. 그는 우연히 만난 방드르디에게 자신의 아비투스를 강요한다. 그러나 디포의 원작과는 전혀 다르게

피에르 부르디외(1930~2002)　프랑스의 대표적인 사회학자로 현대사회의 문화와 교육에 관한 많은 연구를 했다. 특히 문화가 사회계층에 따라 다른 내용을 재생산하며 '문화 자본'으로 변화함을 주장했다.

　　　　　　　　　　　　　　　　　　　　　모두를 위한 사회과학

방드르디는 로빈슨 크루소의 아비투스에 저항한다. 그는 로빈슨 크루소가 만든 문명의 도구를 모두 없애버린다. 결국 로빈슨 크루소는 방드르디의 아비투스에 따라 옷을 벗어 던지고 자연이 베푼 양식만 먹으며 자유롭게 즐기는 '야성적인 삶'의 방식을 배운다. 투르니에의 책은 아비투스의 단절과 뒤집어짐을 상상한 것이다. 하지만 우리는 인간 행동을 설명하는 데서, 투르니에의 소설 속이 아니라 실제 현실에서 끊임없이 우연성과 역설의 문제를 마주한다.

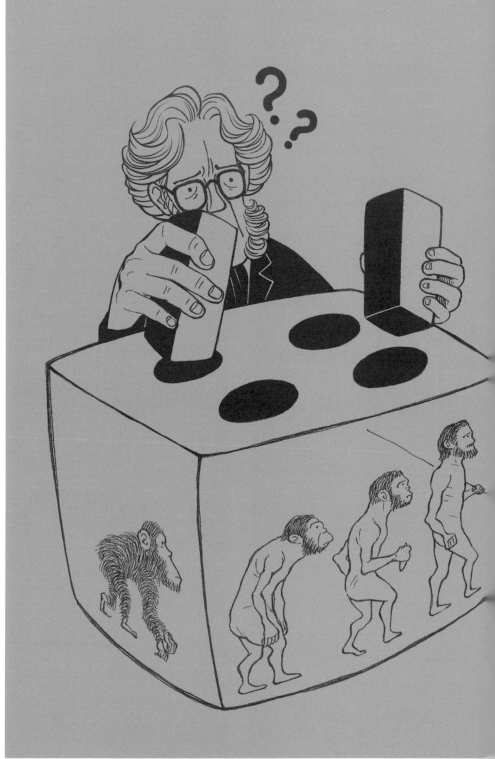

3장에서는 사회과학의 근본 문제 가운데 하나인 자연과 사회의 관계를
다룬다. 인간 사회는 자연과 어떻게 다른가? 19세기 다윈의 진화론이
등장한 이후 인간을 동물의 한 종으로 보고, 인간 사회는 자연 또는 유
기체의 특성과 비슷하다고 보는 견해가 부상했다. 20세기에도 사회를
유기체에 빗대어 설명하려는 시도는 계속되었다. 그러나 이 글은 인간
을 동물로 보고 사회를 유기체로 비유하는 모든 시도가 심각한 오류를
범할 수 있음을 말하고자 한다. 또한 의식과 문화를 지닌 인간 사회에
는 생물 세계와 다른 특성이 있다는 점을 주목한다.

진화는 진보가 아니라 다양성의 증가일 뿐이다.

— 굴드

《종의 기원》과 《이기적 유전자》의 시선으로 본 인간

인간은 어디에서 왔는가? 지난 수천 년 동안 인간은 신 또는 하늘이 자신을 창조했다고 믿었다. 이러한 믿음이 깨진 것은 150년밖에 되지 않는다. 진화론은 인간을 신이 창조한 독창적인 피조물이 아니라 다른 생물의 종에서 진화했다고 주장하며 사회를 보는 눈까지 완전히 바꾸어놓았다.

다윈, 창조설에 도전장을 내밀다

1859년에 출간된 찰스 다윈의 《종의 기원》만큼 인간에게 커다란 영향을 준 책은 많지 않을 것이다. 이 책은 초판이 발간되자마자 그날 모두 팔릴 정도로 반응이 뜨거웠다. 신이 인간을 창조한 것이 아니라는 그의 주장은 즉각 큰 파문을 일으켰다. 원숭이 몸을 한 다윈의 얼굴이 신문 풍자만화에 등장하여 웃음거리가 되었다. 당시 다윈은 유전자란 것이 있는 줄도 몰랐다. 인간과 원숭이가 가장 유사한 유전자를 갖고 있다는 사실은 뒤늦게 밝혀졌다.

원숭이로 묘사된 찰스 다윈

진화론 발표 당시 다윈은 '원숭이의 후손'이라고 조롱받았지만, 머지 않아 신이 세상 만물을 창조했다는 주장이 쇠퇴하고 생물학적 진화를 논하는 견해가 널리 확산되었다. 스펜서는 다윈의 생물학적 진화론을 인간 사회에 적용했다.

다윈은 당시 유행하던 토머스 맬서스Thomas Malthus의 《인구론》에서 착상을 얻어 종이 변하는 원인을 설명했다. 맬서스는 "인구는 등비급수적으로 증가하는 반면, 식량은 등차급수적으로 증가할 뿐"이라고 주장했는데, 다윈은 이를 이용해 종의 변화를 설명했다. 다윈의 진화론은 다음과 같은 명제를 토대로 제안되었다. 생물체들의 유전적 특징 사이에는 약간의 변화가 있다. 생물체들은 실제로 생존할 수 있는 것보다 더 많은 자손을 생산하는 경향이 있다. 변이 가운데 어떤 특징은 생물체의 생존과 생식에 이점이 되기도 한다. 이러한 이점을 가진 생물체들은 더 많은 후손을 낳을 것이고, 이를 통해 다른 종보다 더 잘 생존하고 번식할 수 있다. 이러한 개체 보존의 원리를 '자연선택'이라고 한다. 요약하면 모든 종족은 자연이 선택한 결과물이다. 그리고 우월한 종은 살아남고 열등한 종은 사라진다.

인간이 신이 아닌 동물과 더 가깝다면 인간에 관한 학문도 신이 아닌 동물을 연구함으로써 더 많은 것을 배울 수 있을 것이다. 실제로 우리가 상식이라고 여기는 것에서도 인간이 동물과 비슷하다고 보는 견해를 찾아볼 수 있다. 모든 동물은 자신을 닮은 자식을 낳고 싶어 한다. 하지만 가장 우월한 동물이 짝짓기에 유리하므로 강한 동물만이 생존할 수 있다. 동물은 자신의 종족을 번식시키기 위해 끊임없는 경쟁에서 승리해야 한다. 여기에서 '동물' 대신 '인간'으로 주어만 바꾸어도 아무 문제 없다고 생각하는 사람도 있을 것이다. 남자는 자신의 자식을 잘 낳아줄 건강한 여자를 찾는다. 여자는 자신의 자식을 잘 돌보아줄 능력 있는 남자를 선호한다. 그러면 돈이 많은 남자와 건강한 여자가 만날 가능성이 많다는 이야기가 된다. 과연 그럴까?

동물의 왕국에 인간을 대입하다

동물 행동의 특성과 의미, 진화 등을 연구하는 동물행동학의 내용을 인간 세계에 적용해보려는 시도는 우리 주변에서 많이 찾아볼 수 있다. 첫째, 동물 세계는 강한 동물이 약한 동물을 잡아먹는 약육강식의 논리가 지배한다. 인간 사회에서 강대국이 약소국을 침략하고, 강한 기업이 약한 기업을 흡수하는 일은 비일비재하다. 둘째, 상당수의 경우 동물 무리에는 가장 강한 수컷이 대다수 암컷과 짝짓기를 독점하는 '일부다처제'가 존재한다. 인간 역사 가운데 대부분의 지역에서 만들어진 결혼 제도가 일부다처제였던 것은 자연적 진화로 볼 수 있다. 셋째, 대다수 암컷이 가장 강한 수컷과 짝짓기하려는 것은 우수한 종을 수태하려는 것이다. 그래야만 우월한 유전자를 후대에 물려줄 수 있기 때문이다.

그러나 이러한 논리는 동물 세계와 인간 사회의 유사점을 지나치게 확대하여 해석하는 오류를 범하고 있다. 먼저 모든 동물이 다른 동물을 잡아먹는 것은 아니다. 같은 종의 동물이 서로를 잡아먹는 경우는 매우 드물며, 서로 다른 종의 동물이 협력하는 경우도 많다. 둘째, 모든 동물이 일부다처제로 짝짓기를 하는 것은 아니다. 비버, 수달, 늑대, 여우, 들쥐, 일부 박쥐와 발굽 동물 등은 일부일처 관계를 맺는다. 물론 이런 경우는 1,000여 종의 포유류 가운데 3∼5퍼센트에 불과하다. 이 가운데 일부는 몰래 다른 상대와 관계를 가지기도 한다. 잉꼬, 원앙 같은 조류의 90퍼센트는 겉으로는 일부일처제를 유지하지만, 다른 상대와도 관계를 가지는 것으로 밝혀졌다. 동물 세계의 짝짓기에도 예외가 있듯이 인간 세계에도 예외는 있다. 그러므로 동물의 일부다처제 비율을 인간 사회에 무조건 적용하여 비교하는 것은 옳지 않다. 셋째, 교미의 기회를 노리며 이성에 접근하기 위해 경쟁하는 것은 주로 수컷이다. 수컷은 두 가지 방식으로 경쟁한다. 먼저 수컷끼리의 싸움에서 무력으로 또는 상대에게 치명상을 입힐 수 있는 무기를 가지고 상대를 공격하는 것이다. 다음으로는 암컷을 효과적으로 유인하여 자극하는 방법이 있다. 그런데 공작새의 깃털에서 볼 수 있듯이 수컷의 과장된 구애가 더 우수한 종을 보여주는 것인지는 분명하지 않다. 인간의 경우에도 멋진 근육이나 많은 재산이 반드시 우수한 종임을 증명하는 것은 아니다. 오히려 인간은 임신 기간과 아이의 양육 기간이 길기 때문에 이 기간 동안 벌이를 구하기 힘든 자신을 잘 돌봐줄 헌신적인 배우자를 선택할 가능성이 높다. 하지만 이 역시 정확한 것은 아니다. 이성을 선택하는 인간의 선택과 취향은 역사적·

모두를 위한 사회과학

사회적 조건과 무관하지 않기 때문이다.

동물과 인간에 관한 연구를 연결해보려는 본격적인 시도는 사회생물학에 의해 이루어졌다. 이미 1960년대 콘라트 로렌츠Konrad Lorenz의 《공격성에 관하여》나 데즈먼드 모리스Desmond Morris의 《털 없는 원숭이》와 같은 저서는 인간을 동물의 연장선에서 바라보았다. 1973년 노벨상을 수상한 로렌츠는 동물의 공격성이 본능이라고 주장했다. 그는 생존이 아닌 다른 이유로 같은 종을 공격하는 한 어류를 사례로 들었다. 그에 따르면 종 내부에서 발견되는 폭력은 종족 번영을 위해 경쟁하는 '사회적' 행동이다. 하지만 《공격성에 관하여》는 제2차 세계대전 당시 나치 독일의 폭력적인 역사에 대한 변명일 뿐이라는 비판을 받았다. 실제로 나치당에 입당했던 로렌츠의 어두운 과거도 논란이 되었다. 1940년 로렌츠는 동물의 가축화와 같이 문명이 인간을 나약하게 만들었다고 비판하며, 자연선택 이론에 근거한 적절한 인종 정책이 필요하다고 주장했다.

다른 한편, 모리스는 동물은 종족 내 싸움을 벌일 때 서열 관계만 확인하면 서로 해치지 않는다고 지적했다. 반면에 인간은 함께 사냥할 때 생기는 협력적 의식이 현대사회에서 맹목적 충성으로 바뀌어 같은 종족이라도 서로 학살한다고 주장했다. 또 그는 인구밀도가 높은 곳에서는 어느 종을 막론하고 공격 성향이 강해지기 때문에 인간 사회에서 평화를 유지하려면 출산율을 낮춰 적절한 인구를 유지해야 한다고 주장하기도 했다.

인간의 유전자는 이기적인가

1970년대 하버드 대학교 교수 에드워드 윌슨의 《사회생물학》과 옥스퍼드 대학교 리처드 도킨스의 《이기적 유전자》는 사회생물학에 대한 관심을 다시 불러일으켰다. 이들은 인간 존재와 행위의 근원을 유전자에서 찾으려고 했다. 20세기에 발전한 사회학과 인류학이 인간의 사회적 행동을 문화의 전승과 후천적 학습의 산물로 본 데 비해, 윌슨은 모든 인간의 사회적 행동은 결국 유전자의 작용으로 이루어진다고 주장했다. 심지어 사회학이나 인류학이 없어지거나 생물학으로 흡수될 것이라고 예측했다. 사회학이나 인류학이 분석하는 인간의 사회적 행동은 분자생물학을 이용한 유전학을 통해 설명될 수 있다고 생각했기 때문이다.

도킨스의 주장이 가장 충격적이다. 그에 따르면 인간은 단지 유전자의 명령에 따르는 수동적인 존재일 뿐이다. 인간은 유전자에 미리 프로그래밍된 대로 살면서 자신의 유전자를 후대에 전달하는 임무를 수행하는 존재에 불과하다. 이 세계의 모든 생물은 유전자에 의해 창조된 기계라 하겠다. 그리고 모든 기계의 목적은 유전자를 계속 보존하는 것이다. 짝짓기와 출산도 유전자를 전승하기 위한 행동이다. 결국 생명체는 자신을 창조한 주인인 유전자를 보존하는 수단일 뿐이다. 유전자는 자신의 보존 이외에는 관심이 없는 이기적인 존재다.

그렇다면 인간의 사랑은 무엇인가? 그리고 왜 인간은 이타적 행동을 하는가? 도킨스는 인간의 사랑과 이타주의 모두 철저히 유전자의 계산대로 행동하는 이기주의의 다른 표현이라고 본다. 사실 인간은 전혀 모르는 다른 사람보다 자식, 가족, 친척을 먼저 생각하고 우선적으로 챙기려 한다. 집에 불이 나면 자신을 희생해서라도 자식을 구하려는 부모의

리처드 도킨스

도킨스는 인간의 진화는 개체나 종이 아니
라 유전자가 결정한다고 주장한다. 한편으
로 그는 인간의 자유의지가 유전자의 독재
를 이겨낼 수 있다고 본다.

본능도 유전자에 따른 행동이다. 도킨스는 인간이 자신의 가족을 사랑
하는 행동도 자신과 비슷한 유전자를 가진 생물을 도와 유전자를 후세에
남기려는 행동이라고 본다. 이렇게 인간은 이기적 유전자의 명령에 따라
행동할 뿐이다.

> 배우자가 공유하고 있는 것은, 같은 자식에 대해 서로 똑같이 50퍼센트의
> 유전자를 투자하고 있다는 것뿐이다. 아버지도 어머니도 그들의 자식에게
> 투자한 50퍼센트의 유전자 복리에 관심을 가지고 있다. 결국 서로 협력하
> 여 자녀를 양육하는 것은 양자 모두에게 어느 정도 유리한 셈이 된다.
>
> —도킨스, 《이기적 유전자》

도킨스는 인간이 생물학적 유전자 이외에 문화 전달을 매개하는 일종의 문화적 유전자를 갖는다고 보았다. 그는 이것을 '밈meme'이라고 불렀다. 밈은 DNA처럼 실제로 존재하는 유전자는 아니지만, 유전자처럼 모방과 자기 복제를 통해 한 세대에서 다음 세대로 전달되는 문화적 요소를 가리킨다. 밈은 모방이라는 뜻을 가진 그리스어 '미메메mimeme'와 유전자를 가리키는 '진gene'을 결합한 말이다. 인간의 습관, 의상, 예술, 건축, 의식 등 거의 모든 문화적 요소가 밈에 해당한다. 도킨스는 유전자가 출산을 통해 부모에게서 자식으로 전달되듯이 밈도 모방을 통해 한 사람의 뇌에서 다른 사람의 뇌로 전달된다고 주장한다.

사회생물학의 논쟁은 인간이란 무엇인가에 관한 근본적인 질문을 던진다. 사회생물학자의 주장은 다음과 같다. 인간의 행동은 유전자에 의해서 결정된다. 인간은 유전자가 정해놓은 길을 벗어날 수 없다. 우수한 유전자를 가진 사람은 열등한 유전자를 가진 사람보다 우월하다. 남성의 생물학적 특성이 여성보다 우수하기 때문에 가부장제가 형성되었다. 이런 시각에서 보면 인간은 거의 동물과 다를 바 없다. 이쯤 되면 생물학적 결정론이라고 할 만하다.

사회생물학은 인간 사회에 불평등이 존재하는 것도 유전자 때문이라고 본다. 아무리 평등한 사회에서 똑같은 교육을 받고 직업 선택에 균등한 기회가 주어져도 유전자의 차이 때문에 인간의 경제활동, 정치적 능력, 지적 사고의 수준이 불균등할 수밖에 없다고 말한다. 여기서 다윈의 진화론이 제기한 주장은 급기야 유전자 결정론으로 바뀐다. 이제 사회생물학자는 모든 사람에게 자신의 운명을 받아들이라고 한다. 운명은 모두 유전자에 의해 결정되기 때문이다.

환경에 따라 변화하는 유전자

20세기에 게놈genome 프로젝트로 유전자 구조가 밝혀지면서 인간의 생명현상을 모두 이해할 수 있을 것이라는 기대감이 커졌다. 실제로 인간의 질병은 유전자와 깊은 관련이 있다. 그러나 유전자가 인간 행동을 모두 결정한다고 할 수 있을까? 인간의 진화에서 중요한 문제는 인간이 환경에 적응하는 방식이다. 유전자도 환경에 적응하면서 진화한다. 도킨스가 제안한 밈도 고정불변한 것이 아니기에 환경에 따라 변화할 것이다. 그러므로 문화 전승을 유전자의 자기 복제 과정으로 파악하는 것은 지나치게 단순한 유전자 결정론이라 하겠다. 인간을 유전자의 전달체로만 보는 것은 환경의 영향을 무시하는 것이다. 특히 고도로 발전된 두뇌를 통해 지적·창조적 활동을 수행하는 인간을 유전자로 환원하여 설명하기는 더 어렵다. 이제 인간을 포함한 모든 생물의 사회적 행동은 유전자와 환경 사이의 오랜 상호작용의 결과로 보아야 할 것이다.

유전자와 환경의 상호작용 결과를 예측하는 것은 쉽지 않다. 오랫동안 진화 사회학은 환경에 적응해 생존하고 더 많이 번식하려는 욕망이 인류의 행동을 이끌었고, 이 행동을 통해 인류가 진화해왔다고 주장했다. 그러면 현대사회의 중산층은 왜 아이를 많이 낳지 않는 것일까? 생존과 번식에 유리한 유전자만이 살아남는다는 자연선택설에 따르면 현대사회의 출산율은 엄청난 모순이다. 우월한 유전자를 더 많이 번식시키기 위해서는 더 많은 자식을 낳아야 하는 것 아닌가? 하지만 상당수 현대인은 개인의 성공을 위해 아이를 낳지 않거나 자녀 수를 제한한다. 이런 경향은 선진국일수록 더 심하다. 성공을 추구하는 심리는 번식에 기여하기보다 개인적 만족과 여가 생활을 위한 투자에 더 크게 작용한다. 그러면 인간의 동기는 유전자의 명령이나 조종이 아닌 유전자와 환경의 상호작용이라고 보아야 한다.

인간 행동의 동기를 모두 이기주의로 보는 주장도 옳지 않다. 도킨스의 주장 역시 이기적 유전자가 다른 사람에 대한 배려를 중단한다거나 홉스가 말한 것처럼 인간 세계가 '만인 대 만인의 투쟁'이라고 한 것은 아니다. 오히려 이기적 유전자는 이타주의의 중요성을 인정한다. 독일 동물행동학자 비투스 드뢰셔Vitus B. Dröscher는 《휴머니즘의 동물학》에서 동물 세계가 정글처럼 힘에 의해 지배되지 않는다고 주장한다. 적자생존과 약육강식의 원리가 동물 세계를 지배하는 것이 아니라 조화와 협력이 동물의 일반적 생존 기술이라는 것이다. 예를 들어 수컷이 우두머리가 되는 늑대나 야생 닭의 세계에서 우두머리의 역할은 폭력으로 무리를 굴복시키는 것이 아니라, 무리의 협조와 이해를 바탕으로 지혜롭고 민주적으로 무리를 이끄는 것이다. 드뢰셔의 책은 많은 논쟁을 불러일으켰지만, 동물 세계를 이기주의, 약육강식, 승자 독식의 세계로만 이해하는 사고에 문제를 제기하며 균형 잡힌 시각을 가질 것을 요구한다.

진화론,
사회학을 만나다

19세기 다윈의 진화론은 인간이 사회를 보는 시각에도 커다란 영향을 주었다. 진화론은 인간 사회가 자연선택에 의해 이루어졌다고 보았다. 또한 어떤 생물 종의 개체변이가 일어날 경우 그 생물이 생활하는 데 가장 적합한 것만이 살아남고 부적합한 것은 사라진다는 가설에 따라, 개체 간의 경쟁이 계속 일어나고 자연선택이 반복되면서 인간의 진화가 이루어진다고 생각했다. 다윈과 비슷한 시기에 살았던 영국 사회학자 허버트 스펜서Herbert Spencer는 다윈의 생물 진화론을 적극 수용하여 사회도 그처럼 진화한다고 주장했다.

인간 사회도 진화한다

다윈은 생물의 진화를 진보로 해석하는 것에 부정적이었다. 이와 반대로 스펜서는 사회 진화를 긍정적 발전 과정으로 보면서 인간 사회도 유기체와 같이 진화한다고 보았다. 인간이 단순한 생물에서 고등동물로 진화한 것처럼 사회도 낮은 단계에서 높은 단계로 진화한다는 것이다. 이와 같이 다윈의 생물 진화론을 수용하여 사회 진화를 주장한 이론을 '사회적 다윈주의Social Darwinism'라고 한다. 스펜서는 동물 세계와 같이 인간 사회도 '자연선택'을 통해 점차 높은 차원의 단계로 진화한다고 주장했다. 또한 농업을 기반으로 하는 사회보다 과학기술을 이용하는 사회가 우월하다고 보았다.

스펜서는 다윈의 《종의 기원》이 출간되기 거의 10년 전에 '적자생존survival of the fittest'이라는 용어를 썼다. 경쟁과 선택을 강조한 스펜서의 《사회학 연구》는 상당한 관심을 모았다. 그는 '적자생존'이라는 용어를 생물학과 자연과학의 차원이 아니라 도덕적·철학적 의미로 썼다. 동시에 사회조직의 최상의 형태가 인간 사이의 피할 수 없는 경쟁에서 탄생한다고 보았다. 그는 경쟁이 최상의 인간 조직만 생존하게 하면서 사회 수준을 향상시킨다고 주장했다. 이러한 도덕철학은 많은 문제점이 있었지만 19세기에 가장 강력한 제국을 형성했던 영국 지배계급 사이에서 매우 인기가 있었다. 아마도 다윈은 자신의 이름 다음에 스펜서의 저서가 소개되는 것을 안다면 굉장히 실망할 것이다. 다윈은 한 번도 영국이 다른 문명보다 위대하다고 생각하거나 노예제도가 당연하다고 말한 적이 없었기 때문이다.

다윈은 자신의 저서에서 '자연선택'이라는 아이디어를 제공해준 것에 감사함을 내비치며 스펜서에게 답례를 표했다. 하지만 다윈의 표현은 유명한 사회철학자에게 표하는 예의 바른 표현에 불과했을지도 모른다. 어쨌든 사회학과 생물학을 연결시킨 스펜서의 시도는 그 시대의 사회사상에 커다란 영향을 주었다. 다윈의 생물 진화론을 인간 사회에 적용한 사

허버트 스펜서
영국 사회학의 창시자로, 콩트에 필적할 만한 거대
한 학문 체계를 만들었다. 진화가 우주의 원리며,
인간 사회에 가장 잘 적응한 사람만이 살아남을 수
있다는 '적자생존'을 주장했다.

회적 다윈주의나 우생학●은 인간의 문명과 문화는 더 높은 도덕적 가치
로 진보한다고 믿었다. 이는 서구와 완전히 다른 문명을 대상으로 위계질
서를 세운 영국 빅토리아 시대 의식을 반영한다. 흑인 문명이 가장 미개
하고 황색인 문명은 중간 수준이며, 백인 문명이 가장 우수하다는 논리는
서양 문명의 식민지 활동을 '문명화'라는 명목으로 합리화하는 데 한몫했
다. 유럽인은 이러한 사고방식에 따라 아메리카 원주민을 죽이고 서부를
개척하는 것이 백인의 '명백한 의무'라고 자부했다. 아프리카 흑인을 하나
의 도구로 취급했던 노예제도 역시 그 같은 맥락에서 유지되었다.

우생학(eugenics) 19세기 후반 서유럽에 등장한, '좋은 태생'에 관한 학문이다. 일부는 건강한 다음 세대를 위해
'우월한 유전자'를 퍼뜨리고 '가치 없는 삶'은 없애야 한다고 주장했다. 20세기 초반에 전 세계적으로 인기를 끌었
으며, 특히 독일 민족의 우수성을 강변하는 나치즘의 이론적 밑바탕이 되었다.

진화론을 제멋대로 해석한 일본 제국주의의 논리

다윈의 진화론을 제멋대로 이용한 사회생물학은 20세기 초 동아시아 사회에도 커다란 영향을 미쳤다. 특히 일본에서 사회진화론을 주장한 우키타 가즈타미浮田和民는 큰 인기를 얻었으며, 한국의 이광수에게도 영향을 미쳤다. 우키타는《사회학 강의社會學 講義》에서 자연적 진화와 인위적 진화를 분류했다. 과거의 인간 사회는 "생존경쟁, 적자생존, 자연선택으로 불리는 다윈의 법칙"으로 진보했지만, 현대사회는 인간이 주도하는 인위적 진화로 발전한다며 인간의 역할을 강조했다. "동물이나 식물은 자연 진화에 맡겨도 마땅하지만, 도리를 생각할 수 있는 인간, 과거를 알고 미래를 전망할 수 있는 인간"은 "한편으로는 개혁"을 행해 혁명을 피하면서 사회 진보를 계획할 수 있으며, 교육을 통해 점진적으로 사회를 개량할 수 있다고 주장했다.

일본 현대 사상가들 사이에서 이러한 사고는 뿌리 깊다. 일본 게이오 대학교를 설립하고 일찍이 현대 일본의 사상적 토대를 세운 후쿠자와 유키치福澤諭吉는 "조선은 미개하기 때문에 우리가 무력을 사용해서라도 조선의 진보를 도와야 한다."고 주장했다. 그는 갑신정변을 일으킨 김옥균과 개화당을 후원했으나, 훗날 '정한론征韓論'을 주장하며 조선 침략을 주창했다. 침략과 식민 지배가 진보를 돕는 일로 둔갑한 것이다. 일본 진화론에서 인위적 요소가 극단적 형태로 나타난 사상 조류가 바로 인종 개선학이다. 우생학은 다윈의 조카 프랜시스 골턴Francis Galton이 체계화했는데, 몇몇 일본 학자가 이것을 인종 개선학 또는 민족 개선학으로 옮겨 소개했다. 인종 개선학에서 이상 사회는 인간의 형질을 분리해 열등한 형질을 가진 사람은 사회적으로 도태시키고 우월한 형질을 가진 사람만 남겨 육체적으로나 정신적으로 동질적 인간들로 이루어진 공동체다.

1920년대 사회진화론을 소개하는 사회학이 우리나라에 도입되면서 일부 지식인들은 일본인보다 열등한 조선인이 우월한 민족인 일본의 지배와 통치를 받는 것이 당연하다고 생각했다. 당시 유행하던 잡지 《개벽開闢》의 주요 기고자였던 박달성은 현대사회에서 "평화니 인도니 함은 약자를 위안하는 고식어姑息語에 불과하다. 강자는 선이요 약자는 악이라는 것은 만고의 철칙이요, 인도주의도 좋으나 생존경쟁은 인류 사회의 원리고 약육강식은 자기 본능으로, 이를 버림은 진리의 모순"이라며 조선도 강자가 될 것을 강조했다. 당시 많은 지식인은 정의, 인도주의, 평등에 입각한 민족자결주의의 가치 대신에 사회진화론과 제국주의론이 여전히 힘을 가지는 시대라고 생각했다.

저명한 소설가이자 언론인이었던 이광수는 인위적 진화를 강조한 대표적 인물이다. 열등한 조선 민족의 문화를 바꿔야 한다는 이광수의 '민족 개조론'은 문명의 위계질서를 전제로 한 논리였다. 이광수는 "개조주의자가 생각하기에 현대 조선 민족을 그냥 두면 개인으로나 민족으로나 열패자劣敗者가 될 수밖에 없으니, 이를 구원하는 것은 오직 그 반대 방향을 가리키는 개조만 있을 뿐"이라고 했다. 그가 "원시민족, 미개민족의 목적의 변천은 오직 자연한 변천, 우연한 변천이로되, 고도의 문명을 가진 민족의 목적의 변천은 의식적 개조의 과정"이라고 말한 것을 보면, 세계를 자연과 문명, 미개인과 문명인으로 나눈 것을 알 수 있다. 하지만 그는 스펜서의 진화론을 무조건 받아들인 것이 아니라 미개인과 미개국은 자연적 진화의 법칙에 따라, 문명인과 문명국은 인위적 진화의 법칙에 따라 사회 진화가 결정된다고 보았다. 이는 문명과 문화에는 서열이 있고, 우월한 민족은 세계를 지배해도 된다는 논리로 발전하여 일본의 식민지 지배를 정당화하는 친일 논리로 이용되었다.

1942년 일본 제국 의회에서 도조 히데키^{東條英機} 일본 총리는 전쟁을 준비하며 식민지 종주국과 식민지의 일체화를 주장했다. 그는 '대동아공영권'을 내부적 중핵(일본, 조선, 만주, 중국, 타이, 베트남), 직할령(홍콩, 말레이반도), 독립 예정 지역(필리핀, 버마) 등으로 구분하여 민족 간 위계를 정했다. 이에 따라 일부 조선인들 사이에 우월감을 가지고 아시아의 다른 민족을 열등하게 대하고 배척하는 경향이 있었다. 지금도 한국이 세계에서 가장 우수한 민족이며 외국인과 결혼하는 것은 순수한 단일민족의 혈통을 훼손하는 것이라는 주장도 있다. 아직 우리 일상에 동남아시아의 다른 민족을 열등하게 보는 일본 제국주의 망령이 남아 있는 것은 아닐까?

우수한 민족이 세계를 지배한다는 망상

19세기와 20세기 전반에 제국주의 시대를 지배했던 왜곡된 사회생물학 형태의 사이비 과학은 대영제국의 강력한 지배 이데올로기가 되었다. 1930년대 독일 민족주의는 극단적 수준에 이르렀다. 나치 독일은 독일 민족이 세계에서 가장 우월한 유전적 특성을 가진다고 자부하면서 순수한 아리안(인도·유럽 어족) 인종의 혈통을 지켜야 한다고 생각했다. 이러한 과학의 탈을 쓴 사이비 이론은 큰 인기를 얻었다. 특히 우월한 유전자를 육성하려 한 우생학과 두개골 용량과 지능의 관계를 강조한 골상학^{骨相學}이 그러했다. 인간 사회를 생물학적으로 해석한 이런 극단적 형태는 정신병자와 지적장애인에게 행해진 거세와 불임수술, 인종주의, 유대인 학살

아우슈비츠 수용소

광신적 인종차별 정책을 펼치던 나치는 아우슈비츠를 포함한 네 곳에 유대인과 집시를 가둘 강제수용소를 만들었다. 동성애자, 장애인도 부적격 아리아인으로 분류되어 이곳에서 학살되었다.

같은 비극적 결과를 낳았다.

현대 사회생물학에서 '자연선택'이라는 용어는 여전히 큰 인기를 얻고 있다. 그러나 인간 사회의 다양한 측면을 생물학적 특성으로 환원하여 설명하려는 시도는 많은 비판을 받았다. 현대 과학에서는 모든 인간이 공통의 선조와 유전자를 가진다고 본다. 사회생물학을 이용한 우생학과 인종주의는 과학과 거리가 멀다. 인간은 유전자의 꼭두각시가 아니며, 생물학적 요인보다 환경적 요인의 영향을 많이 받는 존재로 여겨진다. 또한 학자들은 유전적으로 우월한 사람과 열등한 사람 사이의 차이를 지나치게 부각시키는 사회생물학의 위험성을 경계한다. 인종의 유전적 특성에 따라 우열이 존재한다는 주장은 사회생물학을 왜곡한 대표적 사례다. 그러기 때문에 요즘의 인종차별적 모습들을 사회생물학의 인기를 이용했던 나치즘의 망령이 부활하는 것으로 보는 우려도 있다.

사회생물학을 이용한 지적 인종주의는 1980년대 이후 미국의 레이건 정부에 들어와 다시 등장했다. 미국 사회학자 리처드 헌스타인Richard Herrnstein과 찰스 머레이Charles Murray는 《벨 커브》에서 백인에 비해 흑인의 지능지수가 상대적으로 낮다고 주장했다. 또한 지능은 유전적으로 결정되기 때문에 흑인을 가난에서 구제하려 해도 소용없다는 'IQ 종형鐘形 곡선 이론'을 제시했다. 하지만 이러한 주장은 흑인의 지능지수가 가정의 경제력, 교육 수준, 문화와 어떤 연관이 있는지 제대로 규명하지 않는다. 단지 흑인의 유전적 요인만 강조할 뿐이다.

헌스타인과 머레이의 주장은 1980년대 이후 경쟁을 강조하는 신자유주의 이데올로기와 연결되어 빠르게 확산되었다. 사회생물학은 사회적 불평등과 차별을 개인적 요인과 유전자로 설명하며 뉴라이트New Right의 열광적 지지를 받았다. 특히 머레이는 보수 성향의 전문가 집단인 미국기업연구소AEI 연구원으로 재직하면서 보수파 정치운동에 열성적으로 참여했다. 그는 미국 사회에서 소득과 교육 수준이 낮고 취업 의지가 없으며 복지에 의존해 생활하는 '언더클래스underclass'가 증가하고 있으며, 그들 대부분이 흑인이라고 지적했다. 머레이는 국가가 언더클래스에 복지를 제공할수록 '의존 문화'를 키운다고 주장했다. 복지국가가 발전할수록 특수한 빈곤 문화가 확산되고 장기적으로 사람들은 점점 더 복지에 지나치게 의존한다는 것이다.

하지만 이러한 주장이 경험적 증거로 뒷받침되는 것은 아니다. 2003년 미국 정치학자 손드라 K. 슈나이더와 윌리엄 G. 제이코비는 여론조사 자료를 이용하여 연방 정부의 공공 부조를 받는 사람과 받지 않는 사람 사이에 기본적인 가치관 차이는 거의 없으며, 복지 수혜자 사이에 '의존 문화'가 확산되고 있다는 증거도 없다고 반박했다. 오히려 빈곤층 상당수가 공공 부조를 계속받기보다 일자리를 구해 빈곤에서 벗어나기를 바란다고 답했다.

자연과학자들도 사회생물학과 같이 동물의 특징을 인간 사회에 적용하여 설명하려는 시도를 비판했다. 미국 생물학자이자 하버드 대학교 교수인 스티븐 제이 굴드는 《인간에 대한 오해》에서 지능지수를 둘러싼 신화를 정면으로 반박했다.● 그는 인간이 만물의 영장이라는 잘못된 척도야말로 사회적 편견이 시작되는 지점이라고 보았다. 또한 굴드는 다윈의 진화론을 옹호했지만, 인간은 인종과 성별에 따라 다른 유전적 특징을 가진다거나 사회적 특성도 모두 유전적으로 타고난다는 생물학적 결정론에 반대했다. 일부 백인 과학자들은 매우 주관적이고 백인 중심적인 지능지수를 모든 인간을 객관적으로 평가해 얻은 절대적 기준으로 여겼다. 그들은 지능지수를 수치로 계량화해 선천적으로 지능이 열등한 빈민층, 흑인, 여성이 사회적 지위가 낮은 것을 당연하다고 여겼다. 이에 반

굴드는 화석 연구를 통해 진화가 일정한 방향을 가지고 점진적으로 이루어지는 것이 아니라고 주장하며 인간 사회를 진화론적으로 해석하는 것을 비판했다. 그는 1972년 '진화는 생태계의 균형 상태가 갑자기 붕괴되면서 나타나는 현상'이라는 가설을 제안했다. 굴드는 진화 생물학과 관련해서 진화를 곧 '발전'으로 보는 단선적 생명관과 사회가 생물체처럼 진화한다고 보는 사회적 다윈주의를 비판했다. 또한 "진화는 진보가 아니라 다양성의 증가일 뿐"이라고 주장해 진화에 관한 전통적 관념을 바꾸어놓았다. 사실 다윈도 진화를 진보로 해석하는 것을 경계했다.

해 굴드는 다양한 기준에 따라 평가가 가능한 인간의 능력을 어떻게 지능지수만으로 평가할 수 있는지 반문했다. 지능지수란 매우 제한적인 인간 능력을 보여줄 뿐이다. 그렇기 때문에 그는 지능지수로 인간을 구분하는 것은 "과학의 탈을 쓴 정치적 범죄"와 마찬가지라고 지적했다.

우리가 생물학적 결정론을 비판한다고 해서 문화적 결정론을 옹호하는 것은 아니다. 중요한 것은 생물학적 결정론이 동물에 관한 생물학과 인간에 관한 생물학의 차이를 제대로 못 본다는 점이다. 인간의 생물학적 조건은 두뇌의 발전, 손의 사용, 언어의 발명 등 인간 스스로 이룩한 정신적·문화적 활동을 통해 바뀌었다. 인간의 유전자와 진화도 인간과 환경 사이의 다양한 관계를 통해 이루어졌다고 하겠다. 인간의 본성을 동물 또는 유전자로 환원시키는 관점은 설득력이 별로 없다. 21세기 생물공학이 유전공학과 결합하면서 새로운 생물학의 혁명이 시작되고 진화론적 사회학이 다시 관심을 끌고 있지만, 이제는 스펜서와 머레이의 오류가 다시 반복돼서는 안 될 것이다.

사회도 유기체처럼
진화하는가

사회학에서 생물학적 추론은 여러 차례 중요한 관심을 끌었으며 매번 다음과 같은 새로운 모습으로 등장했다. 첫째, 생태적이고 제한된 자원을 놓고 벌이는 인간의 경쟁 과정을 강조한다. 둘째, 인간 행위와 사회조직의 유전적 선택 효과를 강조하며 자연선택처럼 우월한 개인과 사회만 살아남을 수 있다고 말한다. 셋째, 인간 사회의 장기적 경향이 유기체의 성향과 비슷하다고 여기며 생물의 진화처럼 사회도 진화한다고 한다. 이렇게 기능주의 이론과 연결하여 인간 사회를 유기적 생물체에 비유하여 설명하려는 시도는 오래전부터 있었다. 생물 유기체가 생성-성장-쇠퇴-소멸의 과정을 거치는 것처럼 인간 사회도 똑같은 과정을 거치는 것일까? 생물 유기체의 세포가 저마다 기능해 생명체의 생명을 유지하는 것처럼 개인이 저마다 기능해 사회를 유지하는 것일까?

사회를 생물 유기체에 비유한 사회 유기체주의

사회를 생물체와 비교하여 설명하려는 노력은 사회학의 창시자 오귀스트 콩트Auguste Comte의 저작에서 나타난다. 1장에서 지적한 것처럼 콩트는 18세기 말 프랑스혁명 직후의 혼란 상태를 부르주아 체제의 위기로보고 사회질서를 회복하고 안정시키기 위한 학문을 제안했다. 그는 인간의 인식이 신학적 단계, 형이상학적 단계, 실증적 단계로 진화한다고 보았다. 이러한 3단계가 학문뿐 아니라 각 개인의 발전에도 적용된다고 주장했으며, 신학이나 형이상학과 같은 추상적 사변을 배제하고 과학적·수학적 방법을 통해 인간 사회를 설명하려고 했다. 콩트는 과학적 지식의 성장을 인류 역사의 진보와 같다고 보았다. 그는 사회를 생물 유기체에 비유해 해석하려고 했다. 즉 생물 유기체에서 나타나는 생명의 질서와 발전 논리를 사회질서와 사회 발전을 설명하기 위해 활용했다.

이러한 콩트의 사고는 스펜서에게 영향을 주었으며, 앞서 이야기한 것처럼 다윈의 진화론과 결합하며 더욱 발전했다. 콩트와 스펜서의 주장에서 볼 수 있듯이 사회를 유기체로 보는 이론은 개인을 생물체의 한 기관에 비유한다. 즉 개인은 사회를 떠나서 존재할 수 없으며, 사회 유기체의 한 부분으로서 각자의 역할을 수행한다고 보았다. 사회 체계도 유기체 체계에 비유해 설명했다. 예를 들어 국가는 인체의 두뇌에, 행정 기구는 손발에 해당하며, 군대는 병균과 싸우는 백혈구 역할을 한다. 또한 생물 유기체가 환경에 적응하며 진화하는 것처럼 사회도 지속적으로 진화한다고 믿었다. 스펜서는 인간 사회가 '군사 사회'에서 '산업사회'로 진화한다고 보았다. 군사 사회는 단순하고 분화되지 않았으며, 위계질서와 복종의 관계로 움직인다. 하지만 산업사회는 복잡하고 분화되었으며, 사회적 의무의 자발적

모두를 위한 사회과학

계약으로 운영된다. 이처럼 단순한 사회가 복잡한 사회로 변화하는 '사회유기체설theory of social organism'을 진화의 원칙이라고 주장했다.

사회가 유기체처럼 통합되어 있다고 보는 견해는 뒤르켐의 주장에서도 살펴볼 수 있다. 그는 산업혁명 시기에 나타난 프랑스의 사회 혼란을 주목했다. 뒤르켐은《사회 분업론》에서 사회의 도덕적 통합이 갖는 집단적 기능에 많은 관심을 보였다. 뒤르켐은 '사회적 연대'의 중요성을 강조하며 이를 '기계적 연대'와 '유기적 연대'로 나누었다. 연대는 사회 구성원이 공유하는 가치, 습관, 신념에 작용하여 사람들의 집단의식을 형성한다. 원시사회에는 노동의 '기계적 연대'가 흔히 나타나는데, 이는 구성원들이 공통의 가치와 습관 등을 통해 강하게 결속했을 때 가능한 모습이다. 그러나 사회가 노동 분업을 통해 점점 복잡해지자 기계적 연대가 실현될 가능성이 낮아지고, 복잡한 산업사회에서 사회 통합은 점점 심각한 사회문제가 되었다. 뒤르켐은 해체되는 기계적 연대를 대체하는 것으로 '유기적 연대'를 언급하며 개성적이고 이질적인 여러 개인이 특정한 관계로 맺어진 유기적 연대를 강화해야 한다고 주장했다.

뒤르켐은 산업사회에 등장한 새로운 직능단체 네트워크에서 '유기적 연대'가 생겨나 새로운 도덕적 통합을 이룰 것이라고 예상했다. 그는 모든 개인이 자신의 이익만을 추구한다면 머지않아 사회가 해체될 것이라고 지적했다. 뒤르켐은 사회의 유기적 체계이자 핵심 활동인 문화, 정치, 경제가 서로 조화를 이룰 때 사회의 '건강'이 유지된다고 주장했다. 이처럼 사회 체계와 유기적 체계와의 관계를 비유로써 제시한 뒤르켐의 이론은 현대 기능주의 이론에 커다란 영향을 주었다. 현대 기능주의 이론도 다양한 사회제도가 사회 전체를 원만히 유지시키는 역할을 한다고 본다.

코퍼러티즘, 사회의 유기체적 조화를 꿈꾸다

인간 사회를 유기체의 속성으로 파악하려는 것은 현대 정치에서도 나타
난다. 오랫동안 유럽 정치에서 인기를 얻었던 코퍼러티즘^{corporatism}이라
는 개념은 사회가 유기체와 같이 연결되어 있다고 가정한다. 코퍼러티즘
은 일반적으로 긴밀하게 연결된 다양한 사회조직이 일정한 목표를 위해
동원되는 체제를 말한다. 코퍼러트^{corporate}의 어원은 라틴어로 코르푸스
^{corpus}, 즉 '신체의 한 부분'이라는 뜻이며, 개인, 집단, 계층은 신체의 한
부분이고 사회 전체는 유기체처럼 연결되어 있다는 사회관을 말한다. 코
퍼러티즘은 가톨릭교회의 사회 교리를 가리키는 말이기도 하다. 이는 개
인들로 구성된 사회는 개인의 자유를 절대적으로 보호해야 한다는 자유
주의를 반대하는 대안으로 이용되었다. 특히 1920년대 이후에는 자유주
의와 공산주의에 반대하는 정치체제로 널리 확산되었다.

1930년대 소련 공산당의 스탈린이 마르크스와 레닌의 이론을 결합하
여 정식화한 '마르크스-레닌주의' 이론도 사회를 유기체로 비유하고, 공
산당 조직의 기본 단위를 '세포'라고 불렀다. 공산당이 자체 조직을 스스
로 하나의 거대한 유기체로 상정한 것이다. 북한에서는 '수령'을 신체의
'뇌수^{腦髓}'에 비유했다. 북한의 '혁명적 수령관'은 수령을 "인민대중의 최
고 뇌수고, 통일 단결의 중심이며, 역사 발전과 계급적 혁명 투쟁에서 결
정적 역할을 하는 자"라고 규정했다. 북한은 '유일 체제'를 뒷받침하기 위
해 사회적·정치적 생명체론에 바탕을 둔 '일심 단결'과 '수령 결사 옹위
정신'을 가질 것을 인민에게 요구한다. 유일 체제에서 지도자와 구성원
은 하나의 유기체다.

사회집단의 조화로운 화합을 바탕으로 한 이상 사회를 가리키는 코퍼

이탈리아의 독재자 베니토 무솔리니

코퍼러티즘은 국가가 적극적으로 중재를 나서서 사회집단들과 연결되는 사회 체계를 말한다. 코퍼러티즘은 무솔리니가 이끈 이탈리아에서 본격적으로 등장했다. 최근에는 노동조합, 사용자, 정부 삼자가 정치적 교환에 참여하는 사회과정과 정치과정을 대부분의 선진국에서 찾아볼 수 있다.

러티즘은 1930년대 이탈리아에서 본격적으로 등장했다. 코퍼러티즘의 특징은 개인보다 사회 전체의 통일을 강조하는 포르투갈 살라자르 정부와 에스파냐 프랑코 정부에서도 나타난다. 제2차 세계대전 당시 일본도 천황을 신으로 숭배하면서 모든 개인과 사회집단의 통일을 강조했다.

사회의 유기적 통합을 강조하는 코퍼러티즘의 원리는 우익 독재 정부에서만 나타난 것은 아니다. 1930년대 이후 스웨덴, 덴마크, 노르웨이 등 사회민주주의 국가에서도 노동조합, 사용자, 정부 등 삼자가 서로 긴밀하게 협력하여 노동자의 복지와 기업의 생산성을 높여 사회 안정을 이룩하려는 사회체제를 코퍼러티즘이라고 불렀다. 이 경우 로마 가톨릭교회와 이탈리아 파시즘의 영향을 받은 코퍼러티즘 국가의 권위적인 부정적 인상과 구별하기 위해 네오코퍼러티즘neo-corporatism이라고도 불렀다. 제2차 세계대전 이후 대부분의 민주주의국가에서 서로 이해관계가 대립되거나 긴장 관계에 있는 사회집단 사이의 사회적 협의 또는 합의는 중요한 정치 과제가 되었다. 현대 정치에서 코퍼러티즘이라는 용어는 더 이상 공공연하게 사용되지 않는다. 하지만 정치 이데올로기를 초월한 사회적 결속력은 모든 국가에서 여전히 중요한 요소다. 지금 현대사회에서 개인과 사회집단이 기능적으로 분화되고 있지만 사회 통합과 사회적 연대의 강화는 사회 유지에 필수 요소라는 사고가 널리 퍼졌다. 최근 들어서는 생물학적 비유를 통해 사회를 설명하려는 시도가 과거에 비해 거의 없어졌다.

18, 19세기에는 사회과학에서 진화론적 관점이 영향력을 행사했다. 그러나 모든 사회과학 이론이 이러한 관점을 받아들인 것은 아니다. 20세기에 베버는 사회 진화적 발전을 부정했다. 이러한 점에서 그의 사회학은 유기체주의에 반대한다고 볼 수 있다. 그는 사회에 관한 연구는 사회 구조에 관한 것이 아니라 인간 의식에 관한 것이기 때문에 자연과학으로부터 미루어 추측하는 것은 불가능하다고 생각했다. 사회학이란 사회 행위에 나타난 정신 현상을 이해하는 현실 과학이라고 보았기 때문이다. 그가 주장한 '이해Verstehen'의 사회학은 인간의 사회 행위가 지니는 주관적 의미 특히 동기를 해석해 이해하고, 역사의 인과관계를 통해 그 행위의 객관적 의미를 파악하는 것이다. 베버의 생각은 다음에서 살펴볼 마르크스와 로스토의 역사관과 뚜렷하게 대비된다.

사회 발전과 단계를 보는
다양한 시선

19세기에는 인간 사회가 유기체처럼 진화한다는 사고가 유럽 사회에 널리 퍼져있었다. 미국 인류학자 루이스 모건Lewis H. Morgan은 《고대 사회》에서 기술과 경제 발전에 따른 사회 발전을 주목하여 미개사회, 야만 사회, 문명사회라는 3단계 진화 과정을 제안했다. 영국 인류학자 에드워드 타일러Edward B. Tylor는 《원시 문화》에서 인류의 종교가 애니미즘, 다신교, 일신교로 진화했다고 주장했다. 이는 단순하게 다윈의 진화론을 모방한 것이 아니라 유럽 사회에 널리 퍼진 진화적 발전의 관념을 표현한 것이라 하겠다. 인간 역사가 진화적으로 발전한다는 생각은 유대교와 기독교의 전통에서 오랫동안 유지되었다.

역사는 탄생·발전·소멸한다

19세기 공산주의 혁명을 주창한 마르크스도 다윈의 진화론적 가정을 인간 사회 발전을 설명하는 모델로 사용했다. 마르크스는 모건의 인류학을 높이 평가하고 원시사회가 공동소유의 경제 제도와 군혼제群婚制●를 유지했다는 가정을 받아들였다. 모든 부족사회에서 군혼제가 보편적으로 발견되는 것은 아니었지만, 원시사회가 일종의 공산제 사회를 유지했다는 발상은 헤겔의 역사 발전 개념과 비슷하다. 인간 역사가 원시공산제 사회에서 자본주의사회를 거쳐 다시 공산주의 사회로 발전할 것이라는 가정은 헤겔의 변증법적 '지양Aufheben'과 비슷하다. 또한 인간 사회가 더 높은 단계로 지속적으로 발전한다는 마르크스의 역사 이론도 진화론적 성격을 띤다. 진화론을 처음 주장한 다윈을 존경했던 마르크스는 자본주의에서 사회주의로 이행하는 것을 강조하면서 역사 발전의 단계가 있다고 강조했다. 그는 유럽의 봉건제가 자본주의로 이행했듯이 마침내는 자본주의가 공산주의로 이행할 것이라고 보았다. 이러한 마르크스의 진화적 역사 이론에서 다윈의 영향력이 엿보인다.

그러면 사회가 유기체와 같이 진화한다는 주장은 보편적 사고일까? 헤겔과 마르크스처럼 역사가 지속적으로 발전한다는 사고는 매우 유럽적이었다. 거꾸로 중국에서는 오랫동안 현재가 과거보다 퇴보했다는 사고가 존재했다. 공자는 한 가문을 위한 사회인 "소강 사회小康社會는 그 이전의 대동 사회大同社會보다 후퇴한 사회"라고 보았다. 대동 사회는 모든 사람이 평등하고 부가 공정하게 분배되는 이상 사회를 가리킨다. 요순시대는 태평성대였는데, 그 후에는 쇠퇴하여 혼란이 일어났다고 보았다. 인도에서는 세계의 변화를 지속적인 순환과정으로 보았다. 현세의 카스

군혼제 원시공동체 사회에서 여러 남녀가 서로 공동의 배우자가 될 수 있는 결혼 형태를 말한다.

　　　　　　　　　　　　　　　　　　모두를 위한 사회과학

트도 내세에서는 바뀔 수 있다. 역사가 지속적으로 진화한다는 역사 이론은 유대교와 기독교 전통과 밀접한 관련이 있는 것으로 보인다. 유대교와 기독교는 인간 역사를 신의 섭리가 실현된 것으로 보았으며 신의 창조, 인간의 왕국, 최후의 심판 단계를 거쳐 천년왕국이 이루어진다는 종말론적·목적론적 세계관을 지녔다. 18세기 계몽주의 시대 이후 기독교 세계관에 나타나는 신은 이성으로, 섭리는 법칙으로 바뀌었지만, 인간 역사가 궁극적으로 진화 또는 발전한다는 유럽인의 사고는 거의 변하지 않았다.

사회를 유기체로 보는 시각은 20세기 역사철학에서 가장 극적으로 나타난다. 제1차 세계대전 시기에 독일 철학자 오스발트 슈펭글러Oswald Spengler는《서구의 몰락》에서 역사는 유기체와 같이 탄생, 성장, 소멸을 반복할 뿐이라고 주장했다. 세계대전을 거친 유럽이 소멸기에 들어섰다는 슈펭글러의 주장은 비관주의라고 부를 만하다. 실제로 그가 살았던 시대에 유럽은 심각한 쇠퇴기에 접어들었다. 제1차 세계대전 초반에 유리했던 독일의 전세는 미국의 참전으로 완전히 뒤바뀌었다. 1917년 러시아에서는 혁명이 일어나 사회주의 체제가 수립되었다. 지난 수백 년간 세계를 지배했던 유럽은 이제 미국과 소련 사이에 낀 힘없는 대륙으로 전락한 것처럼 보였다. 유럽이 쇠퇴하는 것은 불가피하다고 본 슈펭글러의 사고는 인간 역사를 유기체의 특성과 같이 이해했다는 점에서 주목을 끌었다.

로스토의 경제성장 단계이론

사회를 유기체로 보는 사고는 사회학에도 많은 영향을 주었다. 20세기 중반에 발표된 파슨스의 구조기능주의 이론이 대표적인 사례다. 구조기능주의는 인간 조직을 자체의 욕구 해결 기능을 수행하는 체계로 보고, 사회라는 거대한 체계 내부는 일정한 기능을 수행하는 하위 체계subsystem로 구성된다고 가정한다. 이러한 관점은 사회 목표를 적응, 유지, 통합으로 본다. 파슨스의 구조기능주의는 과학 용어를 사용하지만 매우 추상적 차원의 이론이다. 반면에 인간 조직은 환경 변화에 반응하여 균형 상태로 되돌아가려고 한다는 가정은 생물체가 지니는 항상성恒常性 기능과 비슷하다. 이러한 사고는 파슨스가 영국과 독일에서 사회학과 철학을 공부하기 이전에 미국 애머스트 칼리지에서 생물학을 공부했던 것과 무관하지 않은 듯하다. 또한 이는 파시즘의 광기, 공산주의 혁명, 제2차 세계대전의 살육을 경험한 사람들이 기대하는 조화롭고 안정적인 사회에 부응하는 것이기도 하다. 결국 파슨스의 사회학은 야심 차게 사회 체계 유지를 설명하는 거대 이론을 제시하려 했으나 개인의 행동과 사회변동을 설명해주는 부분이 빈약하다는 지적을 받았다.

사회가 유기체처럼 진화한다는 사고는 사회과학에 커다란 영향을 주었다. 경험과학의 성격이 가장 강한 경제학에도 역사의 단계적 발전에 관한 사고가 나타나는 경우가 많다. 제2차 세계대전 이후 미국 경제학자 월트 로스토Walt Whitman Rostow는 《경제성장의 여러 단계: 반공산당 선언》에서 경제성장을 위해서는 모든 나라가 반드시 다섯 단계를 거쳐야 한다고 주장했다. 그의 저서는 냉전 시대에 소련의 공산주의 혁명을 막기 위한 이념적 방책으로 미국의 이데올로기를 보여주려는 의도로 출간되었다. 책의 부제에도 마르크스의 《공산당 선언》에 반대한다는 의미가 담겨 있다. 그는 유명한 반공주의자로 자유기업과 자본주의의 우월성을 강조했다. 로스토는 존 F. 케네디와 린든 존슨Lyndon Johnson 정부에서 국가안전보장회의 고문으로 활동했으며, 미국의 베트남전쟁 참전을 지지했다. 또한 자본주의경제 발전과 관련한 많은 저서를 발표했으며, 개발도상국에 맞는 정책도 제안하기도 했다.

로스토가 제시한 경제성장 단계이론도 마르크스의 역사 이론처럼 일종의 진화론적 가정을 제시한다. 로스토는 경제성장 단계를 '전통 사회 단계-도약 준비 단계-도약 성장 단계-성숙 단계-고도 대량 소비 단계'의 다섯 단계로 보았다. 그가 말하는 전통 사회 단계는 고대 및 중세의 농업 사회로 현재는 미개발국이 이에 속한다. 도약 준비 단계란 전통 사회 단계에서 벗어나 지속적인 성장을 준비하는 과도적 단계로, 투자율이 인구 성장률을 넘어서는 수준까지 상승한다. 도약 성장 단계는 대개 산업혁명 시기를 이르는데 생산이 비약적으로 발전하고, '성장'이 사회의 특징으로 정착된다. 한편, 성숙 단계는 도약 성장 단계를 거친 경제가 현대적 기술 성과를 수용하여 더욱 높은 단계로 발전하는 시기로 '제2차 산업혁명'이라고도 한다. 마지막 고도 대량 소비 단계에서는 내구소비재를 중심으로 대량생산과 대량 소비가 이루어진다.

로스토의 경제성장 단계이론은 종교, 인종, 계급의 지배 대신 공업화와 대량 소비를 최고의 발전 단계로 제시하는 점에서 과거의 발전 단계 이론에 비해 중요한 의미를 지닌다. 이 이론은 제2차 세계대전 이후 많은 나라가 관심을 가지는 경제성장은 미국과 서구 사회가 경험했던 일련의 발전 단계를 거친다고 강조한다. 이는 당시 후진국의 개발과 공업화 과정에 커다란 영향을 미쳤던 미국과 소련의 경제성장 논쟁에서 우위를 차지하려는 미국의 외교정책과 관련이 있다. 로스토는 후진국의 공업화와 현대화가 '전통 사회 단계-도약 준비 단계-도약 성장 단계' 순서대로 단계를 밟아야 한다고 주장했다. 가장 먼저 고도 대량 소비 단계로 돌입한 미국이 모든 나라가 도달해야 할 궁극적 목표 모델이었다. 개발도상국도 선진국처럼 단계를 밟아나가며 발전할 수 있다는 로스토의 경제성장 단계이론은 후진국 지도자에게 매우 매력적으로 보였다. 1960년대에 한국을 방문한 그는 큰 인기를 누렸다. 그의 이론은 사회진화론의 변형된 형태와 역사가 점차 발전한다는 역사관이 경제 분야에서 결합된 가장 극적인 표현물이다.

스마트폰과 부시먼

사회를 유기체에 비유하는 사고는 어느 정도 쓸모가 있을 수 있다. 다양한 사건이 일어나는 인간 역사에서도 특정한 시작과 결과의 추세가 있는 것으로 보인다. 인간 사회는 목축·농경 사회, 유목·농경 사회, 산업사회로 변화했다. 하지만 이러한 변화를 인간이 외부 환경에 지속적으로 적응한 결과로 보거나 사회가 스스로 균형을 이루기 위해 변화한 것이라고 보는 견해는 지나치게 단순하다. 또한 사회가 하나의 경로로 발전한다고 보는 견해는 전혀 현실적이지 않다. 사회는 수많은 다양한 경로로 발전할 가능성이 있다. 게다가 인간 역사가 반드시 나은 방향으로 발전했는지도 의문이다. 산업사회에서 나타나는 생산력 발전, 노동 분업, 합리성 확대와 더불어 인간 문명은 지속적으로 발전한 것처럼 보이지만, 다른 한편으로는 사회적 불평등의 확대, 사회적 혼란, 인간의 도구화와 같은 심각한 문제점도 키워왔다.

미국 사회학자 게르하르트 렌스키Gerhard E. Lenski는 인간 사회를 기술 발전 단계에 따라 수렵·채집 사회, 단순 농경 사회, 선진 농경 사회, 산업사회, 특수 사회(어업 또는 해양 사회)로 나누었다. 인간의 현대 산업 문명은 가장 최근의 현상에 불과하다. 대부분의 기간 동안 인간의 생업은 수렵과 채집이었다. 즉 인류 직계 조상이 살아온 200만 년 가운데 99퍼센트 기간 동안 인간은 수렵·채집 생활을 했다. 약 2만 년 전 목축·농경 사회가 등장했고, 현대 산업사회가 등장한 것은 불과 200년 전이다. 하지만 짧은 시기에 인간 생활은 급격하게 변화했다. 현재 지구상에서 수렵·채집 사회에서 사는 사람들은 아프리카와 남아메리카에 사는 25만 명 정도뿐이다. 이들은 주로 사냥, 낚시, 야생식물 채집을 통해 생계를 유지한다. 그러면 컴퓨터, 디지털카메라, 스마트폰을 사용하는 산업사회 인간은 수렵·채집 사회의 인간보다 더 우월할까?

남아프리카에서 3만 년 이상 살고 있는 원주민 부시먼은 1980년대 영화에 소개된 뒤 탄산음료 광고에까지 등장해 유명해졌다. 부시먼은 주로 보츠와나, 앙골라, 남아프리카공화국의 칼라하리 사막에 사는 소수민족으로 '산San족'이라고도 불린다. 부시먼은 아프리카로 이주해온 네덜란드인이 덤불bush 속에서 사는 야만인이라는 뜻으로 부른 데에서 유래한 말이다. 부시먼은 실제로 수렵·채집 사회 생활양식을 그대로 유지하고 있다. 그들은 청각, 시각, 방향 감각이 놀랄 만큼 정확한 것은 물론, 동물의 발자국만으로도 이동 경로, 이동 시간, 동물의 성별을 알아낼 수 있다. 부시먼은 일반적인 견해와 달리 세계에서 가장 건강한 종족 가운데 하나로 꼽힌다. 그들의 식단은 일반 곡물보다 단백질이 열 배나 많은 몬곤고 콩과 사냥으로 얻은 고기로 구성되어 현대인의 식단보다 훨씬 더 균형 잡힌 식단이다. 게다가 자신들을 위해 일하는 시간은 일주일에 6~8시간에 불과하다.

현대 산업사회와 비교할 때 수렵·채집 사회에서는 개인 사이의 불평등이 거의 없다. 부자와 가난한 사람의 차이도 거의 없다. 물질적 부의 차이로 인한 상대적 박탈감도 없다. 사회적 지위는 연령과 성에 따라 달라지는데, 남자는 주로 공적인 역할을 담당하고 사냥을 하며, 여자는 작물을 재배하고 아이를 양육한다. 대부분의 수렵·채집 사회에는 전쟁이 없고, 부와 권력이 균등하게 분배되며, 경쟁보다는 협동이 강조된다. 또한 그들의 노동시간은 주당 12시간 정도에 불과하다. 과연 현대 산업사회가 수렵·채집 사회보다 '더 발전된 사회'라 할 수 있을까?

미국 언어학자 대니얼 에버렛Daniel Everett은 《잠들면 안 돼, 거기 뱀이 있어》에서 브라질 중부 아마존 정글에서 살아가는 피다한 원주민의 삶에 관한 놀라운 사실을 소개한다. 피다한 부족 언어에는 숫자나 색깔을 표현하는 단어가 없다. 또한 그들은 오로지 '현재'에만 존재하며 '미래'의 일은 생각하지 않는다. 내일 먹을 것을 위해 걱정하지 않기 때문에 항상 만족하며 유쾌하게 살아간다. 문명 세계와 완전히 다른 사고방식을 지닌 그들에게는 '소유', '믿음', '전쟁'이라는 단어가 없다.

30년의 세월이 흐르면서 자유롭고 행복한 피다한 부족의 삶에 매료된 에버렛은 자신이 하려던 선교 사역을 포기했다. 피다한 부족은 실용적인 유용성만 인정했다. 그들에게는 절대자, 정의로움, 성스러움, 죄악의 관념이 없다. 또한 걱정, 두려움, 좌절 같은 느낌도 갖지 않는다. 그들은 초월적 존재와 보편적 진리를 찾으려 하거나 증명하려고 노력하지 않는다. 피다한 부족의 진리는 물고기를 잡는 것, 노를 젓는 것, 아이들과 웃으며 노는 것, 형제를 사랑하는 것뿐이다. 이러한 진리를 추구하는 그들을 우리가 '미개인'이라고 규정할 수 있을까? 에버렛은 세상을 다른 기준으로 볼 수 있다고 역설한다. 구성원들이 행복할수록 발전한 사회고 불행할수록 미개한 사회일 수 있다는 것이다. 이런 기준에서 본다면 피다한 사회는 지구에서 가장 발전한 사회라 하겠다.

1장과 2장에서 살펴본 개인과 사회의 관계, 자연과 사회의 관계에 관한 논쟁은 사회과학의 근본 주제다. 이는 우리가 사회에 관한 지식을 어떻게 만들어나갈 것인지의 문제와도 직결된다. 일반적으로 사회과학 지식은 객관성을 추구하는데, 지식이 얼마나 객관적인지를 놓고 많은 논쟁이 벌어졌다. 관찰과 실험을 통해 진리를 탐구할 수 있다고 주장하는 실증주의는 사회과학에 많은 영향을 주었다. 그러나 인간의 사회적 행동은 자연과학과 같은 공식으로 설명할 수 없는 경우가 무척 많다. 더욱이 학자 자신이 가치판단을 하며 사회를 관찰하기 때문에 객관성을 유지하기 어렵다. 오늘날 사회과학자들은 과학적 방법을 주장하지만, 자연과학과 같은 법칙과 일반화는 주장하지 않는다. 자연과학은 일반적인 법칙과 증명이 가능한 법칙을 추구하는 데 비해 사회과학은 추상적인 가정을 제시할 뿐이다. 이런 이유로 사회과학자들은 여러 가정을 끊임없이 확인하고 검증한다.

사고를 멈추는 가장 확실한 방법은 한 분야의 책만 읽고,

한 분야에서 일하는 사람들하고만 대화하는 것이다.

— 로크

상대주의의 도전과
방법론적 다원주의

1950년 구로자와 아키라黑澤明 감독의 영화 〈라쇼몽〉은 세상을 깜짝 놀라게 했다. 이 영화는 일본의 다이쇼 시대를 대표하는 소설가인 아쿠타가와 류노스케芥川龍之介의 단편 소설을 소재로 활용해 만들어졌다. 영화에는 한 사건을 저마다의 이해관계에 따라 서로 다른 관점에서 진술하는 네 사람이 등장한다.

과연 진실은 무엇일까

〈라쇼몽〉은 전쟁이 극심했던 11세기 헤이안 시대의 이야기를 소개한다. 비가 억수처럼 쏟아지는 날, 한 나그네가 비를 피하기 위해 '라쇼몽'이라고 쓰인 정문 아래로 들어간다. 그곳에는 살인 사건 재판에 증인으로 나섰던 나무꾼과 승려가 생각에 잠겨 있었다. 그들은 한 살인 사건을 둘러싼 사무라이와 그의 아내, 산적, 나무꾼 등 여러 사람의 증언을 나그네에게 들려준다.

〈라쇼몽〉 포스터
구로자와 아키라 감독의 〈라쇼몽〉은 사건의
진실을 파헤치기보다 왜 등장인물들이 서로
다르게 진술하는지에 대해 질문을 던진다.

먼저 산적은 사무라이의 아내를 차지하기 위해 사무라이를 속여 묶어
놓고 그의 아내를 겁탈한 것은 사실이지만, 사무라이와는 정당한 결투를
했다고 말한다. 사무라이 아내가 두 사람 가운데 싸움에서 이긴 사람을
따라가겠다고 애원했기 때문이다.

그러나 사무라이 아내는 그와 다른 진술을 한다. 그녀는 산적에게 겁
탈당한 뒤 증오로 가득한 남편의 시선을 견디지 못하고 기절했다가 깨어
나 보니 남편의 가슴에 자신의 단도가 꽂혀 있었다고 말한다. 그러고는
자신의 운명을 한탄하며 흐느낀다.

이때 죽은 사무라이가 무당의 몸을 빌려 나타나는데, 그의 이야기는
사뭇 달랐다. 산적이 그녀를 겁탈한 뒤 떠나려 하자 그녀가 산적에게 남

편을 죽이고 자신을 데려가달라고 매달렸고, 이러한 그녀의 태도에 산적이 화를 내며 죽이려 하자 그녀는 도망쳤다. 자신을 풀어준 뒤 산적은 떠났으나 모욕감 때문에 자결했다고 전한다.

우연히 살인 사건을 목격한 나무꾼은 앞서 말한 모든 이야기가 거짓이라고 주장한다. 그에 따르면 산적은 여인을 겁탈한 다음 결혼하자고 애원했고, 여자는 산적에게 남편과 결투할 것을 요구했다. 하지만 사무라이는 몸을 더럽힌 여자를 위해 목숨을 걸고 싶지 않다면서 결투를 거부했다. 여자는 두 사람을 부추겨 결투를 하게 만들었고, 산적이 가까스로 사무라이를 이겼다고 말한다.

과연 누구의 말이 진실인가? 이 영화는 하나의 사건을 바라보는 다양한 해석을 보여준다. 진술이 거듭될수록 영화의 시작점이었던 "범인은 누구인가?"라는 물음은 사라지고 사건을 다르게 진술하는 인물의 입장만 부각된다. 영화감독은 "인간은 자신에게 정직할 수 없다. 자기 자신을 이야기할 때면 언제나 윤색하지 않고는 못 배긴다."고 말한다. 사건을 해석하는 개인은 반드시 어떤 '의도'를 지니며, 그에 따라 해석의 내용이 달라진다. 이러한 해석의 차이는 인간 사회에서 무수히 생긴다. 영화는 진실이 무엇인지, 누가 살인범인지 말해주지 않는다. 분명한 것은 여인이 겁탈당했다는 사실과 사무라이의 죽음뿐이다. 그리고 모두가 자기 입장에서 살인 사건을 해석하며 말한다는 점이다.

이러한 '라쇼몽 효과'에서 볼 수 있듯이 우리 주변에는 사회사실에 걸린 사람들의 이해관계가 다른 경우가 많다. 이는 인간의 인지 과정에 관한 근본적 문제 제기와도 연결된다. 독일 인지 생물학자 야코프 폰 윅스퀼Jacob von Uexküll은 인간을 포함한 모든 동물은 스스로 임의의 '가상 세계'를 구성하여 산다고 주장했다. 세상에는 누구에게나 똑같이 파악되는 하나의 '객관적 세계'가 아예 존재하지 않는 대신, 생물체가 저마다 구성하는 다양한 가상 세계만 존재한다는 것이다. 칠레 인지 생물학자 움베르토 마투라나Humberto Maturana도 인간 정신이 스스로의 삶에 적합한 하나의 세계를 만들어낸다고 보았다. 이런 점에서 세계란 객관적·물리적 시공간이 아니라 각자의 삶을 통해 보여주는 하나의 해석이며 풍경화이자 시詩라고 한 독일 철학자 마르틴 하이데거Martin Heidegger의 생각과 일맥상통한다.

상대주의의 도전과 진실에 다가가려는 노력

20세기 사회과학도 상대주의가 내민 도전에 직면했다. 사회에 관한 연구에서 과학적 객관성을 추구했던 사회과학은 본질적으로 새로운 의문에 부딪혔다. 20세기 초반 인류학의 문화상대주의cultural relativism는 역사를 해석하는 데서 상대성을 강조했다(6장에서 다룰 것이다). 인류학자들은 원시사회와 문명사회를 인위적으로 나누는 것은 의미 없다고 주장했다. 서로 다른 사회는 저마다 독특한 역사 경로를 가질 뿐이다. 독일 철학자 한스게오르크 가다머Hans-Georg Gadamer는 인간은 공통으로 지니는 전통을 통해 진리를 이해한다고 주장했다. 실제로 인간 행동에 관한 지식은 사회의 역사적 토대와 밀접한 관련이 있다.

프랑스 철학자 미셸 푸코●는 정신병, 광기, 질병, 변태에 관한 모든 규정은 지식을 통제하는 권력이 만든 결과라고 주장한다. 그는 지식의 보편적 성격에 대해 '특정한 시간에 모두 동일한 방법으로 사고하는 것'을

모두를 위한 사회과학

포기해야 한다고 주장한다. 그에 따르면 일시적인 순간에만 존재하는 사고가 있는 반면, 오랫동안 존재하는 사고도 있다. 그런데 우리는 시간을 초월하는 보편적 진리가 아닌 일시적으로 나타났다 사라지는 조건명제가 배열된 것만 볼 수 있을 뿐이다.

푸코는 니체와 같은 급진적 상대주의자들의 주장과 문제점을 그대로 지니고 있다. 니체는 "모든 것은 해석에 종속된다. 일정한 시대를 지배하는 모든 해석은 진리가 아니라 권력의 기능에 의해 결정된다."고 주장했다. 푸코와 니체의 주장대로 모든 명제가 시대에 따라 다르게 해석되는 역사적 구속성을 지닌다면, 우리가 할 수 있는 유일한 선택은 그런 명제를 모두 버리는 것뿐이다. 이러한 지적 상대주의가 확산된다면 인간 지성은 진공상태가 될 수 있다.

상대주의의 도전에도 불구하고 우리는 사회현상 이면에 있는 진실에 가까이 다가가려고 노력한다. 즉 말하는 사람이 전달한 내용뿐 아니라 시대적 배경, 사회관계, 말하는 사람의 배경과 의도를 가능한 한 면밀히 살펴보려고 한다. 우리가 관찰한 것이 진실을 완벽하게 모두 보여주지 않을 때도 있다. 때로는 누군가 의도적으로 사실을 왜곡하기도 한다. 이런 까닭에 학자들은 좀 더 객관적인 근거로써 상대방이 제시한 해석의 문제점을 지적하고, 좀 더 진실에 가까워지려는 노력을 멈추지 않는다. 이런 모습은 사회에 관한 연구뿐 아니라 예술 작품에서도 나타난다.

미셸 푸코(1926~1984) 프랑스의 철학자로 콜레주 드 프랑스 교수로 재직했다. 주로 정신병원, 광기, 성에 관한 담론을 분석함으로써 현대사회의 지식과 권력의 관계를 다룬 많은 연구를 내놓았다. 그의 철학은 현대 사회학에도 큰 영향을 미쳤다.

김홍도, 〈논갈이〉, 18세기 말
김홍도는 주로 민중의 소박한 생활상을
화폭에 담아 당대 최고의 호평을 받았다.

　18세기 조선의 화가 김홍도는 당시 그림에 관한 일을 맡아보던 도화서의 최고 화원이었다. 그는 화원으로서는 최고의 영예였던 어진화사御眞畵師로 임명되어 정조의 초상을 그리는 영광을 얻었다. 동시에 그는 조선 후기 풍속화도 많이 남겼다. 도화서 화원이었던 김홍도가 왜 궁궐 바깥에 사는 평범한 백성의 삶을 화폭에 담았을까? 그것은 당시 조선 사회의 개혁을 추구했던 정조가 백성의 생활을 보기 위해 김홍도에게 도성 안팎 백성의 모습을 그대로 그려 오라는 어명을 내렸기 때문이다. 그런데 김홍도의 풍속화를 자세히 보면 특이한 점을 발견할 수 있다. 그림 속 등장인물이 거의 모두 웃고 있다는 것이다. 고된 삶에 찌들어 고통과 근심이 가득한 표정은 찾아볼 수 없다. 그들은 정말 행복했을까?

　20세기 초 네덜란드 화가 빈센트 반 고흐는 젊은 시절 밀레의 화풍을 따라 농촌에서 힘겹게 일하는 농부의 생활상을 많이 그렸다. 고흐의 그림에 등장하는 농부들의 표정은 하나같이 어둡고 힘겨워 보인다. 고흐

**빈센트 반 고흐, 〈삽질
하는 남자들〉, 1889년**
고흐는 농촌과 농부들의
삶에 지속적인 관심을
보였다. 그의 그림은 어
둡고 가라앉은 듯한 느
낌을 준다.

는 동생 테오에게 보낸 편지에 이렇게 자신의 생각을 적었다. "지나치게
감상적으로 그린 농부의 모습을 좋아하는 사람은 자신에게 맞는 것을 찾
을 것이다. 그러나 나는 농부들을 틀에 박힌 듯 부드럽게 그리는 것보다
는 오히려 그들의 거친 속성을 표현하는 것이 궁극적으로 더 좋은 결과
를 가져왔다고 확신한다." 고흐는 그 시대 화가들이 좋아하던 화풍을 거
부하고 자신이 생각하는 대로 농촌의 모습을 그렸다.

　우리는 두 화가의 작품에서 서로 다른 의도를 읽을 수 있다. 김홍도는
실제 농부의 모습을 그린 게 아니었다. 그는 그림을 의뢰한 왕의 기호에
맞추어 그림 속 농부들을 모두 왕의 '성은'을 입어 행복해하며 웃음 짓는
이들로 그렸다. 왕에게 백성의 고통스러운 모습을 보여줄 수 없었던 것
이다. 반면에 누구의 의뢰도 받지 않은 고흐는 자신이 보고 느낀 대로 농
부의 삶을 그리고자 했다. 고흐는 전원생활의 목가적 풍경을 묘사하는
것보다는 농부의 힘겨운 노동과 삶의 고단함을 생생하게 표현하고 싶어

했다. 이런 관심은 그의 인간적 연민 또는 종교적 동기에서 비롯된 것인지도 모른다. 이렇게 모든 예술 작품은 예술가의 주관적 가치와 판단에 따라 전혀 다른 모습으로 나타나기도 한다.

현대 사회학은 복수의 패러다임을 가진 과학

개인의 시각에 따라 다른 결과가 만들어지는 것은 예술 작품뿐 아니라 엄밀한 객관성을 추구하는 자연과학 연구에서도 나타난다. 자연과학 연구에서는 '패러다임paradigm'이 변하면서 모든 과학적 전제가 통째로 바뀌는 일이 일어난다. 패러다임은 어떤 한 시대 사람들의 견해나 사고를 지배하는 이론적 틀을 말한다. 과학사를 전공한 미국 과학철학자 토머스 쿤●은《과학혁명의 구조》에서 과학자 공동체에서 이론적·방법론적 합의가 이루어지는 정상적 기간을 거친 과학을 '정상 과학normal science'이라고 했다. 그는 과학적 진보가 단순히 지식의 축적으로만 이루어지거나 가설과 근거가 맞아떨어지는 과정을 거친 과학적 합리성으로 이루어지는 것이 아니라고 주장했다. 합의를 얻은 정상 과학은 위기를 겪게 되고 새로운 지적 혁명이 일어난다. 모든 사람이 당연하게 전제하는 근본 명제에 질문이 제기되면서 전통 과학과 새로운 과학의 단절이 발생하는 것이다. 예를 들어 뉴턴의 고전물리학과 아인슈타인의 현대물리학의 등장은 패

토머스 쿤(1922~1996) 과학 사학자로 하버드 대학교에서 공부한 뒤 버클리·프린스턴 대학교, MIT에서 학생들을 가르쳤으며, 과학철학의 중요한 개념들을 제시했다. 과학은 진리를 향해 점진적으로 진화하는 것이 아니라 '패러다임 전환(paradigm shift)'을 통한 주기적 혁명으로 진화한다고 주장했다.

모두를 위한 사회과학

러다임의 변화로 지적된다. 이전에 존재했던 사고의 기본 틀이 송두리째 바뀌었기 때문이다.

사회과학 역사에서도 쿤이 말한 것과 같은 패러다임의 변화가 나타났다. 1930년대 경제학에서, '보이지 않는 손'을 강조한 고전 경제학파에 의문을 제기하고 '보이는 손'을 강조한 케인스 혁명이 일어났다. 애덤 스미스가 시장이 '보이지 않는 손'이라고 주장한 데 비해, 케인스는 불황과 실업을 해결하기 위해 시장에 개입하는 정부의 역할을 강조했다. 1970년대에는 케인스 경제학을 비판한 통화주의●가 한 시대를 풍미했다.

1950년대 파슨스의 구조기능주의 사회학은 전 세계 차원에서 지배적인 사회학 패러다임이 되었다. 이 시기에 우리나라에도 사회학이 미국에서 본격적으로 들어왔으며, 주요 이론적 연구는 기능주의적 분석으로 이루어졌다. 1960년대 서유럽과 북아메리카에서 학생운동, 흑인 민권운동, 여성운동 등이 기성 체제를 흔들면서 파슨스의 사회학은 거센 비판을 받았다. 사회의 안정과 균형을 강조하는 파슨스의 구조기능주의가 저항운동의 확산과 사회변동의 역동성을 설명하지 못한다는 주장이 널리 퍼졌기 때문이다. 그 후 사회학의 기능주의 패러다임이 심각한 도전을 받으며 점차 사회학에서 사라지는 대신 방법론적 다원주의가 정립되었다. 비슷한 시기에 정치학의 행태주의 패러다임과 경제학의 신고전파 패러다임도 위기에 빠졌다. 사실에 대한 과학적 연구만 강조하는 행태

통화주의(monetarism) 1970년대 이후 미국 경제학자 밀턴 프리드먼(Milton Friedman) 등이 주장한 경제 이론으로, 경제활동을 규제하는 데서 통화량을 가장 중요하게 내세운다. 1980년대 미국 레이건 정부와 영국 대처 정부의 경제정책으로 채택되었으며, 물가 안정과 정부 재정의 균형을 강조했다.

주의 대신 가치와 규범에 대한 연구도 강조하는 새로운 방법론이 등장했다. 개인의 합리적 선택을 강조하는 신고전파 경제학과 달리 인간의 감정, 사회제도, 정치 역학을 강조하는 새로운 접근법이 제시되었다. 미국 사회학자 조지 리처George Ritzer는 현대 사회학을 '복수의 패러다임을 가진 과학multiple paradigm science'이라고 주장하기도 했다. 정치학과 경제학도 예외가 아니었다.

이처럼 사회과학을 연구하는 학자들의 패러다임이 모두 다르다면 우리는 어떻게 세상에 일어나는 일을 정확하게 알 수 있는가? 무엇이 진실이고 무엇이 거짓인지 어떻게 알 수 있는가? 누구의 주장이 진리라고 어떻게 확신할 수 있는가? 만약 진리가 혁명적 성격을 띠고 기존 가치 체계를 부정하며 탄생하는 것이라면 현재의 진리가 어떻게 미래에 인정될 수 있는가? 이 문제는 사회과학이 답해야만 하는 것이다.

자연과학적 방법론으로는
이해할 수 없는 사회

역사적으로 보면 인간 행동을 연구하는 사회과학은 자연을 연구하는 자연과학으로부터 많은 영향을 받았다. 그래서 학문의 이름도 사회 '연구'가 아니라 사회'과학'이 되었다. 과학은 의견이 아니고 명확한 근거를 요구하는 차가운 학문이다. 사회과학이 어느 정도 과학적인지는 여전히 논쟁 중이다. 사회과학은 화학이나 금속공학과 같은 자연과학에 비해 정확성이 떨어진다. 다른 한편으로 화학자나 금속공학자의 주장이 항상 맞는 것은 아니다. 완전무결한 과학이란 존재하지 않는다.

실증주의, 자연과학의 방법으로 사회를 분석하다

고대 그리스 철학자 피타고라스는 우주를 표현하고 움직이는 수학적 원리에 경외감을 가졌다. 영국 물리학자 제임스 진스James H. Jeans도 "이 우주는 수학자의 설계에 의해 창조되었을 것이다."라고 말했다. 수학은 온 우주뿐 아니라 인간 행동도 정확하게 묘사하는 것처럼 보인다. 물리학자가 우주의 작동 원리를 탐구하거나 금융시장 분석가가 주가 폭락을 예측할 때, 군사정보 분석가가 자원 분배를 분석할 때 모두 수학을 사용한다. 일찍이 영국 물리학자 아이작 뉴턴은 떨어지는 사과와 달과 바닷물의 흐름을 보고 수학 법칙을 이끌어냈다. 또 영국 물리학자 제임스 맥스웰James C. Maxwell은 전자기 현상을 통합하여 고전물리학을 만들 때 네 개의 방정식을 이용했다. 그리고 인간의 체중과 지능지수의 특징뿐 아니라 모든 동식물의 특징은 곡선이 좌우 대칭으로 종 모양이 되는 '정규분포'라는 한 가지 함수로 표현된다. 과연 신은 수학자인가?

인간이 발견하거나 발명한 수학 원리가 항상 완벽한 것은 아니다. 기원전 300년경에 정립된 유클리드 기하학은 삼각형 내각의 합은 항상 180도라고 했지만, 19세기 비非유클리드 기하학은 우주에 존재하는 다른 공간에서는 그보다 작거나 클 수 있다는 것을 발견해냈다. 다윈의 자연선택설은 수학 형식을 기반으로 하지 않지만 종의 기원을 밝히려고 했으며, 각 가정의 가계소득은 정규분포를 따르지 않는다. 이처럼 실제로 수학 원리나 공식으로 세상을 설명하려 할 때 많은 한계에 부딪힌다. 인간 행동도 수학 공식으로 설명할 수 있을까? 이 질문은 과연 과학적 방법이 얼마나 유용할 것인지에 문제를 제기한다.

사회과학은 단순한 사실의 집합이 아니라 역동적인 발견의 과정이며 생물처럼 살아 숨 쉬는 학문이다. 또한 사회 연구를 위해 자연과학에서 쓰이는 방법을 사용하기도 한다. 과학의 본질은 '과학적 방법'을 사용하는 것에 있다. 사회과학에서 과학적 방법은 사회 현실을 객관적으로 분석하는 것을 뜻한다. 자연과학은 현상을 인과적으로 설명하기 위해 실험이 가능한 가설을 세우고 관찰과 실험을 통해 인과적 모델을 만든다.

사회과학도 자연과학과 마찬가지로 인과적 설명을 하려 하며 실험을 통해 가설을 검증한다. 가설은 관찰이나 실험을 통해 검증되지 않은 가정적 진술을 말한다. 예를 들어 "경제성장률이 높아지면 일자리가 많아진다.", "전쟁이 일어나면 정부 지지율이 증가한다."는 진술은 가설이다. 가설은 맞을 수도 있고 맞지 않을 수도 있다. 그래서 검증이 필요하다. 실험은 가설적 진술을 검증하는 것이다. 과학적 방법에서 가설과 실험은 중요한 요소다.

과학적 방법을 사용하는 실증주의는 콩트 이래로 사회과학의 방법으로 관심을 끌었다. 실증주의는 형이상학적 사변을 부정하고 관찰과 실험으로 검증이 가능한 지식만 인정해야 한다고 주장했다. 특히 관찰자가 아는 증거를 비교하여 일반적 법칙을 만들 수 있다고 보았다. 실증주의자들은 자연과학의 방법과 성과를 이용해 물리 세계뿐 아니라 사회현상까지 설명하려고 했다. 실제로 사회 법칙을 발견하려는 시도는 자연과학에서 자연법칙을 발견하는 것과 비슷하다. 사실과 가치가 절대적으로 분리되어야 한다는 주장도 자연과학과 닮았다. 대개 실증주의는 과학적 방법을 통합할 수 있다고 굳게 믿는다. 그러므로 실증주의는 사회구조를 어떻게 수량으로 표현할 수 있는지 고민하며, 실험 결과를 통해 사회를 객관적으로 묘사하려고 애쓴다.

실증주의는 과학적 방법으로 사회를 연구할 수 있다고 보았지만, 사회과학은 인간을 연구 대상으로 하기 때문에 자연과학과 같은 실험 방법을 쓰기 어려운 경우가 많다. 사회과학자 상당수는 자연과학의 방법이 인간과 사회를 분석하는 데 한계가 있다고 생각한다. 사회과학은 연구자 자신이 가치판단을 하기 때문에 사회에 대한 객관적 연구를 하는 데 어려움이 따른다. 이런 점에서 사회과학의 연구 방법은 자연과학의 그것과 상당한 차이가 있다.

대부분의 경우 사회과학자는 과학적 방법을 주장하지만 자연과학에서의 자연법칙과 일반화 같은 것은 주장하지 않는다. 물리학은 일반적 법칙과 증명이 가능한 법칙이 존재한다고 믿는다. 반면에 사회과학에는 일반적 법칙이 매우 적고 다수의 추상적 가설이 존재한다. 마르크스는 추상의 방법을 통해 거대한 일반 이론을 만들려고 했다. 그에 따르면 자본주의 상품경제가 인간소외를 낳았으며 이를 극복하기 위해 자본주의를 공산주의로 대체해야 한다. 그러나 그의 지나친 일반화는 과학적이지 않다는 비판을 받는다. 마르크스의 전前 봉건주의-자본주의-공산주의라는 역사 발전 단계가 모든 인간 사회에 적용되는 것은 아니기 때문이다. 게다가 자연과학적 방법을 인간 과학과 사회과학에 적용할 수 없다는 비판도 제기된다. 특히 의식, 문화 규범, 상징적 의미에 관한 연구는 실증주의적 방법으로 수행하기 어렵다. 인간 행동은 목적을 가지기 때문에 자연과학, 인간 과학, 사회과학의 방법론은 다를 수밖에 없다.

실증주의를 둘러싼 논쟁

19세기 후반부터 독일을 중심으로 자연과학의 방법을 인간과 사회에 관한 연구에 적용하려는 실증주의를 비판하는 분위기가 일었다. 독일 신新 칸트학파의 영향을 받은 베버는 인간의 문화 현상을 의미가 표출된 것으로 보고 자연현상과 다르게 보아야 한다고 주장했다. 또한 인간 행동이 지니는 의미를 사회과학의 대상으로 보았다.

인간 행동의 의미를 관찰하기 위해서는 해석적 이해가 필요하다. 이러한 점에서 베버는 '이해'를 사회학의 기본적 방법이라고 보았으며, 묘사적 이해와 설명적 이해를 구분했다. 예를 들어 "그는 방 한가운데를 지나 창문을 열었다."는 진술은 묘사적 이해다. 이에 비해 "그는 답답한 방 안의 공기를 바꾸기 위해 창문을 열었다."는 진술은 설명적 이해다. 베버는 인간 행동을 제대로 이해하기 위해서는 그 행동의 이유를 밝히는 설명적 이해가 필요하다고 보았다.

이와 같이 인간의 사회적 행동을 이해하게 해주는 지식을 제공하기 위해서는 묘사와 설명이 중요하다. 묘사는 단순히 사실을 전달하는 것일 뿐이다. 예를 들어 어떤 사람들이 얼마나 빈곤한가, 여성 취업 현황은 어떠한가와 같이 통계청 자료나 신문 기사를 보면 얼마든지 알 수 있는 사실이 묘사에 해당한다. 이에 비해 설명은 일정한 집단 행동의 원인을 탐구하는 것이다. 이를테면 왜 사람들은 특정 정당에 투표하는가, 왜 청년은 노인보다 범죄에 많이 연루되는가를 논리적으로 제시한다. 사회적 행동에 관한 연구에서는 묘사적 이해보다 설명적 이해가 더 중요하다.

하지만 인간은 가치판단을 하기 때문에 사회적 행동에 대한 설명이 완벽한 객관성을 띠기 어렵다. 베버에 따르면 사회적 행동은 다른 사람을 향한 행동이며 주관적 의미를 부여하는 행동이다. 인간의 사회 행위를 설명하는 관찰자도 가치판단의 문제에 부딪힌다. 베버는 사회학자도 가치판단을 하기 때문에 도구적 이성이 한계를 가진다고 보았다. 심지어 어떤 문제를 연구 대상으로 결정하는 것도 선택의 문제가 된다. 이러한 선택을 한 뒤에야 사회과학 연구는 몰가치적wertfreiheit 또는 가치중립적value-free 연구를 할 수 있다. 그 뒤에 전개되는 사회과학 연구의 합리적

일관성은 학자에 따라 다른 평가를 받을 수 있다. 어떤 연구에서 '합리적'인 것은 역사적 변화에 따라 다르게 판단될 수 있다. 사회과학적 연구는 곳곳에서 가치와 관련된 문제와 부딪친다. 이는 사회학자 개인이 지니는 가치뿐 아니라 사회과학자가 속한 공동체와 전반적인 문화의 문제이기도 하다.

베버는 철학적 차원에서 가치중립성 이론을 제기했다. 가치중립성은 가끔 객관성과 관련된 단순한 개념으로 잘못 해석되기도 한다. 베버는 가치판단을 배제하고 가치중립성을 띤 연구를 위해 비교 가능한 모델을 이용하는 '이념형ideal type'의 방법론으로 사회적 행동에 대한 해석적 설명을 하려 했다. 예를 들어 사회적 행동은 전통적 행동, 감정적 행동, 가치-합리적 행동, 목적-합리적·도구적 행동으로 분류할 수 있다. 첫째, 전통적 행동은 습관이나 전통을 기반으로 하는 행동이다. 둘째, 감정적 행동은 감정에서 비롯된 행동이다. 셋째, 가치-합리적 행동은 궁극적 가치를 향하는 행동이다. 넷째, 목적-합리적·도구적 행동은 특정한 목적을 추구하는 행동이다. 이 가운데 가치-합리적 행동과 목적-합리적·도구적 행동은 합리적 행동 범위에 속한다. 베버는 궁극적 가치나 목적이 없는 합리적 선택은 없다고 주장했으며, 일단 선택을 하고 나면 인간 행동은 합리적 수단을 통해 수행된다고 보았다.

인간의 합리적 행동이 순수한 개인의 선택으로 수행된다고 보기는 어렵다. 2장에서 살펴보았듯이 인간은 순수한 자유의지에 따라 행동하기도 하지만, 사회의 전통, 관습, 법률, 도덕의 영향을 많이 받는다. 영국 철학자 피터 윈치Peter Winch는 "모든 사회적 행동은 규칙을 준수하는 행동"이라고 보았다. 사회 규칙의 대표적 사례는 법률이다. 예를 들어 누구나 조세 의무라는 사회 규칙을 준수해야 한다. 우리는 원하지 않더라도 일정한 소득을 신고하고 이에 할당된 일정한 세금을 내야 한다. 이러한 인간 행동을 이해하기 위해서는 사회 규칙에 관심을 가져야 한다. 결국 인간 행동을 해석한다는 것은 규칙을 해석한다는 것이다. 이러한 점에서 기든스는 사회학이 사회에서 분명한 정식定式이 된 모든 규칙을 해석해야 한다고 보았다. 동시에 정식화되지 않은, 눈에 보이지 않는 규칙도 중요하다고 보았다. 기든스에 따르면 사회학은 인간 행동에 영향을 미치는 규칙, 제도, 구조에 관한 연구를 주로 수행하는 학문이다.

실증주의를 둘러싼 논쟁에도 불구하고 현대 사회과학에서 과학적 방법의 영향력은 매우 크다. 사회과학 학술지에 실리는 논문은 대부분 자연과학 연구에서 사용하는 통계분석을 활용한다. 예를 들어 빈곤에 관한 연구는 빈곤층의 소득수준, 성별·지역별 특징을 통계로 제시한다. 이를 통해 여성이 남성보다 가난하다는 사실을 밝히고, 여성이 빈곤한 이유를 분석한다. 이러한 과학적 방법은 가장 널리 사용되는 연구 방법이다.

포퍼의 반증

오늘날 사회과학의 과학적 방법은 일반적으로 검증과 반증을 통해 이루어진다. 먼저 검증verification은 경험과 관찰로 얻은 증거를 바탕 삼아 어떤 주장을 확인하는 방법이다. 이는 경험주의 철학에서 사용하는 귀납법을 통해 어떤 명제의 진실을 증명하는 방법이기도 하다. '물은 섭씨 100도에서 끓는다.'는 명제는 실제로 실험과 관찰을 통해 증명할 수 있다. 귀납적 방법은 주어진 사실이나 현상에 근거해 새로운 정보와 지식을 얻을 수 있으므로 일상생활에서 흔히 사용된다. 표본 관찰이나 실험에 근거해 일반적 결론을 이끌어내는 통계 방법도 사용된다. 최근 개별 사실에 관한 엄청난 정보를 쉽고 빠르게 처리할 수 있는 컴퓨터가 발달하면서 귀납적 방법이 더욱 많이 사용되고 있다.

다음으로 반증falsification은 연역을 통해 과학 명제를 확인할 수 있는 방법이다. 반증이란 어떤 이론이 맞는지 확인하기 위해 그 이론을 지지하거나 확증해주는 증거를 내놓는 것이 아니라, 그 이론이 거짓이라는 것을 체계적으로 보여주는 것이다. 예를 들어 '물은 섭씨 0도 이하에서도 얼지 않는다.'는 가설은 '물은 섭씨 0도 이하에서 언다.'는 관측을 통해 반증될 수 있다. 한편 어떤 실험이나 관측을 통해서도 반증되지 않는 가설은 '반증 불가능한 가설'이라고 부른다. 가설의 시제가 과거이기 때문에 사실상 현재 검증할 수 없는 경우도 '반증 불가능한 가설'이라고 할 수 있다. 이 경우 앞서 이야기한 〈라쇼몽〉에 나오는 '산적은 사무라이를 죽였다.'는 명제도 사실상 반증 불가능한 명제다.

20세기 영국 철학자 칼 포퍼는 과학은 귀납적 방법이 아닌 연역적 가설을 반증함으로써 진리에 접근한다고 주장했다. 다시 말해 실수로부터 배우는 과정을 통해 진리에 접근한다고 보았다. 그는 반증할 수 없는 신앙, 추측, 형이상학은 진리의 대상이 아니라고 생각했다. 예를 들어 '신은 존재한다.'는 명제는 반증할 수 없기 때문에 진리가 아니며 연구 대상도 될 수 없다. 이에 따르면 사회에 관한 연구도 오직 반증할 수 있는 명제만 다루어야 한다. 이를테면 마르크스주의자가 주장하는 '자본주의가 고도로 발전하면 사회주의로 이행한다.'는 명제는 자본주의가 발전한 사회에서 사회주의로 이행하지 않은 경우를 제시함으로써 반증할 수 있다.

이처럼 연역적 가설을 사용하는 방법은 기본 가설의 설정, 연역, 경험적 검증의 3단계를 거친다. 이러한 경험적 방법은 경제학, 사회학, 정치학 등 주요 사회과학 연구에 널리 사용되었다.

인간 행동의
원인을 찾아라

사회현상의 인과관계를 해석할 때 저지르는 중대한 실수 가운데 하나는 기능에 관한 해석에서 범하는 오류다. 일반적으로 기능은 일정한 목표를 수행한다. 예를 들어 시계는 시간을 나타내는 기능을 수행하며, 사회에서 형벌과 감옥은 사회규범을 유지하는 기능을 수행한다. 이러한 해석은 마르크스와 뒤르켐의 주장에서도 엿볼 수 있다. 마르크스는 생산력(A)이 고도로 발전하면 생산관계와 모순을 일으켜 사회혁명(B)이 일어난다고 보았고, 뒤르켐은 종교 활동(A)이 사회 통합과 안정(B)을 유지하는 데 중요한 기능을 수행한다고 보았다. 이러한 주장에서 A는 B를 위해 일정한 기능을 수행하는데, 이를 '기능적 설명functional explanation'이라고 한다. 이러한 기능적 설명은 사회현상의 원인을 규명하기 위해 주로 사용된다. 그러나 인간의 사회적 행동은 자연법칙처럼 일정한 조건에서 반드시 일어나는 것이 아니다.

트로브리앤드 섬 원주민들이 선물을 주고받는 이유

인간의 사회적 행동을 '기능적'으로 설명하려는 시도는 인류학의 연구에서 많은 영향을 받았다. 1922년 폴란드 출신 영국 인류학자 브로니슬라프 말리노프스키●는 《서태평양의 항해자들》에서 서태평양 트로브리앤드 섬 원주민이 서로 주고받는 선물에 관한 연구를 발표했다. 원주민들은 선물을 주고받는 교환 체계를 '쿨라 링Kula Ring'이라고 불렀다. 말리노프스키는 그들이 하얀 조개 팔찌와 붉은 조개 목걸이를 지속적으로 교환하는 것을 주목했다. 이는 경제적·물리적 교환이 아닌 비물질적·문화적 교환의 성격을 띠었다. 말리노프스키는 선물 교환을 서로 다른 부족 사이의 사회적 연계를 '보여주고, 공유하고, 그 연계에 기여하고, 창조하려는 근본적 추진력'이라고 보았다. 이러한 '상호성'을 토대로 이루어지는 선물 교환은 부족 사이의 정치 동맹을 강화하는 기능을 수행했다고 볼 수 있다.

프랑스 인류학자 마르셀 모스Marcel Mauss는 《증여론》에서 북아메리카 원주민 사회와 폴리네시아 부족사회에서도 말리노프스키가 묘사한 '쿨라 링'과 같은 사례를 볼 수 있다고 주장했다. 그는 인도처럼 발전된 사회에서도 선물 교환이 이루어지는 점을 지적했다. 그는 특히 이러한 선물 교환을 통해 서로 다른 집단과 관계를 만들어나가는 과정에 관심을 가졌다. 선물을 주는 행위는 선물을 받는 사람에게 보답해야 한다는 의

브로니슬라프 말리노프스키(1884~1942) 폴란드 출신 인류학자로 1927년에 런던정치경제대학교(LSE) 사회인류학 교수가 되었다. 수년간 트로브리앤드 섬에서 참여 관찰을 통한 현지 조사를 했으며, 문헌 조사와 역사주의적 연구와 달리 문화와 사회를 현재적 관점에서 연구했다. 그는 문화를 물질적·행동적·정신적 복합체로 보면서 구조적으로 분석하는 기능주의 방법론을 제시했다.

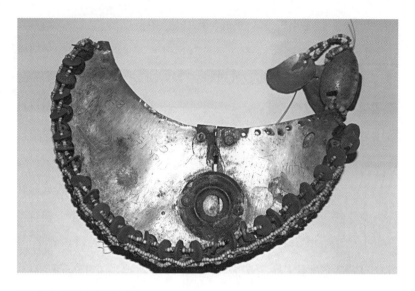

쿨라 링에 이용된 목걸이 장신구
왜 사람들은 선물을 주고받는 것일까? 트로브리앤드 섬 원주민들은 카누를 타고 수백 마일을 건너가 쿨라 귀중품을 교환한다. 인류학자 말리노프스키는 쿨라 교환의 이유를 탐구했다.

무감을 심어주고, 이처럼 서로 다른 인간 집단 사이에서 선물 교환이 반복되면 사회적 연대감이 자연스레 형성된다. 모스는 산업사회에서도 선물 증여를 통해 사회 통합을 이룰 수 있다고 주장했다. 복지국가의 사회보장도 선물 증여를 제도적 장치로 만든 것이라고도 볼 수 있다. 복지국가는 부유한 사람들이 낸 세금으로 가난한 사람들을 도우며 운영되기 때문이다.

이와 같은 인류학의 기능적 설명에도 취약점이 있다. 기능적 설명은 존재하는 모든 것을 기능의 성질로 설명하려 한다. 왜 부족사회에서 사람들은 서로 선물을 주고받는가? 왜 근친결혼을 금지하는가? 주술사가 원초적인 종교 역할을 하는 이유는 무엇인가? 이러한 질문은 모두 '왜 존재하는가'라는 존재의 이유에 질문을 던진다. 이러한 질문은 현재 우리 사회의 인간 행동을 설명하는 데에도 매우 유용하다. 왜 일부일처제가 존재하는가? 왜 학교 제도가 존재하는가? 왜 선거제도가 존재하는가? 사회과학자들은 다양한 사회제도가 존재하는 이유에 대한 질문에 답하려고 한다. 기능주의 이론에 따르면 한 사회제도는 사회 전체를 위한 일정한 기능을 수행한다고 볼 수 있다.

파슨스는 사회질서가 유지되기 위해서는 구성원들의 일정한 욕구가 충족되어야 하며, 사회제도는 사회 구성원의 욕구를 해결하는 기능을 가진다고 보았다. 예를 들어 가족제도는 남녀의 성적 결합을 통해 자녀를 출산하고 교육하는 기능을 수행함으로써 사회를 유지한다. 하지만 이런 기능적 설명이 인간 행동의 인과적 메커니즘과 과정을 모두 보여주는 것은 아니다. 인간 행동이 반드시 하나의 기능만 가지는 것은 아니기 때문이다. 우리 행동이 우리가 기대했던 것과 어긋나거나 정반대의 결과를 가져오는 경우도 있다. 다양한 개인과 집단의 행동은 매우 다양한 결과를 만들 수 있다.

상관관계와 인과관계는 다르다

18세기에 자연과학이 발전하고 '자연법칙'이 밝혀지면서 인간은 '사회법칙'도 알 수 있을 것이라고 기대했다. 법칙은 일정한 규칙을 가지고 있으며, 이는 확실성을 의미한다. 과학에서는 규칙을 이해하기 위해 '상관관계correlation'를 추적한다. 현대 사회과학도 상관관계를 설명해준다. 통계학에서 상관관계란 둘 이상의 차원이나 변수 사이의 규칙적 관계를 말한다. 상관관계는 긍정적인 경우도 있고 부정적인 경우도 있다. 예를 들어 경제활동을 하는 여성 인구의 증가와 함께 이혼율이 높아진다면 여성의 경제활동과 이혼율은 상관관계가 높다고 할 수 있다. 경제성장을 이룬 나라가 그러지 않은 나라보다 민주주의가 발전한 사례가 많다면 경제성장과 민주주의는 상관관계가 있다고 볼 수 있다.

그러나 높은 상관관계가 반드시 '인과관계causal relation'를 보여주는 것은 아니다. 상관관계를 파악하는 통계적 과정은 개연성을 보여주는 동시에 우연성도 보여준다. 확률은 어떤 사건이나 일이 일어나는 상대적 빈도일 뿐이다. 여기서 확률의 의미를 확률을 만드는 근거와 혼동해서는 안 된다. 예를 들어 여성이 경제활동을 한다고 해서 반드시 이혼하는 것은 아니다. 그리고 경제가 발전한다고 해서 반드시 민주주의가 이루어지는 것도 아니다. 회귀분석을 이용한 통계적 설명은 어떤 인과관계도 설명하지 않는다. 상관관계와 인과관계를 혼동하는 것은 우리가 인간 행동을 해석할 때 생기는 많은 오류 가운데 하나다.

철학에서의 결정론과 자유의지의 문제 또는 역사학에서의 필연과 우연의 문제와 마찬가지로 사회과학에서 인과관계의 문제는 간단하지 않다. 포퍼는《열린 우주 : 비결정론을 위한 논증》에서 "모든 사건은 앞서 일어난 다른 사건들에 의해 일어나기 때문에 모든 사건은 예측이 가능한 것처럼 보인다. 그렇지만 다른 한편으로…… 인간은…… 가능한 여러 행동 가운데 자유롭게 선택할 능력을 가진다."고 지적한다. 그는 우리가 자연법칙을 이해하는데도 왜 인간 행동은 미리 예측할 수 없는지 설명한다.

인과관계를 이해하는 것은 시간의 문제와 관련이 깊다. 미래는 이미

정해져 있는 것인가, 아니면 만들어지는 것인가? 19세기부터 실증주의는 인간 행동 속에 있는 숨겨진 법칙을 찾으면 미래를 예측할 수 있다고 믿었다. 지금도 사람들이 미래학과 트렌드 분석에 관심이 높은 것을 보면, 과거를 보면 현재를 알 수 있고 현재를 보면 미래를 알 수 있다는 생각이 그들 사이에 널리 퍼져있는 것처럼 보인다.

여러분은 20세의 젊은이를 보면 30년 후 그가 50세의 나이에 어떻게 살고 있을지 알 수 있는가? 반대로 2010년의 한국 사회를 보면 30년 전 1980년의 한국 사회를 알 수 있는가? 누구도 이 질문에 자신 있게 대답 못 할 것이다. 인간 사회는 다양한 요소의 영향을 받기 때문에 정확한 예측이 거의 불가능하다. 우리가 미래에 대해 말하는 것은 단지 현재의 시점에서 소망하는 바를 적어놓는 것에 불과하다. 이렇게 보면 미래학은 자신이 규정하는 바와 달리 언제나 현재의 학문인 셈이다.

의도하지 않은 결과를 미리 알 수는 없다

머튼●은《사회 이론과 사회구조》에서, 전혀 예상 못 했던 문제가 현대사회 관료제에서 일어나고 있다고 지적했다. 관료제 조직 구성원은 규정해놓은 방법에만 집착하고, 이를 목표의 실천보다 더 중요하게 여기는 경향이 있다. 그 결과 구성원들은 변화된 상황에 대응하지 못하는 낡은 규칙을 따르는 오류를 저지를 수 있다. 또한 관료제는 업무 분업화와 구체

로버트 머튼(1944~2003) 미국 사회학자로 사회구조, 관료제, 과학 사회학에 관한 중요한 연구를 발표했다. 역할 모델(role model), 일탈 행동(deviant behavior), 포커스 그룹(focus group)이라는 개념을 처음으로 제시했다.

화를 통해 효율성을 높이기 위한 조직 체계임에도 불필요하고 쓸데없는 형식주의를 만들기도 한다. 한 사례로, 예전에 영국 공문서 가운데 중요한 문서에는 붉은색 테이프를 붙여 표시했는데, 시간이 지나면서 모든 문서에 붉은색 테이프가 붙었다. 모두 자기 문서가 중요하다고 생각한 것이다. 결국 행정 비용을 늘리고 시간을 낭비하는 번거로운 형식주의가 생겨났다. 머튼은 이러한 현상을 '의도하지 않은 결과unintended consequence'라고 표현했다.

머튼은 사회과정의 의도적 결과인 '순기능'과 사회과정이 의도하지 않았거나 전혀 인식하지 못한 결과인 '역기능'을 구분했다. 역기능은 고유 기능을 갖는 사회제도와 사회 기구가 본래 목적에서 벗어나 바람직하지 못한 방향의 결과를 만드는 것을 말한다. 예를 들어 10대 청소년의 규범이 붕괴되어 노동시장과 교육 체제가 혼란스러워진다면 사회의 역기능이 작용했다고 할 수 있다. 하지만 사회의 역기능이 반드시 부정적인 것은 아니다. 노동자계급이 노동조합을 결성하고 파업을 한다면 사회 혼란이 생길 수 있지만, 노동법이 개정되고 노동자 권리가 보장된다면 사회 안정에 기여할 수 있다. 이처럼 사회 갈등은 때로는 사회질서를 위해 긍정적 기능을 하기도 한다.

한편, 인간 행동이 '의도하지 않은 결과'를 가져올 수도 있다. 이는 인간 행동이 자신 이외에 다른 개인, 집단, 구조적 조건에 의해 다양한 결과를 만들 수 있음을 보여준다. 예를 들어 소련과 중국의 개혁 개방을 살펴보자. 1985년 이후 소련 고르바초프 공산당 서기장은 소련 공산주의 체제의 개혁 정책(페레스트로이카)을 추진했다. 비슷한 시기에 중국 공산당 덩샤오핑도 중국의 개혁과 개방을 추진했다. 하지만 두 나라의 개혁 개방 결과는 완전히 달랐다. 고르바초프의 개혁은 실패해 소련이 붕괴된 반면, 덩샤오핑의 개혁은 성공해 중국은 경제 발전을 이룰 수 있었다. 고르바초프는 소련 경제개혁에 비해 정치적 자유화를 지나치게 빨리 추진한 반면, 덩샤오핑은 중국 경제의 개혁 개방에 비해 정치적 자유는 허용하지 않았다. 이처럼 두 나라의 경제적 개혁 개방은 경제 발전이라는 비슷한 목표를 추구했지만, 정치적 변화 과정이 달랐기 때문에 전혀 다른 결과를 가져왔다.

다양한 인간 행동은 처음에는 비슷한 의도를 가지고 시작되지만, 나중에는 매우 다른 결과를 낳는 경우가 생긴다. 인간 행동의 결과를 만드는 다양한 요인을 모두 추적하는 것은 거의 불가능하다. 과학은 평균 개념을 바탕으로 연구하기 때문에 개인의 행동이 저마다 만들어낼 수 있는 다양한 결과를 제대로 다루기에는 어려움이 많다. 인간 행동에 영향을 미치는 요인으로 너무 많은 변수가 존재하기 때문에 미래를 완벽하게 예측하는 것은 사실상 불가능하다. 그래서 '가장 완벽한 사회과학자는 가장 어설픈 예언가가 될 수 있는 것'이다.

인간의 합리적 행동을 이해하려 한 베버는 사회과학이 법칙이라는 이름으로 '예언'이 되는 것을 극도로 경계했다. 그는 "학문적 예언이란……단지 광신적인 여러 종파를 만들어낼 뿐 결코 진정한 하나의 공동체를 만들 수 없다."고 단언했다. 미래를 예측하려는 인간의 노력은 학문의 영역이 아니라고 본 것이다. 실제로 그 노력은 대부분 실패로 끝났다. 하지만 오늘날 사회과학이 모든 예측을 부정하는 것은 아니다. 인간 행동이 일정한 규칙을 따른다는 것을 알기 때문에 어느 정도의 예측은 가능하다. 다만 너무 큰 욕심은 금물이다.

복잡한 세상에 법칙이 존재할까?

최근에는 자연과학에서도 '법칙'의 존재에 의문을 제기하고 '가능성'의 의미를 다시 생각해야 한다는 주장이 등장했다. 원래 이러한 논쟁은 1930년대 확률적인 설명과 예측만을 제공하는 비결정론적 양자역학과 특수상대성 이론의 도전으로 뉴턴의 기계적 역학이 타격을 받기 시작한 이래 계속되었다. 이러한 관점은 1970년대 '카오스chaos 이론'으로 등장했다가 최근에는 복잡성complexity 연구로 알려진 자연과학의 새로운 지식 운동으로 다시 나타났다.

카오스 이론은 겉으로는 무질서하고 불규칙한 것처럼 보이지만 일정한 질서와 규칙성을 지닌 자연현상을 설명하려고 한다. '나비효과'●처럼 작은 변화가 예측할 수 없는 엄청난 결과를 만들 수 있다. 17세기 이래 현대 과학은 모든 사물을 분자, 원자, 소립자 등으로 나눌 수 있다는 환원론으로 자연현상을 설명한 데 비해, 복잡성 과학은 아무리 나누어도 단순화되지 않는 생명체, 인간관계, 사회변동, 기상, 우주 등의 현상을 다양한 요소의 상호작용으로 설명하려 한다. 여기에 참여한 많은 인물 가운데 일리야 프리고진●이 가장 급진적인 견해를 제시한다.

프리고진의 《확실성의 종말》은 뉴턴 역학이 제시한 근본적 가정을 공격한다. 프리고진은 뉴턴 물리학의 가치를 완전히 부정하는 것은 아니

나비효과(butterfly effect) 1961년 미국 기상학자 에드워드 N. 로렌츠(Edward Norton Lorenz)가 기상모델을 연구하면서 발표한 이론이다. 브라질에 있는 나비의 날갯짓이 미국 텍사스에 토네이도를 일으킬 수 있다는 이론으로, 지구상 어디에선가 일어난 아주 작은 변화가 전혀 예측할 수 없는 엄청난 기상 변화를 일으킬 수 있다고 주장한다.
일리야 프리고진(1917~2003) 러시아 출신의 벨기에 화학자로, 복잡계에 대한 연구로 유명하다. 1977년에 노벨 화학상을 수상했다.

모두를 위한 사회과학

지만, 그 가치의 영역은 통합이 가능한 체계에서만 나타나는 매우 제한적인 것이라고 보았다. 대부분의 체계는 결정론의 과정과 확률의 과정을 동시에 가진다. 그는 "더 이상 과학은 확실성을 의미할 필요도 없고, 확률이 무지를 뜻하지도 않는 새로운 합리주의가 출현하고 있다."고 주장했다.

프리고진은 인간 행동을 물리적 활동의 유형으로 본 19세기의 가정을 부정하고 합리성을 현실주의적 선택으로 볼 뿐이다. 그는 모든 것을 알 수 있는 이론은 사실상 불가능하고, 우리는 단지 실제 세상의 복잡성을 그대로 포용해야 한다고 주장한다. 이제는 세상이 법칙에 의해 이미 결정되었다는 생각과 그저 우연으로 이루어졌다는 생각 사이의 '중간 길'을 찾아야 하는 것처럼 보인다. 이러한 과학철학 논쟁은 오늘날 사회과학에도 커다란 영향을 주었다. 끊임없이 진리를 찾아 헤매는 사회과학의 구체적 방법은 다음 장에서 살펴보도록 하겠다.

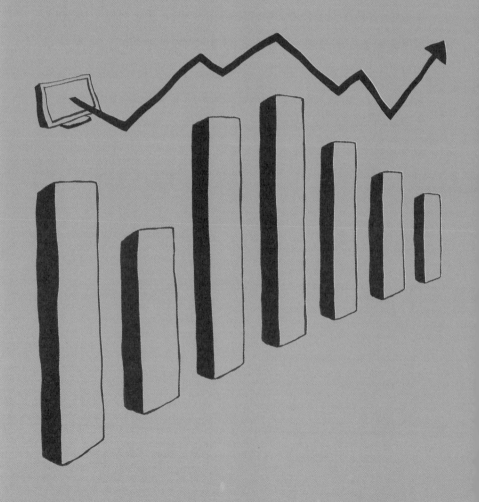

사회과학 지식은
어떻게
만들어지는가

5장

5장에서는 사회과학 연구 방법론을 살펴본다. 사회과학 연구 방법은 대개 양적 분석과 질적 분석으로 이루어진다. 설문지를 사용하는 사회조사와 통계분석은 대표적인 양적 방법이다. 하지만 통계분석에는 결정적 한계가 있다. 상관관계를 이해하는 통계적 방법이 인과적 설명을 제시하지는 않기 때문이다. 또한 통계분석에서 다루는 평균 개념은 사람들의 주관적 다양성을 충분히 설명하지 못한다. 그래서 사회학과 인류학에서는 한 사회 내부에 직접 뛰어가 조사하는 참여 관찰 또는 심층 면접의 방법을 널리 사용한다. 양적 분석과 질적 분석 가운데 한 방법을 택하는 경우도 있지만, 두 방법을 동시에 실행하는 경우도 있다.

나는 내가 조작한 통계만 믿는다.

— 처칠

●

통계자료로
살펴본 사회

사회과학자들은 사회현상을 분석하기 위해 다양한 방법을 사용한다. 수백만 명의 인구 통계자료를 이용하기도 하고 개인을 대상으로 심층 면접을 하기도 한다. 많은 사례를 조사해 일반적인 특징을 도출해야 하는 경우는 주로 양적 분석을 활용한다. 반면에 직접 관찰을 통해 사회현상을 이해하려는 사람은 질적 분석을 강조한다. 이 가운데 대규모 인구를 대상으로 하는 사회 연구에서 가장 널리 쓰는 방법은 사회조사●다. 일반적으로 사회조사는 다양한 질문으로 구성된 설문지를 이용하여 응답 내용을 분석한다. 세계 최초로 과학적 사회조사를 실시한 나라는 영국이다.

사회조사(social research) 일반적으로 과학적 연구를 목적으로 하는 사회과학적 조사 연구를 말한다. 사회조사의 종류는 사업체 조사, 고용 현황 조사, 빈곤율 조사, 주택 조사, 교통조사 등 다양하다. 이에 비해 서베이(survey)는 실용적 목적의 사회 실태 조사로 여론조사, 국민 의식 조사, 태도 조사, 시장조사 등 실제적인 목적을 가진 조사를 말한다. 주로 설문지를 이용해 공중의 의견, 태도를 묻는다. 하지만 사회조사와 서베이를 구별하지 않고 사용하는 경우도 있다.

찰스 부스
영국의 자선 사업가였으며, 런던의 빈곤 실태를
조사하기 위해 통계와 면접을 동시에 사용한 최
초의 사회조사를 실시한 것으로 유명하다.

최초의 과학적 사회조사, 《런던 시민의 생활과 노동》

엄청난 부자인 동시에 자선 사업가였던 찰스 부스Charles Booth는 당시 인
구조사가 제대로 이루어지지 않는 상황을 못마땅하게 여겼다. 그래서 그
는 1889년부터 1903년까지 런던의 빈곤 실태를 조사하여 《런던 시민의
생활과 노동》을 출간했다. 전문 학자가 아닌데도 인구조사에 관심을 가
진 것은 정치적 이유 때문이다.

마르크스주의자 조직인 사회민주연맹의 지도자 헨리 하인드먼Henry M.
Hyndman은 1885년 런던 지역신문 《폴 몰 가제트Pall Mall Gazette》에 당시 런
던의 빈곤층이 25퍼센트에 달한다고 발표했다. 산업혁명이 일어나 세계
에서 가장 부유한 도시가 된 런던에 이처럼 많은 빈곤층이 존재한다는
하인드먼의 주장은 믿기 어려웠다. 부스는 마르크스주의자의 주장이 많
은 사람을 선동한다고 걱정하며, 런던의 빈곤 실태를 직접 조사하기로

결심했다.

부스는 수년에 걸쳐 런던 시민의 생활을 조사했다. 그가 고용한 수십 명의 조사원은 설문지를 들고 집집마다 방문하여 한 달 수입과 가족 수에 대해 묻는 한편, 가족이 하루에 먹는 빵과 우유, 설탕의 양을 측정했다. 연구 결과는 매우 충격적이었다. 1889년 발표한 첫 번째 보고서에 따르면 당시 빈곤층이 주로 거주하던 런던의 이스트엔드 주민 가운데 약 35퍼센트가 비참한 빈곤 상태로 살고 있었다. 1891년 발표한 두 번째 보고서에서는 전체 런던 주민의 빈곤율이 31퍼센트에 달했다. 이는 마르크스주의자들이 주장한 비율보다 더 높은 수치였다.

부스는 1902~1903년에 발표한 세 번째 보고서에서 '제한적 사회주의'를 위한 노령연금 도입을 주장했다. 그러한 개혁만이 영국에서 사회주의 혁명이 일어나는 것을 막을 수 있다고 여겼기 때문이다. 그는 결코 사회주의를 지지하지 않았지만 노동자 가정의 생활 실태를 조사하면서 노동자계급의 고통에 공감했다. 한편, 부스와 함께 사회조사에 참여했던 사촌 비어트리스 포터Beatrice Potter는 나중에 사회주의자가 되었다. 그녀는 저명한 사회주의자 시드니 웨브Sidney Webb와 결혼한 뒤 노동자를 지원하는 사회주의 운동에 뛰어들었다. 평생 동지로 살아간 웨브 부부는 점진적 사회주의화를 목표로 한 페이비언협회●를 이끌었으며, 그 이념을 실천할 런던정치경제대학교를 설립했다.

페이비언협회(Fabian Society) 1883년 웨브 부부와 조지 버나드 쇼(George Bernard Shaw), 허버트 조지 웰스(Herbert George Wells) 등 지식인들이 주도해 만든 단체. 공산주의에 반대하면서 점진적인 개혁을 통해 사회주의를 이룰 수 있다고 주장했다. 노동조합과 함께 영국 노동당 창당을 이끌었다.

부스의 보고서는 즉각 큰 반향을 불러일으켰으며, 런던의 빈곤층이 증가하는 현실을 그대로 방치해서는 안 된다는 여론이 일었다. 부스의 사회조사는 빈곤층을 위한 당시 영국 정부의 사회정책에 많은 영향을 주었다. 동시에 그의 보고서는 학계에 큰 영향을 주었으며, 사회통계의 양적 방법과 면접을 통한 질적 방법을 동시에 사용한 사례로 주목받았다. 나중에 영국의 사회학과 미국 시카고학파의 사회학에도 커다란 영향을 주었다. 특히 사회통계를 사용한 부스의 보고서는 왕립통계학회에서 인정받았으며, 나중에 부스는 학회 회장으로 선출되었다. 왕립학회 회원이 된 그는 '사회조사에 과학적 방법을 적용한' 연구로 높은 평가를 받았다.

통계분석의 사례들

많은 인구를 대상으로 하는 광범위한 사회조사 방법은 사회 계급과 사회 이동에 관한 연구에도 널리 사용된다. 영국 옥스퍼드 대학교 사회학 교수 존 골드소프John Goldthorpe는 사회이동에 관한 연구에서 영국 통계청의 방대한 자료를 이용해 직업 구성에 관한 통계분석을 하려 했다. 골드소프는 1968~1969년에 공동 연구를 통해 《부유한 노동자》를 발표했는데, 영국 노동자가 임금 상승으로 생활 조건이 개선되면서 이전의 노동자계급과 다른 태도를 보인다고 지적했다. 노동자의 정치 행동이 줄어들고 노동조합 활동도 점차 약화되었다. 그러나 노동자는 수입이 증가했는데도 자신의 일이 단순하고 반복적이며 지루하다고 답했다. 여가 시간에도 화이트칼라와 어울리는 일은 거의 없으며, 중간계급으로 상향 이동을

모두를 위한 사회과학

해야겠다는 생각도 하지 않는 것으로 분석되었다. 다른 한편, 노동자계급은 중간계급과 비슷하게 집단적 정체성보다 개인주의를 더 중시하는 성향이 강해졌다. 골드소프는 노동자계급이 부르주아지의 가치와 태도를 가지게 되었다고 지적하며 이를 '부르주아화embourgeoisement'라고 표현했다. 이와 같이 사회 계급 의식에 관한 조사는 집단행동의 원인과 유형을 이해하는 데 도움이 된다.

통계분석은 사람들의 사회의식에 관한 조사에도 유용하다. 장기간에 걸친 사회조사는 사람들의 의식 변화에 관한 구체적인 정보를 제공할 수 있다. 미국 사회학자이자 정치학자인 로널드 잉글하트Ronald Inglehart는 《조용한 혁명》에서 선진국 사람들의 가치가 세대에 따라 변화한다고 주장했다. 그는 제2차 세계대전 이후 서유럽과 북아메리카에서 태어난 젊은이들은 이전에 태어난 세대에 비해 경제적 박탈을 경험하지 않았기 때문에 '탈脫물질주의post-materialism' 가치 지향을 지니는 것으로 보았다. 탈물질주의란 소득과 물질적 소유보다 문화적 가치와 환경 보전에 더 큰 관심을 가지는 것을 말한다. 탈물질주의 가설은 산업사회에서 시간이 지날수록 탈물질적 가치가 확대된다고 본다.

잉글하트는 《선진 산업사회의 문화 변동》에서 1970년에서 1988년까지 26개국의 시계열 조사 자료를 통해 젊은 세대가 기성세대와 다른 가치와 문화를 지닌다고 주장했다. 그는 주로 종교적 신념, 노동 동기, 정치적 갈등, 아이와 가족을 대하는 태도, 이혼, 낙태, 동성애를 대하는 태도의 변화를 조사했다. 이 연구에 따르면 수십 년 동안 선진국에서 산업화가 진행되면서 경제적·기술적·사회적·정치적 변화로 선진국의 탈물질주의 문화가 확산되었다고 한다. 그러나 1990년 이후 조사에 따르면 탈물질주의 문화가 강했던 네덜란드와 스웨덴에서도 탈물질주의 가치의 선호도가 30퍼센트 이상을 넘지 않았으며, 어떤 시기에는 축소되었다. 특히 경제 불황 시기에는 물질적 관심이 높아지기도 했다. 탈물질주의 가치관은 시대에 따라 강화되기도 하고 약화되기도 한다. 이처럼 현재의 통계분석이 반드시 미래를 정확하게 예측하는 것은 아니다. 현재 나타난 결과가 미래에는 어떤 요인에 의해 반대로 나타나는 경우도 있다.

●

통계 뒤에
숨겨진 진실

경마장에서 도박사들은 어떤 경주마가 우승할지 예측하고 돈을 건다. 그들은 경주마의 경기 성적과 최근 정보를 수집하여 가장 빨리 달릴 것으로 예상되는 말을 선정한다. 하지만 어느 말도 100퍼센트 우승을 보장해주지 못한다. 단지 30퍼센트, 50퍼센트, 70퍼센트의 우승 확률만 말해줄 뿐이다. 가장 우승 확률이 높은 말을 택해도 성공하지 못하는 경우가 많다. 이처럼 확률은 가능성일 뿐이다. 최종 우승마는 아무도 알지 못한다. 하지만 우리는 더 높은 승률을 계산하기 위해 경주마의 성적을 기록한 과거의 통계를 살펴본다. 그러면 우리는 통계를 통해 미래까지 예측할 수 있는 걸까?

거짓말하는 통계

사회에 관한 연구에서 통계는 오래전부터 사용되었다. 1장에서 살펴본 것처럼 공식 통계를 이용한 대표적 연구로는 19세기 말 뒤르켐의 자살에 관한 연구가 유명하다. 공식 통계자료를 이용하는 연구의 장점은 가설을 설정하기 쉽고, 변수를 연결하여 서로 다른 집단의 특징을 비교하기 좋다는 데 있다. 과거와 현재를 비교하기 쉽다는 점에서 사회변동 추세를 이해하는 데 도움이 되어 사회통계는 미래 사회에 관한 예측에 활용되기도 한다. 그래서 공식 통계는 사회과학 연구에서 중요한 자료로 활용된다. 하지만 인간 행동에 관한 통계분석이 항상 정확한 것은 아니다. 통계분석 기법에 따라 완전히 다른 결과가 나올 수 있기 때문이다. 여기에서는 통계 오류 가운데 가장 문제가 되는 몇 가지 사례를 소개하고자 한다.

통계분석에서 기술적 문제에 중점을 두다가 중요한 개념적 문제를 등한시하는 경우가 있다. 예를 들어 실업률을 조사할 때 실업률의 기준이 무엇인지 명확히 설정하지 않는 경우가 그렇다. 지난 20여 년 동안 선진 산업국가에서는 실업률이 빠르게 증가했다. 평균 실업률이 5퍼센트를 웃돌며, 특히 독일, 프랑스, 에스파냐, 이탈리아는 10퍼센트 수준이다. 2008년 금융 위기 직후에는 경제협력개발기구(OECD, 이하 OECD) 국가 평균 실업률이 10퍼센트에 육박했고, 에스파냐와 이탈리아는 20퍼센트를 넘었다. 이에 비해 한국의 공식 실업률은 2008년 3.2퍼센트, 2010년 3.7퍼센트다. 실업률이 3퍼센트 수준이라면 거의 완전고용에 가깝다. 하지만 주위를 둘러보면 대학을 졸업하고도 취업이 안 된 청년이 너무 많아서 이 같은 통계 결과를 어떻게 보아야 할지 난감하다.

이 통계의 비밀은 한국 실업률 기준이 선진국과 다르다는 데 있다. 한국에서 '실업자'는 조사 대상 기간 일주일 가운데 수입을 목적으로 1시간 이상 일하지 않았으나 지난 4주 이상 적극적인 구직 활동을 했으며, 즉시 취업이 가능한 사람으로 정의된다. 그리고 경제활동인구, 즉 노동 가능 인구에서 실업자가 차지하는 비율을 '실업률'로 본다.

이러한 한국의 실업률 통계 기준에는 두 가지 문제가 있다. 먼저 한국에서는 일주일에 1시간만 일해도 실업자에서 제외된다.• 반면 미국에서는 일주일에 15시간 이상 일한 사람만 제외된다. 비슷한 예로 최근 각 대학에서 발표하는 졸업생 취업률도 취업자 기준을 '일주일당 18시간을 일하는 사람'으로 하기 때문에 거품이 많다. 이는 국민건강보험공단 데이터베이스에 기록된 고용 인구와 차이가 크다. 실제로 2010년 어느 대학은 취업률이 85퍼센트라고 발표했는데, 건강보험 자료를 살펴본 결과 40퍼센트 수준인 것으로 밝혀졌다. 둘째, 일반적으로 실업률에서 전업주부, 학생, 노인 등 구직 활동을 하지 않고 근로 활동 의사가 없는 사람, 즉 비경제활동인구를 제외하는데, 우리나라는 그 비중이 매우 높다. 특히 장기적인 실업 상태가 계속되면서 취업 의사를 포기하는 경우나 구직 활동을 하지 않는 취업 준비생, 국가고시 준비생을 실업률 산정 대상에서 제외하고 있다. 그러다 보니 취업 재수생, 삼수생이 늘어날수록 실업률은 외려 줄어든다. 이들은 소득이 매우 불안정한 영세 자영업자로 전직하는 경우가 많다. 우리나라 자영업자 계층은 25퍼센트가 넘어 외국보다 10퍼센트 이상 높다.

한국의 경제활동인구 조사는 약 3만 가구에 사는 만 15세 이상 인구를 대상으로 매월 15일이 속한 일주일간 경제활동 상태를 조사한다(미국은 6만 가구를 기준으로 조사한다). 통계청 산하 전국 21개 사무소 및 출장소에서 조사 요원 450명이 직접 대상 가구를 방문해 조사한다. 표본조사 기간인 일주일 동안 (1) 소득, 이익, 봉급, 임금 등 수입을 목적으로 주 1시간 이상 일한 사람, (2) 자기에게 직접 소득이나 수입이 없더라도 가구 단위에서 경영하는 농장이나 사업체 수입을 높이는 데 도움을 주는 가족 종사자로서 주당 18시간 이상 일한 사람, (3) 직장은 있으나 조사 기간 중 일시적 병, 일기불순, 휴가 또는 연가, 노동쟁의 같은 이유로 일하지 못한 일시 휴직한 사람을 취업자로 본다.

이러한 통계분석을 뒤집어서 생각해보면 어떨까? 실업률이 아니라 고용률을 한번 살펴보기로 하자. 고용률은 노동 가능 인구 가운데 취업자 비율을 말한다. 한국의 고용률은 2002~2007년에 63퍼센트에 머물렀다가 경제 위기를 겪은 뒤 2008년에는 59.5퍼센트, 2010년에는 58.7퍼센트로 떨어졌다. 이에 비해 한국과 실업률이 비슷한 영국의 고용률은 76퍼센트, 덴마크는 78퍼센트다. 실업률이 10퍼센트 수준에 달하는 이탈리아의 고용률은 51퍼센트, 프랑스는 62퍼센트, 독일은 64퍼센트다. OECD 국가 가운데 중위권 수준이 67~68퍼센트인 것을 감안하면 한국의 고용률은 낮은 편이다.

이렇게 실업률이 낮으면서 고용률도 낮은 것은 세계적으로 유례없는 일이다. 왜 그럴까? 먼저 비경제활동인구인 취업 준비생이 많기 때문이다. 달리 말하면 노동시장에 그들이 원하는 일자리가 없는 것이다. 그래서 청년 고용률은 50퍼센트를 밑돈다. 결국 실업 상태에 놓인 사람들이 비경제활동인구에 포함되어 실업률 산정 대상에서 빠지고, 노동계에서는 임시 일용직까지 포함해 넓은 의미의 실업률을 15퍼센트 수준으로 본다. 다른 한편으로는 여성 고용률이 낮다. 취업 의사는 있지만 직장을 구할 수 없어 어쩔 수 없이 집에 있는 전업주부도 실업률에서 제외된다. 실제로 2010년 여성 고용률은 47.8퍼센트로 OECD 평균 56.5퍼센트에 뒤처진다. 교육 수준이 높은 여성이 가정에 있는데, 실업률은 오히려 줄어드는 현상이 일어난다. 따라서 한국의 실업률에 관한 통계는 정확하지 않으며, 많은 사실을 은폐하고 있음을 알 수 있다.

모두를 위한 사회과학

킨제이 보고서의 결정적 오류

표본추출sampling 방법이 잘못되어 조사 결과 신뢰도에 문제가 생긴 사례를 살펴보자. 제2차 세계대전 이후 미국 생물학자 앨프리드 킨제이Alfred Kinsey는 인간 성행위에 관한 폭넓은 서베이를 실시하여 《남성의 성행위》와 《여성의 성행위》을 발표했다. 그는 누가 누구와 언제 어디서 성관계를 가졌는가에 대한 질문을 던지고는 사회학적 기술을 써서 이를 연구했다. 계급, 지역, 나이, 성의 상관관계를 조사했으며 다양한 성적 행동의 빈도를 측정했다. 이 가운데에는 동성애자에 대한 충격적 보고도 포함되었다. 응답자의 4퍼센트가 동성애자였고, 33퍼센트 이상이 동성애를 경험한 것으로 답했다.

하지만 킨제이의 연구에는 상당한 오류가 있었다. 표본추출이 객관적이지 못했고 선택 편향selection bias이 있었기 때문에 조사 결과를 일반화하기 어렵다는 점이었다. 킨제이가 선택한 조사 방법인 심층 면접에서 성에 관한 질문에 답하는 사람은 다른 사람보다 성에 개방적인 태도를 가질 가능성이 높았다. 성행위를 언급하는 대화 자체를 꺼리는 보수적인 사람은 처음부터 면접을 거부할 가능성이 컸다. 또 시대적 배경도 고려해야 한다. 1945년 전쟁 직후 미국 사회에는 과거보다 성적으로 개방된 분위기가 널리 퍼져있었다. 하지만 1950년대 중반 이후 사회가 안정되면서 많은 사람이 성행위에 훨씬 보수적인 태도를 보였다.

킨제이의 오류에서 볼 수 있듯이 통계분석에서 표본추출은 매우 중요하다. 대부분의 사회조사는 모집단이 너무 크기 때문에 한정된 수의 표본이 필요하다. 일반적으로 사회과학에서는 표본추출을 위한 방법으로 무차별random 표본추출, 계층별stratified 표본추출, 할당quota 표본추출을 사

앨프리드 킨제이와 그의 보고서
'성'이라는 주제가 금기시되던 20세기 중반에 킨제이 보고서는 사회에 큰 충격을 던졌다. 그의 책은 단숨
에 베스트셀러가 되었고 킨제이는 인디애나 대학교에 성 연구소를 설립했다. 하지만 제2차 세계대전이
일어난 이후 정치적 의혹과 협박 때문에 연구소는 거의 운영될 수 없었다.

용한다.

첫째, 무차별 표본추출은 편향 가능성을 줄일 수 있다. 수학 계산을 이
용하여 표적 집단target group에서 적절한 표본의 수를 선정한다. 이는 선
거 등록자, 학교 등록자, 교회 등록자, 잡지 구독자 목록 등을 이용할 수
있다. 둘째, 계층별 표본추출은 집단을 정확하게 각 계층, 층위에 따라
구분하여 표본을 설정한다. 성별, 연령, 지역 등 표적 집단을 각 범주별
로 구분하여 표본을 추출함으로써 표본과 모집단의 동질성을 확보하는
데 유리하다. 셋째, 할당 표본추출은 모집단이 지닌 특성의 비율에 맞추
어 표본을 추출하는 방법이다. 계층화된 표본보다 경제적이지만 면접자

모두를 위한 사회과학

편향 가능성이 크다. 예를 들어 10대 후반 청소년을 대상으로 하는 조사를 오전에 할 경우 응답률이 낮을 수 있다. 또한 여성의 소비 취향에 대한 조사를 오후 2시에 전화로 할 경우 직장 여성은 제외될 것이다.

범죄 통계의 숨겨진 진실

우리는 정부 통계의 범죄 발생률을 얼마나 믿을 수 있을까? 아마 별로 믿을 수 없을 것이다. 왜냐하면 경찰력의 규모와 성격, 사법 당국의 태도에 따라 범죄율이 얼마든지 달라질 수 있기 때문이다. 강력 범죄를 맡은 경찰 수가 늘어나면 강력 범죄 건수가 증가할 수 있다. 이런 상황에서 경찰의 보고는 정확하지 않을 수 있다.

반면에 경찰력은 향상되었지만, 이전과 비교하여 범죄 발생률이 달라지지 않는 경우도 있다. 특히 탈세, 횡령 등 사회 각 방면에서 지도적 위치에 있는 사람이 직무상 지위를 이용하여 저지르는 화이트칼라 범죄white collar crime의 경우, 노동자계급의 범죄보다 범죄 보고율이 낮다. 이러한 범죄는 '피해자 없는 범죄'라고 부르는데, 눈에 보이는 피해자가 없기 때문에 처벌이 약해지는 경우도 있다.

사법 당국은 대중적 관심이 큰 범죄는 단속을 많이 하는 반면 대기업 비리, 화이트칼라 범죄, 부정부패 등은 대수롭지 않게 여기기도 한다. 한국의 범죄 건수는 1999년 이후 계속 증가하여 2003년에 200만여 건이 발생했다. 2003년 기준으로 재산 범죄, 폭력 범죄, 강력 범죄 등 형법 범죄는 두 배 가까이 증가한 반면 도로교통법, 식품위생법, 병역법 등 특별법 범죄는 감소했다. 주로 절도, 폭력과 같은 하층계급 범죄가 많았다.

사회계층과 범죄율의 상관관계를 살펴보면 하층계급이 중간계급보다 범죄 발생률이 높은 경우가 많다. 그러나 유심히 살펴보면 대부분 수사기관이 화이트칼라 범죄보다는 절도나 강도에 집중한다. 절도나 강도와 달리 사기나 횡령 등 중간계급의 전문 분야 법률 위반은 제대로 밝혀내기도 어렵기 때문이다. 설령 범죄를 밝혀낸다 해도, 그들은 경제력을 바탕으로 변호사의 도움을 받아 기소와 실형을 피할 수도 있다. 그야말로 '유전무죄 무전유죄'의 결과가 나타나는 것이다. 또한 한국에서 형량을 결정하는 주요 요인은 피고인의 구속 여부와 피해자와의 합의 여부다. 판사는 수천억 원을 횡령한 재벌 회장은 도주할 것이라 생각하지 않지만, 1만 원을 훔친 노숙자는 언제든지 도주할 수 있다고 생각한다. 이렇게 화이트칼라 범죄는 많은 경우 통계에서 사라진다.

이처럼 공식 통계에는 자료 이면에 숨겨진 왜곡과 부정확성, 편향의 문제가 있을 수 있다. 범죄 현황은 정부의 공식 통계를 통해 파악하지만 통계 수집의 문제점을 사전에 고려해야 한다. 예를 들어 범죄 통계의 경우 일부 지역에서는 범죄 신고율을 고의로 낮출 수도 있다. 또한 강간과 같은 범죄는 피해자가 신고하지 않는 경우도 있기 때문에 신고율이 낮을 수 있다. 또한 숨겨진 범죄를 제대로 보고하지 않는 등 경찰의 수사 노력에 따라 보고에 차이가 있을 수 있다.

법률 규정의 변화에 따라 범죄의 정의가 달라지기도 하며, 새로운 법률이 제정되면 범죄 발생 건수가 증가하기도 한다. 한국에서는 1997년 가정 폭력 관련법과 2004년 성매매 특별법이 제정되면서 처벌 건수가 증가했다. 이처럼 공식 통계를 이용하는 경우에는 다양한 사회적 변화를 충분히 살펴보아야 한다.

미국은 1960년대 초부터 폭력 범죄가 갑자기 늘어나서 1980년대 말경에는 1960년대에 비해 80퍼센트 증가했다. 이러한 범죄 증가에는 두 가지 요인이 있을 수 있다. 먼저 범죄 행동이 자원과 보상의 균형화로 일어난다고 본다면, 하층계급은 취업과 보상에서 배제될 때 위험 부담이 있는 범죄 활동으로 보상받으려 할 가능성이 높다. 반면에 범죄를 징벌하는 정도에 따라 범죄 발생 빈도가 달라진다고 볼 수 있다. 예를 들어 창문을 깨는 사소한 범죄를 처벌하지 않으면 더 큰 범죄를 저지른다는 것이다. 이것은 미국 범죄학자 제임스 윌슨이 제시한 '깨진 유리창 이론broken window theory'이다. 누군가 유리창을 깨뜨렸을 때 집주인이 바로 수리하지 않고 내버려두면, 사람들은 나머지 유리창을 모두 깨뜨리거나 심할 경우 집에 불을 질러도 된다는 신호로 여긴다는 것이다.

1990년대가 되자 미국의 범죄율은 급격히 감소하기 시작했다. 경찰관을 늘려 범인 검거율을 높이고, 유죄 선고율을 높이며, 형량을 높이는 등 범죄 대처 비용을 높였기 때문이다. 이 시기에 뉴욕은 범죄율이 가장 높은 도시에서 가장 안전한 도시로 바뀌었다. 1994년 줄리아니 뉴욕 시장은 경찰관을 대폭 늘렸다. 1991년에서 2001년까지 뉴욕 경찰은 45퍼센트 늘어났다. 이는 미국 전체 평균의 세 배가 넘는 비율이었다. 1999년 내가 뉴욕에 갔을 때 모든 지하철역에는 경찰이 배치되어 있었으며, 도심에서는 기마경찰이 계속 순시했다. 으슥한 골목에서도 경찰의 말굽 소리가 들렸다. 또한 줄리아니 시장은 '무관용zero tolerance'을 주장하면서 사소한 범죄도 모두 단속했다. 구걸과 노상 음주뿐 아니라 지하철 무임승차를 하는 사람들까지 모두 잡아들였다. 뉴욕의 범죄율은 다른 도시보다 훨씬 많이 감소했다. 줄리아니 시장의 첫 임기가 끝날 때 뉴욕의 전체 범죄 건수는 40퍼센트, 살인 사건은 48퍼센트 감소했다.

한편, 일부 경제학자들은 1990년대 뉴욕에서 범죄율이 크게 감소한 것은 경제 호황으로 실업률이 감소된 결과로 보았다. 1990년대 클린턴 정부 시절 미국 경제는 정보 통신 산업의 호황으로 먹고살 만해서 사람들이 강도질을 해야 할 필요성을 느끼지 못했던 것이다. 그런데 시카고 대학교 경제학 교수 스티븐 레빗Steven Levitt은《괴짜 경제학》에서 독특한 주장을 펼쳤다. 그는 1990년대 미국의 범죄율이 갑자기 줄어든 이유로 1973년 미국 연방 대법원이 낙태를 합법화하는 판결을 했기 때문이라고 주장했다. 원치 않는 아이를 낳지 않음으로써 잠재적 범죄자가 미리 제거되었기 때문이라는 분석이었다. 반면에 존 롯John Lott은《프리덤노믹스》에서 사형제 부활과 범인 체포율 증가가 범죄율 감소에 더 큰 영향을 미쳤다고 반박했다. 이처럼 범죄율 감소라는 똑같은 사실을 놓고도 그 원인에 대한 설명은 저마다 다를 수 있다. 누구 주장이 더 옳은지 한번 곰곰이 따져볼 만하다.

선거 승패를 좌우하는 '숨은 표'

2010년 지방선거 결과를 두고 많은 사람이 혼란에 빠졌다. 언론사가 보도한 사전 여론조사 결과와 차이가 컸기 때문이다. 이에 여론조사를 비난하는 목소리가 쏟아졌다. 여론조사를 인용한 언론들은 일제히 '믿지 못할 여론조사'를 지적하고 '여론조사 무용론'을 제기했다. 여론조사 회사들도 당혹스러워했다. 많은 여론조사 전문가는 선거 결과를 제대로 예상하지 못했다고 인정했다. 과연 여론조사에는 어떤 문제점이 있는 것일까?

모두를 위한 사회과학

언론은 여론조사를 믿지 못하는 가장 큰 문제로 전화 조사 응답률이 약 10퍼센트 수준에 그친다는 점을 지적한다. 하지만 이는 통계를 보지 못하는 무지의 소치다. 세계적 여론조사 기관 갤럽Gallup의 편집장 프랭크 뉴포트Frank Newport가 《여론조사》에서 지적한 대로 낮은 응답률은 여론조사의 정확도에 영향을 미치지 않는다. 표본은 크기가 아니라 추출 방법이 중요하다. 선거 여론조사는 일반적으로 연령, 성별, 지역을 기준으로 표본을 구분하는 '할당 표본추출' 방법을 사용한다. 현재 전화번호 등재율이 60퍼센트 수준이지만 인구 통계학적 특성을 고려해 표본을 추출한 뒤 조사하기 때문에 통계상 신뢰도가 높다. 현실적으로 전화를 이용한 여론조사는 전 세계적으로 사용하는 보편적인 방법이다.

여론조사에 관한 두 번째 오해는 유선전화를 쓰지 않는 젊은 세대가 표본추출에서 배제되었을 것이라는 주장이다. 대부분의 선거 여론조사는 가정용 개인 인명부에 등재된 유선전화를 사용한다. 이 경우 응답자 가운데 평일 낮에 집에 있을 가능성이 높은 주부, 은퇴 노인, 무직자가 지나치게 많을 가능성이 크다. 반면에 젊은 세대와 직장인이 집에서 전화를 받을 확률은 매우 낮다. 하지만 이러한 문제점을 보완하기 위해 여론조사는 적게 응답한 연령대에 가중치를 사용해 보정한다.

2010년 지방선거의 최대 논란은 '숨은 야권표'였다. 민주당은 '숨은 표'가 10퍼센트에서 15퍼센트 정도 된다고 확신했다. 표현의 자유가 크게 위축되었기 때문에 '숨은 표'가 어느 때보다 위력을 발휘할 것이라 주장했다. 과연 그러한가?

독일 커뮤니케이션학자 엘리자베스 노엘레 노이만Elisabeth Noelle Neumann 은 《침묵의 나선》에서 주류의 의견과 반대되는 의견을 가질 경우 소수의

사람이 침묵하려는 경향을 설명하는 침묵의 나선 이론Spiral of Silence Theory
을 제시했다. 1982년 미국 캘리포니아 주지사 선거를 앞둔 여론조사에
서 흑인이었던 톰 브래들리Tom Bradley 후보가 앞서다가 실제 선거에서는
득표율이 낮게 나오는 현상을 지적한 '브래들리 효과'도 널리 알려져있
다. 이러한 이론을 인용하는 사람은 이명박 정부가 집권한 뒤 자신의 생
각을 자유롭게 말할 수 없는 사회적 분위기가 확산되었다고 지적한다.
실제로 검찰은 경제 위기를 두고 허위 사실을 유포했다는 혐의로 인터넷
논객 미네르바를 구속한 뒤 인터넷 정보 유통에 대한 강력한 수사에 착
수했다.

그러나 이 설명은 선거 결과를 거의 정확하게 맞춘 출구 조사의 예측
력을 설명할 방법이 없다. 전화 여론조사에서는 거짓으로 말하고 출구
조사에서는 진실을 말한다는 가정은 설득력이 없다. 문제는 다른 곳에
있다. 여론조사는 투표하기 전의 유권자를 대상으로 한 '의도 조사'인 반
면, 출구 조사는 투표를 마친 유권자를 대상으로 한 '결과 조사'기 때문이
다. 이번 선거처럼 여론조사 결과 공표 금지 기간(선거 6일 전)에 천안함
사건과 같은 '빅 이슈'가 발생하는 경우 조사 결과와 실제 당락이 맞지 않
을 수 있다.

최종적으로 2010년 지방선거에서 정당별 실제 득표율을 보면 한나라
당은 약 40퍼센트, 민주당은 약 35퍼센트를 얻었다. 투표 이전 조사에서
정당 지지도는 한나라당이 약 40퍼센트, 민주당은 약 25퍼센트였다. 수
치만 봤을 때 한나라당 지지자는 찍을 만큼 찍은 것이다. 한나라당 주장
처럼 "여론조사를 낙관한 여당 지지층이 안심하고 투표장에 가지 않았
다."는 말은 사실이 아니다. 반면에 민주당 지지율은 10퍼센트 정도 상

투표 결과를 지켜보는 시민들

2010년 지방선거 사전 여론조사에서는 여당 후보가 야당 후보를 크게 이길 것으로 집계되었다. 하지만 실제 투표함을 열어본 결과, 여당 후보가 근소한 표 차이로 서울 시장에 당선되어 여론조사의 신빙성에 의문을 남겼다.

승했다.

그러면 10퍼센트의 '숨은 표' 현상은 어떻게 설명할 수 있는가? 선거 이론에는 승자에 편승하려는 '밴드왜건 효과bandwagon effect'와 약자를 동정하는 '언더독 효과underdog effect'가 있다. 2008년 총선에서는 '밴드왜건 효과'가 컸던 반면, 2010년 지방선거에는 '언더독 효과'가 위력을 발휘했다. 이는 선거 이전부터 '안정적 국정 운영'보다 '정권 견제'가 중요하다고 응답한 여론조사와 일치한다.

과연 '숨은 표' 10퍼센트 유권자는 누구인가? 막판에 지지 정당을 바꾼 사람은 그리 많지 않아 보인다. 부동층 가운데 여당 지지자가 많은지,

야당 지지자가 많은지는 분명하지 않다. 오히려 '숨은 표'의 비밀은 바로 '적극적 투표 의사층'에 있다. 여론조사는 응답자가 투표장까지 가는 것을 전제로 하지 않는다. 단순하게 '지지 의사'를 묻는 것이다. 응답자 가운데 투표장에 가는 사람과 가지 않는 사람이 있다. 여론조사가 이것까지 알아낼 수는 없다. 이러한 점 때문에 '반드시 투표하겠다'고 밝힌 '적극적 투표 의사층'을 별도로 조사하는 방법을 사용한다. 결국 '숨은 표'는 숨은 표가 아니다. 그들은 여론조사에서 응답하지 않은 사람이 아니다. 아마도 무응답층 상당수는 투표장에 가지 않았을 것이다. '숨은 표'는 오히려 여론조사에서 응답한 사람들에게서 나온다. 2010년 지방선거에는 야당 성향 유권자가 더 많은 비율로 투표장에 나온 것이다. 이번 선거는 결국 적극적 지지층의 '점유율' 문제였다.

개인적인 이야기이지만 나는 선거운동 기간 동안 대학생들이 부재자 투표에 관심을 가지고 꼭 투표하겠다는 말을 들으며 뭔가 달라지겠다는 생각이 들었다. 실제로 출구 조사를 보면 젊은 세대의 투표율이 증가했다. 여론조사를 하지 못하는 막판 6일 동안 휴대전화 문자메시지와 트위터를 이용한 선거운동이 상당한 효과를 거둔 것으로 보인다. 결국 4대강 사업, 세종시 수정안을 비롯한 정부 정책에 반대하는 여론과 '천안함 사건'에서 느끼는 불안감이 선거 후반에 역풍을 만들어 젊은 세대와 중도 성향 유권자 사이에서 정권 견제론이 확산된 것으로 보인다.

여론조사에서 중요한 것은 수치의 결과가 아니라 해석이다. 여론조사가 오류인 것이 아니라 분석을 잘못한 것이다. 숫자는 거짓말을 하지 않는다. 다만 통계에 무지함으로써 해석의 오류가 생긴다. 5~7퍼센트 수준의 표본 오차를 고려하지 않은 채 단순 지지율이 1~2퍼센트 차이만

나는 상태에서 후보자 순위를 매기면 예측은 빗나갈 수밖에 없다. 다음으로 점유율에 영향을 주는 적극적 투표 의사층을 정확하게 파악하지 못하면 정확도가 떨어진다. 과거 투표 행위를 분석한 것과 다양한 시뮬레이션을 통해 유권자 성향을 정확하게 이해하지 않으면 단순 지지율은 최종 결과와 다를 수밖에 없다.

결론적으로 선거 여론조사는 결코 '무용'한 것이 아니다. 선거 기간 중 유권자의 태도 변화를 알 수 있는 유일한 수단이 여론조사다. 여론조사를 어떻게 해석하느냐가 여론조사 예측력을 높이는 데 관건이 된다. 유권자 응답이 투표로 연결되는 변수를 추론하고 여론조사에 나타나는 지지율을 재해석해야 한다. 변수로는 정당 소속감, 적극적 투표 의사층, 특별한 이슈를 대하는 태도 변화, 과거의 투표 행위 등을 고려해야 한다. 결국 여론조사는 수치가 아니라 추세로 읽어야 한다. 여론조사는 과학이 아니라 예술이다.

●

숫자를 분석하는
서로 다른 시각들

───────

통계분석은 심각한 오류를 범할 수 있지만 몇 가지 문제점만 유의한다면 매우 유용한 결과를 도출할 수도 있다. 통계분석 기법은 수십 년 전에 비하면 획기적으로 발전했다. 전자계산기를 이용한 통계학의 발전은 사회과학에 커다란 영향을 주었다. 사실상 통계를 쓰지 않는 사회과학은 거의 없을 정도다. 특히 미국 주요 사회과학 학술지에 실리는 논문들은 거의 통계분석을 이용한다. 통계 기술이 복잡하고 세련될수록 이전에 알지 못했던 사실을 새롭게 발견하기도 한다.

철도와 미국 경제성장의 상관관계

1950년대 이후 광범위한 시기의 엄청난 양의 통계자료를 활용하는 계량경제사cliometrics가 등장했다. 이러한 '새로운 경제 사학'은 과거와 다른 방법으로 경제사의 가설을 새롭게 검증했다. 대표적인 사례로 미국 경제학자이자 1993년 노벨 경제학상 수상자인 로버트 포겔Robert W. Fogel의《철도와 미국의 경제성장》을 들 수 있다. 그는 철도가 19세기 미국 경제 발전에 필수적인 역할을 했다고 보는 관점에 도전했다.

포겔은 경제성장이 철도에 의존하는 정도를 추정하기 위해 어떤 한 해의 실제 국민총생산GNP과 철도가 없다고 가정한 해의 가상 국민총생산을 비교하는 방법을 생각해냈다. 그는 철도가 가장 효율적으로 작용한 시점을 1890년으로 설정해 분석 대상으로 삼고, 그다음은 철도가 없었던 것으로 가정할 경우 예상되는 추가 비용을 수학적으로 계산했다. 그 결과 포겔은 "철도가 경제성장에 공헌하기는 했지만 혁명적·결정적으로 영향을 미친 정도는 아니었다. 주요 철도가 없었더라도 본질적으로 크게 다른 결과가 나타나지 않았을 것이다."라는 결론을 제시했다. 그는 경제성장이 소수의 거대한 혁신이 아니라 많은 기술적 변화의 집적에 의해 결정된다고 주장했다.

시간이 지날수록 통계 방법은 세련되고 정확해진 반면에, 일반인들은 통계를 이해하기 어려운 전문가의 영역으로 여기는 경향이 있다. 최근 한국에서도 비슷한 상황이 벌어지고 있다. 일부 학자들은 사회과학 자체를 수학과 통계 모델을 이용하는 경험적 조사로만 여기는 경향이 있다. 특히 경제학자들은 스스로가 정치적 신념에서 구속되지 않으며 다른 학문에 비해 최고의 분석적 통계 작업을 할 수 있다고 여기는 경우가 많다. 하지만 통계분석은 결정적 문제점을 지닌다. 상관관계를 밝히는 통계적 방법이 인과관계까지 설명하는 것은 아니다. 강한 상관관계가 필연적 인과관계를 함축하는 것은 아니며, 약한 상관관계가 인과관계가 없음을 함축하는 것도 아니다. 종속변수의 전체적인 변량이 단지 독립변수의 변량에 어떻게 양적으로 연관되는지 묘사하는 것으로는 인과관계를 설명할 수 없다.• 잘생긴 사람이 직장에서 일을 더 잘한다는 것을 밝힌 미국 경제학계의 실증 연구를 예로 들 수 있다. 잘생긴 사람이 외모 덕분에 일을 잘하는 것인지 그 인과관계를 파악하기는 어렵다. 잘생긴 외모보다 외모에서 생긴 자신감이 일의 능률을 높일 수 있다는 추론이 좀 더 인과적 설명이라고 할 수 있다.

부잣집 아이가 공부를 잘하는 이유는 무엇인가

통계분석의 한계를 잘 보여주는 다른 사례로 사회 계급과 교육에 관한 연구를 살펴보자. 부유한 가정 출신의 학생이 가난한 가정 출신 학생보다 학업성적이 우수하다면 경제적 능력이 학업성적에 영향을 미친다고 볼 수 있다. 하지만 경제적 능력이 어떻게 학업성적을 좋게 하는지에 관한 인과적 모델을 보여주는 것은 아니다. 학업성적에 영향을 미치는 요소는 경제적 능력 이외에 문화 등 다른 요소도 많다. 부르디외는 《재생산》에서 학교교육에서 학업 성과가 좋은 것은 부모가 얼마나 많은 '문화 자본cultural capital'을 가지는지에 따라 달라진다고 주장했다. 중간계급 부모는 다양한 언어를 사용할 능력이 있거나 음악과 미술에 관심이 많아 문화 자본을 갖춘 경우가 많다. 부르디외는 중간계급 부모가 가정에서 자식에게 문화 자본을 전수한다고 보았다.

서로 관계를 가진 변수 가운데 다른 변수에 영향을 주는 변수는 독립변수(independent variable)라 하고, 반대로 영향을 받는 변수를 종속변수(dependent variable)라고 한다. 예를 들어 수요가 증가할수록 가격이 높아진다면 수요는 독립변수가 되고 가격은 종속변수가 된다.

모두를 위한 사회과학

학교교육에서도 부유한 가정의 아이가 좋은 성과를 올리기에 유리하다. 학교에서 모차르트와 피카소를 배울 때, 입학하기 전부터 가정에서 고급문화에 관심을 가져온 학생과 그러지 않은 학생 사이에는 학습 능력의 차이가 생길 수 있다. 대중가요, 텔레비전 오락 프로그램, 컴퓨터 게임을 즐기는 부모를 둔 가정의 학생은 모차르트와 피카소를 가르치는 교육을 어려워하거나 싫증을 낼 가능성이 크다. 겉으로는 중립적으로 보이는 학교 시험과 평가에서도 가정교육이라는 요소가 간과되는 것이다. 교육 수준이 높은 부모의 영향을 받은 학생의 사회적·문화적 능력을 자연적 능력으로 간주한다면, 학업성적의 불평등을 당연하게 받아들이고 경제적 불평등을 합리화하게 된다. 이에 부르디외는 부와 권력을 가진 사람이 문화가 만드는 형식을 통제하고 권력을 가진 사람의 지위를 지속적으로 유지할 수 있다고 지적했다. 또한 지배 문화가 교육을 통해 지속적으로 재생산된다고 비판했다.

가정 문화도 학업 성취에 영향을 미치는 중요한 요인이다. 중간계급은 일상에서 자연스럽게 분석적 사고와 질문하는 법을 가르친다. 상층계급의 부모는 자녀와 대화를 자주 하고, 추상적 단어를 많이 사용한다. 이에 비해 하층계급은 대개 자녀에게 일방적으로 요구하는 표현을 쓴다. 미국 사회심리학자 리처드 니스벳Richard Nisbett의 《무엇이 지능을 깨우는가》를 보면 미국의 전문직 부모는 시간당 2,000단어를 말하지만 노동자계급 부모는 1,300단어만 말한다. 변호사, 의사 등 전문직 가정의 아이는 세 살이 되면 3,000만 단어를 듣는다. 중간계급 부모는 생후 6개월부터 책을 읽어주고, 아이가 책 속의 대상과 바깥세상의 대상을 연결해 사고하도록 가르친다. 또 책 내용을 분석하도록 가르치는데, 먼저 무엇인지 물어본 다음 이유를 물어보고 평가하도록 가르친다.

아동교육과 가정환경에 관한 연구는 초등학교 입학 이전의 아동이 어떻게 문화 자본을 가지게 되는지에 관심을 기울이는 것으로 확대되었다. 최근 유럽의 많은 나라에서 초등학교 이전 단계인 유아교육의 공적 역할을 강조하는 것은 중요한 의미를 지닌다. 노동자 가정의 경제 수준이 높아지고 무상교육이 확대되면 노동자의 자녀도 학업성적이 우수할 수 있다는 주장은 완전한 해결책이 아니다. 우리가 만약 부모의 경제적 능력과 학업 성과에 관한 통계분석만 살펴본다면 전혀 다른 결론에 도달할 수 있다. 그래서 통계를 이용한 양적 분석은 질적 분석을 통해 보완되어야 한다. 통계분석의 대상 규모와 방법의 복잡성을 이해하는 것뿐 아니라 통계분석의 결과를 해석하는 통찰력도 중요하다.

일제강점기에 한국 경제가 성장했다는 망언

일제강점기 한국의 경제 상황에 대한 연구에서도 비슷한 오류가 일어났다. 일본 교토 대학교 경제학과 교수 나카무라 사토루中村哲는 일본 식민지 지배가 전후 동아시아 신흥공업국의 경제 발전에 긍정적 영향을 주었다고 주장했다. 나카무라의 영향을 받은 서울 대학교 경제학과 교수 안병직은 1995년 전국 역사학 대회에서 〈한국에 있어서의 경제 발전과 근대사 연구〉를 발표했다. 그는 이 논문에서 일제강점기에 일본과 '협력 과정'을 통해 한국이 개발되었다는 결론을 제시했다. 따라서 일제강점기의 역사를 '침략과 저항', '수탈과 저低개발'로 보는 대신 '침략과 개발', '수탈과 개발'로 바꾸어 보아야 한다고 주장했다.

모두를 위한 사회과학

안병직은 일제강점기와 총독부가 남긴 자료를 정밀하게 분석하고 계량화해 종래의 '식민지 수탈론'을 비판했다. 그는 '통계 연구'와 '실증 연구'를 통해 자신이 '객관적 근거'를 제시한다고 주장했다. 과거 한국 역사학계가 일제강점기를 빈곤과 정체의 시기로 본 데 비해, 안병직은 빈곤하지만 동태적 시대로 파악했다. 그에 따르면 일제강점기의 국내총생산은 1912~1937년에 4.15퍼센트씩 성장했는데, 이는 같은 시기 세계 자본주의 제국의 성장률보다 훨씬 높다. 안병직은 높은 경제성장률의 원인을 일본 식민지 지배를 통한 화폐개혁, 재정 개혁, 토지조사사업이라고 보았다.

일제강점기에 일본은 사회 기반 시설을 건설해 화물 수송량이 1930년 594만 톤에서 1944년 3,102만 톤으로 증가했다. 또한 토지개량사업과 현대적 영농 방법을 활용한 산미 증식 계획을 통해 곡물 생산량이 45퍼센트 증가했다. 안병직은 과거 한국 역사학계가 1930년대에 군수공업만 불균형적으로 발전했다고 비판하던 '공업화'도 실제로는 '생산력 확충 부문'에서 주로 이루어졌다고 반박했다. 그는 일본과의 분업 체제가 발전하고 자본과 기술의 공급이 증가하면서 한국이 일본 경제에 통합되었으며, 결과적으로 무역과 공업 생산량도 증가했다고 강조했다.

통계를 활용한 안병직의 연구는 일제강점기에 착취만 있었다고 보는 '수탈론'의 시각을 벗어난 것이라 하겠다. 실제로 일제강점기에 자본주의 경제가 확대된 것을 부정할 수는 없다. 그러나 식민지 경제성장의 성과가 일본 침략 전쟁을 위해 이용되었다면 그러한 경우에도 개발과 현대화라고 할 수 있는가? 토지조사사업을 통해 토지 대부분은 일본인의 손에 넘어갔고, 수많은 조선인은 소작농에서 벗어나지 못했다. 이에 일본인과 조선인의 생활 수준 격차는 점점 커졌다. 더욱 중요한 문제는 식민지적 현대화의 본질을 자본주의경제의 성장만으로 볼 수 없다는 점이다. 현대화란 주권을 가진 국가, 민주적 정치과정, 자율적 발전을 전제로 한다. 이 경우 통계를 활용한 방법론이 문제라기보다는 현대화라는 역사 개념에 대한 정의와 식민지 시대를 바라보는 역사 시각의 문제가 더욱 크다. 역사적 사료와 통계에만 집착하여 역사 시기를 평가한다면 그 시기의 더 큰 의미는 제대로 볼 수 없다.

이처럼 통계는 직접적 관찰과 실험에서 얻을 수 없는 매우 유용한 결과를 만들 수 있지만 때때로 편협한 오류를 만들기도 한다. 통계를 경시하는 것도 문제이지만 통계를 맹목적으로 믿는 것도 잘못된 편향으로 치우칠 수 있다.

경제학자도 주식으로 거액을 날린다

통계가 가장 많이 사용되는 경제학에서 통계의 실패가 크다는 점은 역설적이다. 통계의 대가들도 경제 동향을 예측하는 데 참담하게 실패하는 경우가 많다. 1998년 '통계의 실패'가 세계경제를 발칵 뒤집었다. 미국 헤지펀드인 롱텀캐피털매니지먼트는 노벨 경제학상을 받은 머튼과 마이런 숄스Myron S. Scholes를 영입해 금융 드림팀을 만들었다. 그들은 첨단 물리학과 통계 지식을 이용해 과거의 자료에서 완벽하게 미래를 예측할 수 있는 모델을 개발했다. 투자에 따른 위험도 과학적으로 관리할 수 있다고 자신하며, 자기자본의 30배를 빌려 투자했다. 통계의 예측 능력을 믿고 과감하게 베팅을 했던 것이다. 하지만 전혀 예상하지 못한 러시아의 모라토리엄moratorium, 지급유예이 일어나면서 드림팀은 한순간에 파산하고, 미국 정부가 나서서 금융시장을 수습해야 했다.

뉴욕 월스트리트의 금융이 점점 발전하고 있지만 금융시장을 완벽히 예측하는 것은 사실상 불가능하다. 이는 금융시장에 굉장히 많은 투자자가 참여하기 때문이기도 하지만, 투자자가 반드시 수학모델처럼 합리적으로 행동하지 않고 비합리적 행위에 몰두하는 경우가 많기 때문이다. 이는 금융시장에서 투기 붐과 거품의 붕괴가 반복해서 일어나는 이유이기도 하다. 세계경제가 롤러코스터처럼 요동치고 있지만 주류 경제학 이론은 시장이 균형을 유지하고 세계가 안정을 추구한다고 맹목적으로 믿었다. 이러한 경제학 이론은 사람들이 지니는 비합리적 성향을 간과했다.

18세기 영국 경제학자 애덤 스미스 이후 전통적인 경제학은 자유 시장경제의 장점을 굳게 신뢰했다. 특히 지난 30년간 미국과 영국 같은 자본주의 종주국뿐 아니라 러시아, 중국, 인도와 같은 사회주의 전통이 강한 국가에서도 자유 시장경제의 혜택을 강조하는 이론이 큰 인기를 얻었다. 스미스에 따르면 시장경제는 기본적으로 안정성을 추구하며 '보이지 않는 손'이 작동하므로 정부가 시장에 개입할 필요가 없다. 오히려 정부가 개입하면 시장이 제대로 작동할 수 없다. 그러나 스미스의 이론은 시장경제에 다양한 일이 벌어지는 이유를 설명하지 않는다.

1930년대 영국 경제학자 존 메이너드 케인스John Maynard Keynes는 인간의 비합리적 본성을 가리키는 '야성적 충동animal spirits'이라는 개념을 처음 사용했다. 그는 1929년 대공황이 사람들의 비관과 낙관, 회복기의 심리 변화에 의해 생겨나고 소멸되었다고 보았다. 금융시장의 변동성이 너무 큰 것도 이 때문이었다. 2008년 미국발 금융 위기를 만든 서브프라임 모기지 투기 열풍도 비슷한 사례다. 그래서 경제학자들은 "주가 예측은 신도 어렵다."고 말한다. 인간 사회에서는 예측할 수 없는 일이 너무 많이 일어난다.

사회과학의 또 다른 방법,
현지 조사와 실험

사회에 관한 모든 연구가 반드시 계량적 사회조사를 활용하는 것은 아니다. 사회에 관한 과학적 연구는 사회조사를 이용한 양적 분석과 함께 심층 면접과 참여 관찰을 통한 질적 분석의 방법을 이용할 수 있다. 과학은 평균 개념을 가지고 연구하는데, 그 개념이 너무 일반적이어서 각 개인의 생애가 지니는 주관적 다양성을 제대로 다루지 못한다.

함께 살아봐야 알 수 있다

참여 관찰은 연구자가 연구 대상인 개별 집단 또는 공동체에 직접 참여하여 관찰하는 연구 방법을 말한다. 양적 분석과 질적 분석 가운데 한 방법을 선택하는 경우도 있지만, 두 방법을 동시에 실행하는 경우도 있다. 연구 과제의 성격과 조사 대상의 상태에 따라 다양한 조사 방법을 고려할 수 있다. 또 연구자의 재정 상태, 조사 기술의 수준에 따라 조사 방법을 현실적으로 고려해야 한다. 광범위한 대상에 대한 서베이는 대체로 막대한 재정이 필요하며, 참여 관찰을 하기 위한 현지 조사는 상당히 오랜 시간이 필요한 경우가 많다.

참여 관찰은 주로 인류학의 현지 조사에서 시작되었다. 최초로 현지 조사를 실시한 사람은 앞서 설명한 말리노프스키다. 19세기 인류학자들은 직접 현지 조사를 하지 않았다. 식민지 선교사, 공무원, 상인의 보고서와 기행문을 읽고 자신의 이론적 틀에 맞추어 설명했는데, 영국의 저명한 인류학자 제임스 프레이저James Frazer가 민족학·고전문학 자료를 정리하여 종교의 기원과 진화의 과정을 밝히려 한 《황금 가지》가 대표적 저술이다. 이러한 부류의 인류학자를 '안락의자 인류학자'라고 한다. 말리노프스키는 19세기 인류학과 완전히 다른 새로운 방법론으로 현대 인류학을 탄생시킨 학자로 평가받는다.

런던정치경제대학교에서 민속학과 사회학을 공부한 말리노프스키는 1914년 우연히 뉴기니 근처의 섬에서 생활할 기회가 생겨 그곳에서 행한 참여 관찰을 바탕으로 박사 학위논문을 작성했다. 1915년 그는 다시 트로브리앤드 섬을 조사할 계획을 세우고 현지 언어를 배우면서 2년 남짓한 기간 동안 참여 관찰을 했다. 마을의 추장 저택 부근에 천막을 치고 살면서 보고서와 일기를 쓰는 등의 현지 조사를 통해 그는 위대한 인류학적 업적을 남겼다. 말리노프스키는 《서태평양의 항해자들》을 집필한 뒤 1927년 그의 모교인 런던정치경제대학교에 세계 최초의 인류학 교수로 취임했다.

미국에서는 인류학자 프란츠 보애스●가 에스키모와 생활하며 기록한 현지 조사가 유명하다. 보애스의 제자였던 여성 인류학자 마거릿 미드 Margaret Mead는 《세 부족사회에서의 성과 기질》에서 '사회적으로 인정되는

모두를 위한 사회과학

남녀 차이는 과연 기질적으로 타고나는 것인가'라는 질문을 던졌다. 미드가 1931~1933년에 뉴기니의 세 마을에서 성과 기질에 대한 현지 조사를 통해 얻은 답은 그렇지 않다는 것이었다. 이 책에 나오는 아라페시, 문두구머, 챔블리 등 세 이웃 부족은 신기하게도 남성과 여성의 특질을 규정하는 방식이 매우 달랐다. 특히 챔블리 부족의 경우 남녀 사이의 주도적 지위가 일반 사회의 기준과 달리 뒤바뀌어있었다. 미드는 수동성, 민감함, 아기를 귀여워하는 마음 등을 딱히 여성적 기질이라고 단정할 수 없으며, 공격적이고 추진력이 강한 것을 남성적 기질이라고 단정하기도 어렵다고 지적했다. 이러한 남성과 여성의 성적 기질과 태도에 관한 연구는 부족사회에서 함께 살며 장기적으로 체류하지 않으면 제대로 알기 어렵다.

현대 사회학자들도 참여 관찰 방법을 많이 사용한다. 최근 미국 사회학자 수디르 벤카테시Sudhir Venkatesh는 《괴짜 사회학》에서 통계와 연구실에서 벗어나 시카고 거리에서 빈민층의 생활을 조사했다. 그는 어두운 도시 구석에서 마약상, 무단 입주자, 성매매 여성, 포주, 사회운동가, 경찰, 주민 대표, 공무원과 어울리며 도시의 참모습을 관찰했다. 그는 도시 빈민가의 공동체를 움직이는 무법 시스템을 탐구했다. 참여 관찰에서 결정적 요소는 조사 접근성을 확보하기 위해 연구 대상자와 신중하게 협상하는 것이다. 연구자는 자신만의 신뢰할 만한 사람bona fides을 확보해야 한다. 연구자는 때때로 자신의 신분을 숨기기도 하지만, 대개 연구 대상

프란츠 보애스(Franz Boas, 1858~1942) 인종, 문화, 언어에 관한 선구적인 연구로 '현대 인류학의 아버지'라고 불린다. 미국 인류학의 첫 번째 세대며, 문화상대주의를 강조한 인류학자다.

인 사람들과 공개적이고 서로 신뢰하는 관계를 만든다. 자료는 충분한 설명을 담은 노트 기록으로 남긴다. 이 경우 양적 분석보다 질적 분석을 주로 하는데, 자료는 선택·추상화·일반화 과정을 거쳐 연구 결과로 만들어진다.

사회과학은 현지 조사처럼 연구 대상의 자유로운 일상을 관찰하는 데 그치지 않고, 엄격하게 제한된 상황에서 실험하기도 한다. 일반적으로 실험은 자연과학을 조사하는 데 활용되지만 종종 사회심리학에서도 활용된다. 1971년 미국 스탠퍼드 대학교 심리학 교수 필립 짐바르도Philip Zimbardo는 감옥에서 죄수와 간수의 역할에 관한 '스탠퍼드 감옥 실험'을 실시한 것으로 유명하다. 짐바르도는 실험에 참여한 대학생들에게 간수와 죄수의 역할을 무작위로 정해준 뒤 각 역할자의 행동을 몰래카메라로 관찰했다. 그런데 놀라운 일이 벌어졌다. 간수 역할을 맡은 대학생들이 죄수 역할을 맡은 대학생들을 마구 학대했던 것이다. 그들은 옷을 벗기고 몸수색을 하는 등 정신적 고문을 가했다. 반면에 죄수 역할을 맡은 대학생들은 수동적인 태도를 보이며 순응했지만 이따금 저항하는 경우도 있었다. 시간이 지나면서 간수 역할을 맡은 대학생들이 죄수 역할을 맡은 대학생들에게 너무 잔인하게 행동해 죄수 역할을 맡은 학생들이 고통스러워하면서 실험은 중단됐다. 이 실험은 일정한 상황에서 각기 다른 권력을 가진 인간의 행동 변화에 관한 연구로 많은 관심을 끌었다.

역사 속으로 여행을 떠나다

사회에 관한 연구에서 설문지, 면접이나 참여 관찰을 할 수 없는 경우도

모두를 위한 사회과학

있다. 바로 과거의 시대를 연구하는 경우다. 과거에 일어났던 사실을 역사적으로 분석할 때는 과거의 역사 기록을 주로 이용해야 한다. 때로는 수백 년 전의 역사 기록과 자료를 도서관과 박물관 사료에서 찾아 이용한다. 이러한 역사 연구는 시간의 흐름에 따라 변화하는 추세를 분석할 수 있다.

푸코는 정신병원, 성, 감옥에 관한 연구로 유명하다. 그는 《성의 역사》에서 성을 다룬 담론을 분석하고 권력이 성을 지배한 과정을 역사적으로 탐구했다. 푸코는 특히 영국 빅토리아 시대에 성에 관한 의학적·과학적 지식이 등장하면서 이것이 인간의 성적 행동과 태도, 의식을 통제하는 역할을 했다고 보았다. 당시의 의학적 지식은 동성애, 변태 성행위, 자위행위 등을 비자연적·병리학적 현상으로 취급했다. 푸코는 비합리적·종교적 성 억압이 합리적·과학적 성 지식으로 전환되는 과정에 대해 자세히 연구했다. 또한 과학적 지식이 어떻게 권력을 얻는지 조사하면서 지식과 권력의 관계에 관한 문제도 제기했다.

한국에서도 조선 시대 가족에 대해 연구하기 위해서는 호적, 족보, 계약서, 서신 등 다양한 역사 자료를 이용한다. 이를 통해 우리는 조선 초기와 중기까지만 해도 조선의 가족제도에서 가부장제가 그다지 강하지 않았음을 알 수 있다. 조선 시대 《경국대전經國大典》에 있는 재산 분배와 상속에 관한 규정을 보면, 재산을 상속할 경우 본처 소생일 때 장남에서 혼인한 딸에 이르기까지 모두 똑같이 나누도록 규정하고 있다. 또한 재산을 골고루 나누는 것처럼 제사 역시 딸과 아들, 장남과 차남의 구별 없이 똑같이 나누어 지냈다. 조선의 유명한 유학자 율곡 이이의 집안에 보관된 문서를 보면 이이는 외할머니로부터 서울의 기와집과 노비, 전답을 받는 대신 외할머니의 제사를 맡아 지냈다. 족보도 성별 구별 없이 기재해 사위, 외손도 족보에 올랐다. 혼인을 하면 여자 집에서 혼례를 올리고 자식이 성장할 때까지 생활한 다음 남자 집으로 이사했다. 이이가 성장한 강릉 오죽헌도 신사임당의 시댁이 아니라 친정이었다. 신사임당은 사대부 집안의 현모양처로 알려져있지만, 사실은 19세에 결혼해서 38세가 돼서야 시집살이를 하기 위해 서울로 왔다.

사회에 관한 연구에서는 역사 자료 이외에도 다양한 2차 자료를 이용한다. 주로 공식 통계와 이미 출판된 연구 자료를 널리 이용하거나 연구 대상의 일기와 개인 자료를 이용한다. 공식 기록은 언론 보도, 단행본, 소설, 전기, 자서전이 포함된다. 2차 자료를 이용할 때 장점은 비용과 시간을 절감하고, 사용이 쉬우며, 다른 기간과 비교할 수 있다는 것이다. 그러나 정확성과 객관성이 부족할 수 있으므로 조사 목적에 맞는지 반드시 확인해야 한다. 조사를 하는 해당 시점에 공식적으로 출판된 자료 이외에도 개인의 비공식 노트와 기록을 활용하기도 한다. 1980년 영국 역사가 토니 애시워스Tony Ashworth는 《참호 전투 1914~1918》에서 제1차 세계대전 당시 전선의 참호를 연구했다. 그는 독일과 영국 사병들의 일기에서 크리스마스 기간에 축구 경기를 한 기록을 발견해 전쟁 중에도 적군과 접촉한 사실이 있었음을 밝혀냈다. 이와 같이 공식 자료에서 알 수 없는 내용을 비공식 자료에서 확인하는 경우도 있다. 앞서 보았듯이 조선 시대에 양반 가문은 족보를 발간했는데, 이는 정부 공식 자료는 아니지만 개인의 거주지와 관직뿐 아니라 결혼과 입양 같은 가족 관계를 이해하는 데 많은 도움을 준다.

사회 네트워크를 분석하다

최근 사회학자들은 개인과 사회집단의 연결 망인 사회 네트워크에 큰 관심을 쏟는다. 사회 네트워크는 각각의 개인이 가족, 친족, 친구 관계, 금융거래, 신뢰, 지식, 성관계 등 다양한 유형으로 서로 연결된 사회구조를 분석한다. 1장의 그래노베터의 취업 연줄 망 연구에서 볼 수 있듯이 사회 네트워크 분석은 유행병, 정보관리, 기술 전파, 기업 간 관계, 비공식적 인간관계 같은 다양한 사회관계의 특징을 조사하는 데 유용하다.

1967년 하버드 대학교 심리학 교수였던 스탠리 밀그램Stanley Milgram은 인간의 상호 연결성에 대한 매우 유명한 연구를 발표했다. 밀그램은 미국에 사는 두 사람의 '거리distance'를 알아내려고 했다. 그는 무작위로 선택된 두 개인 사이를 연결하려면 그들 사이에 얼마나 많은 지인이 필요한지 실험했다. 위치토, 오마하, 네브래스카 등에 사는 주민 가운데 무작위로 선정한 사람들에게 편지를 보내 목표 인물에게 우편물이 도착할 수 있게 전해달라고 부탁했다. 편지에는 목표 인물의 사진, 이름, 주소, 기타 정보가 포함되어 있었다. 놀랍게도 총 160개 편지 가운데 42개가 목표 인물에게 성공적으로 전해졌다. 이때 편지가 전달된 중간 단계 사람 수를 계산해보니 평균 5.5명이었다. 여기에서 여섯 단계만 거치면 사람들이 서로 연결된다는 그 유명한 '6단계 분리 이론'이 나왔다. 흥미롭게도 밀그램은 '스탠퍼드 감옥 실험'을 실시한 짐바르도의 고등학교 친구다.

사회과학자들은 인간의 다양한 사회 활동에서 영감을 얻을 수 있다. 그들은 정부 공식 통계나 대중의 목소리뿐 아니라 예술가가 표현한 것에서도 배울 수 있다. 1936년 미국 사진작가 도로시아 랭Dorothea Lange이 찍

도로시아 랭, 〈이주 노동자의 어머니〉, 1936년
지쳐 보이는 한 여인과 그녀를 둘러싼 세 아이의 모습을 통해 캘리포니아 이주민들의 고단한 삶을 가늠할 수 있다. 다큐멘터리 사진작가인 랭은 사진을 통해 공황기의 이주 노동자와 그 가족들의 참상을 대중에게 알렸다.

은 사진 〈이주 노동자의 어머니〉는 대공황의 실상을 기록한 사진으로 유명하다. 시름에 겨운 듯 어두운 표정의 어머니 몸에 어린 두 아이가 고개를 돌린 채 기댄 모습은 많은 사람에게 깊은 울림을 주었다. 이 사진은 당시 대공황으로 고통을 겪었던 캘리포니아 이주 농민들의 어두운 표정을 보여준 사실주의 사진으로 평가받는다. 랭은 농민의 구제와 정착을 추진하는 미국농업안전국FSA 산하 사진단에서 활동하며 농촌의 비참한 상황을 사진으로 담아 세상에 알렸다. 이 사진은 단순히 사실을 보여주는 한 장의 사진에 그치지 않았다. 이는 대공황 당시 루스벨트 정부가 적극 나서서 절망적인 농촌을 구제하기 위한 각종 제도와 정책을 추진하는데 커다란 영향을 주었다. 사진과 동영상은 활자 매체와 달리 영상 이미

모두를 위한 사회과학

지를 제공할 수 있으며 인류학, 역사학, 지리학 등 다양한 사회과학 연구에도 활용될 수 있다. 최근에는 사진과 영상 자료를 활용한 사회과학 논문도 출간되고 있다.

한 사회를 제대로 이해하기 위해서 다른 사회와 비교하는 방법이 널리 사용된다. 모든 사회현상이 비교의 의미를 지니기 때문이다. 다른 사회를 이해하려는 시도는 자신이 사는 사회를 더 잘 이해하는 방법이 될 수도 있다. 서로 다른 사회를 비교하는 방법으로 유사점을 찾는 경우도 있으며, 서로 다른 특수한 요소가 존재하는 이유를 설명하는 경우도 있다. 그런데 이때 다른 사회를 자신이 속한 문화를 기준으로 판단하는 자민족 중심주의의 오류가 생길 수 있다. 실제로 문명, 합리성, 진보에 대한 관념은 서유럽의 독특한 역사적 맥락에서 생겨난 것이다. 오늘날 대다수의 사회학자와 인류학자는 다른 문화의 차이를 이해하기 위해 문화상대주의 관점을 이용한다. 서로 다른 문화가 생성하고 발전하는 과정을 체계적으로 이해하는 것은 현대 사회과학의 중요한 과제다.

우리는 늘 다른 곳을 생각하자.

― 몽테뉴

세상은 넓고
사회와 문화는 다양하다

1896년 4월 1일 대한제국의 특명 전권공사 민영환은 러시아 황제 니콜라이 2세의 대관식에 참석하기 위해 제물포 항에서 배에 올랐다. 명성황후가 일본의 낭인에게 시해당한 뒤 대한제국은 러시아 정부와 급속도로 가까워졌다. 그러던 가운데 때마침 고종은 러시아 황제 대관식에 민영환, 윤치호, 김득련을 포함한 대관식 사절단을 파견하기로 결정했다. 민영환 일행은 중국과 일본을 거치고 태평양을 건너 캐나다와 미국을 횡단했다. 이어 대서양을 건너 영국, 아일랜드, 네덜란드, 독일, 폴란드를 거쳐 러시아에 도착했다. 그 과정에서 그들은 현대화를 추진하던 서구 열강의 도시를 두루 살펴보며 그 발전상을 보고 큰 충격을 받았다.

까치발을 한 가녀린 여자를 학대하다니

민영환의 여정은 한국 역사상 최초의 세계 일주였다. 매일 치밀하게 일정을 기록한 민영환의 기록문은 6개월 21일 동안 11개국을 순방한 결과물이었다. 민영환은 대한제국이 청나라의 속국이 아닌 자주국임을 전 세계에 알리는 외교사절일 뿐 아니라 선진 문물을 대한제국에 소개하는 역할을 했다. 갓을 쓰고 도포를 입은 전통적 엘리트였던 민영환이 겪은 근대적 체험은 매우 다양하고 흥미롭다.

민영환은 《해천추범海天秋帆》에서 은행, 사진기, 엘리베이터, 기차, 전차, 전화, 철도 교량, 구름다리, 터널, 지하철, 분수대, 기선, 호텔, 망원경, 공원, 성당, 학교, 공장, 경찰, 천문대, 시베리아 철도 같은 근대 문물을 기록으로 남겼다. 그뿐 아니라 에르미타주 미술관, 도서관, 극장 등에서의 다양한 문화 체험도 소개했다. 그해 6월 러시아에 도착한 민영환의 수행원 김득련은 귀국한 뒤 《코리언 리포지터리The Korean Repository》에 러시아 궁중 연회에서 보고 느낀 충격을 다음과 같이 서술했다.

> 이상한 색깔이지만 눈 하나는 시원한 서양의 요조숙녀들. 어찌 그리 요란한 옷을 입고 있는가? 내 얼굴이 잘생겨서일까, 아니면 남녀칠세부동석을 몰라서일까? 거침없이 군자의 옆자리에 다가와 재잘대누나. 양반네 잔칫상에 웬 쇠스랑과 긴 칼이 나오는가? 입술이 찢기지 않으면서 접시의 물건을 입에 넣는다는 것은 참으로 고역이구나. ……청중이 모인 자리에서 웬 신사가 목살에 힘줄이 돋을 정도로 소리를 지르니 모두 그를 우러러보더라. 벌거벗은 것이나 다름없는 소녀가 까치발을 하고 빙빙 돌며 뛰기도 하고 멈추기도 하는데, 가녀린 낭자를 학대하다니 서양 군자들은 참으로 짐승이구나.
>
> ─민영환·조재곤 편역, 《해천추범: 1896년 민영환의 세계 일주》

이처럼 머나먼 조선 땅에서 온 고관은 궁중 연회의 즐거움을 전혀 느끼지 못했다. 러시아 테너의 노랫소리와 젊은 무용수의 발레는 이방인에게는 똑같은 감흥을 주지 못했다. 문화가 달랐던 것이다.

젓가락으로 밥을 먹는 일본, 숟가락으로 밥을 먹는 한국

인간 사회의 문화는 매우 다양하게 발전했다. 산업사회와 부족사회는 다른 경로로 발전한 사회다. 서양 사회와 동양 사회도 그렇다. 동양 사회 내에서도 한국과 가까운 중국과 일본에 가보면 서로 비슷하다는 느낌이 들지만 다른 점도 많이 보인다. 유럽에서는 식사할 때 주로 손을 사용했고 16세기부터 포크와 나이프를 썼다. 반면에 동아시아의 한국, 중국, 일본 세 나라는 모두 숟가락과 젓가락을 사용했다.

동아시아의 식사 문화에도 차이가 있다. 중국에서는 주로 젓가락을 사용한다. 음식을 집을 때뿐 아니라 밥을 먹을 때도 젓가락을 쓴다. 밥그릇을 입에 대고 젓가락으로 밥을 쓸어 담듯이 먹어도 식사 예절에 어긋나지 않는다. 숟가락은 국을 떠먹을 때만 쓴다. 일본에서도 젓가락으로 모든 음식을 집어 먹을 수 있다. 일본의 식사 문화에서는 아예 숟가락을 사용하지 않고, 국은 국그릇에 입을 대고 마신다. 하지만 한국에서는 중국이나 일본과 달리 항상 숟가락과 젓가락을 함께 사용한다. 숟가락으로 밥과 국을 먹고 젓가락으로 반찬을 먹는다. 중국처럼 밥그릇을 들고 먹거나 일본처럼 국그릇을 들고 마셔서는 안 된다. 어떻게 보면 아주 작은 차이 같지만 세 나라의 식사 예절은 문화 차이를 보여주는 흥미로운 사례다.

같은 유교 문화권인 중국과 일본에서는 조상에게 올리는 제사를 거의 지내지 않지만 한국에는 제사 문화가 있다. 유럽인 가운데 내세가 있다고 믿는 사람은 20퍼센트도 안 되지만, 미국인 가운데 내세를 믿는 사람은 80퍼센트에 육박한다. 이러한 모든 차이는 넓은 의미에서 다른 사회와 구별되는 문화 차이 때문에 생긴다.

문화 차이로 인해 어떤 사회에서는 정상인 행동이 다른 사회에서는 비정상으로 보인다. 유대인은 쇠고기는 먹지만 돼지고기를 안 먹고, 힌두교도는 돼지고기는 먹지만 쇠고기를 안 먹고, 한국에서는 개고기를 먹지만 양고기와 말고기는 거의 안 먹는다. 프랑스인은 개고기를 안 먹지만 비둘기와 달팽이는 먹는다. 이처럼 음식 문화에도 큰 사회적 차이가 존재한다.

20세기 초 새로운 인류학자들은 서로 다른 사회의 문화 차이를 주목했다. 보애스는 고층 건물과 네온사인이 번쩍이는 도시가 아닌 이글루에서 사는 에스키모의 생활을 자세히 기록했다. 보애스는 산업사회와는 전혀 다른 부족 생활을 하는 사람들과 함께 생활하며 문화에 관한 새로운 관점을 제기했다.

에스키모 부족은 내가 여행하는 동안 나의 동반자였으며, 그들의 행운이 나의 행운이었다. 내가 에스키모의 친절함을 알게 된 것도 바로 이때였다. 나는 종종 우리 사회가 야만족 사회보다 어떤 장점이 있는지 나 자신에게 물었다. 내가 그들의 습관을 더 많이 알수록 나는 우리가 그들을 얕잡아볼 아무 권리도 없다는 것을 깨달았다. 나에게 이 여행의 가장 중요한 결과는 문명화된 개인이라는 관념이 단지 상대적일 뿐이며, 한 사람의 가치

는 그의 가슴 따뜻함으로 평가되어야 한다는 생각을 더 강하게 만들었다
는 점이다.

보애스는 원주민의 생활을 관찰하면서 독특한 문화가 어떻게 유지되
는지 이해하려 했다. 이러한 연구를 통해서 그는 인간 문화에 서열을 매
기지 말아야 하며, 다양한 문화를 있는 그대로 묘사하고 비교해야 한다
고 주장했다. 또 그는 서양 학자들이 다른 사회에 자신의 기준을 일방적
으로 적용하고 설명하려는 것은 오류일 뿐 아니라 오만하기 짝이 없는
태도라고 비판했다. 보애스는 문화상대주의를 주장하면서 한 문화가 다
른 문화에 적용되는 절대적 기준은 없다고 보았다. 에스키모나 북아메리
카에서 부족 생활을 하는 사회는 서구 사회와 '다른 사회'일 뿐이며 이 세
상에 더 우월한 사회는 없다.

《슬픈 열대》, 인간을 야만과 문명으로 구분할 수 있는가

레비스트로스는 브라질을 방문한 뒤에 쓴 《슬픈 열대》에서 '문명'과 '야
만'을 구분하는 서구인의 사고방식을 부정했다. 그는 19세기 유럽 사람
들이 다른 대륙에 사는 사람들의 생활을 야만으로 규정하는 것을 날카롭
게 비판했다. 실제로 유럽 사람들은 원주민들의 생활 방식 가운데 자신
들과 다른 점을 과장해 그들이 얼마나 이상하고 열등한 윤리를 지니는지
보여주려 했다. 식인 풍습을 소개한 것이 대표적이다. 하지만 레비스트
로스는 원주민의 식인 행위가 배가 고파 인육을 먹는 것이 아니라 영혼
과 육신을 일치시키려는 종교적 동기에서 행해진 것이기에 서구인의 시

클로드 레비스트로스

프랑스의 유명한 인류학자로 구조주의 인류학을 발전시켰다. '인간의 사회관계와 행동 양식을 규정하는 틀로서의 구조'라는 새로운 개념을 제시했다. 구조주의 시각을 통한 친족, 신화에 관한 연구로 유명하다.

각에서 야만적 행위로 보는 것은 옳지 않다고 주장했다. 식인 풍습이 문명 행위는 아니지만 수백만 명의 유대인을 가스실에서 처형한 대학살이나 수십만 명의 민간인을 한꺼번에 죽음으로 몰아넣은 원자폭탄을 투하한 행위가 더 잔혹한 것이 아니냐고 반문할 수 있다.

레비스트로스는 현대 서구인들의 사회처럼 진보적이고 발명과 업적을 중시하는 사회를 '과열된 사회 또는 동적 사회'라고 부른다. 그리고 종합적 재능과 호혜성에 입각한 인간적 교환이 반복적으로 지속되는 사회를 '냉각된 사회 또는 정적 사회'라고 부른다. 과열된 사회는 증기 엔진처럼 에너지를 만들고 소비하며 개인과 집단의 갈등을 통해 발전하는 반면,

모두를 위한 사회과학

냉각된 사회는 에너지가 거의 증가하지 않으며 사회적 위계에 따른 파괴와 변화도 존재하지 않는다. 그에게 악의 기원이란 육체나 욕망이 아니라 바로 우리 문명의 역사다. 신비로운 조화의 구조를 가졌던 원시적 과거가 이제 우리의 눈앞에서 소멸되고 있다. 따라서 열대 원주민 사회는 슬프다. 문명인이 잃어버린 원시적 행복과 순수함이라는 개념은 사라져버린 실체를 레비스트로스가 탐구하도록 만들었다. 그는 오랜 시간 동안 원주민 사회를 파괴하는 서구 문명의 침략성에 분노했다. 문화적 다양성을 인정하지 않는 서구 사회의 폭군적 습관과 자신과 똑같이 행동하지 않는 사회를 야만적이라고 경멸하는 서구인의 민족적 우월감은 그 자체가 부족적 편견에 불과하다.

한 사회가 다른 사회와 다른 문화를 지닌다는 점은 많은 학자의 관심을 끌었다. 보애스의 제자였던 루스 베네딕트Ruth Benedict는 문화가 인간의 행동, 신념 체계, 가치, 이데올로기와 함께 문화적으로 특별한 '성격personality'의 유형을 이해하는 데 도움이 된다고 보았다. 제2차 세계대전 당시 베네딕트는 미국 행정부의 요청으로 일본 문화에 관한 연구 프로젝트를 수행했다. 미국은 일본과 태평양 전쟁을 치르면서 서양 사회와 매우 다른 문화를 지닌 일본인에게 놀랐다. 전쟁 중이었기 때문에 일본을 직접 방문할 수 없었지만, 베네딕트는 이방인의 눈으로 일본 문화를 분석하려 했다. 그는 《국화와 칼》에서 일본이 아름다운 국화를 좋아하는 미학적 취향과 잔인한 칼을 존중하는 야만적 문화를 함께 지닌다고 설명했다. 이러한 복합적 문화는 평화를 사랑하면서도 전쟁을 숭배하는 이중적인 국민성에도 나타난다고 보았다.

베네딕트가 분석한 것처럼 모든 문화는 독특한 특징을 지닌다. 그러기에 한 사람이 속한 문화를 알아야 그 사람의 행위와 신념도 제대로 이해할 수 있다. 에도 시대 사무라이 문화는 조선 시대 양반 문화와 많이 다르다. 조선의 선비는, 명예를 지키기 위해 스스로 목숨을 끊는 사무라이의 할복자살을 이해하지 못할 것이다. 문화는 그 자체 내부에 지니는 의미와 가치로써 이해해야 한다. 이러한 점에서 인류학자와 사회학자는 자신의 문화를 기준으로 다른 문화를 판단하는 오류를 피하기 위해 많은 노력을 한다. 그러나 문화가 워낙 다양하기 때문에 다른 사람의 문화를 제대로 이해하는 것은 매우 어렵다.

다른 나라에 대한 연구에서는 자신의 문화를 중심으로 다른 문화를 해석하는 '자민족 중심주의ethnocentrism'가 나타날 수 있다. 이는 그리스어로 인종 또는 민족을 가리키는 '에스노스ethnos'와 중심이라는 뜻의 '켄트론kentron'이 합쳐져 만들어진 말이다. 앞서 제시한 여러 사례에서 볼 수 있듯이 자민족 중심주의는 다른 민족의 문화를 바라보는 선입견과 편견을 만들기도 한다. 예컨대 유럽 국가에는 집시는 거짓말을 잘하고 아무 일도 하지 않으며 도둑질을 잘한다는 생각을 가진 사람들이 많다. 자민족 중심주의는 모든 민족에 내재하며 민족주의와 인종주의의 토대가 되기도 한다. 이에 대한 극단적인 사례로 히틀러 시대의 유대인 대학살을 들 수 있다. 현대사회에서도 다른 민족을 거부하는 생각이 극단으로 가면 외국인 혐오증과 배타적 국수주의로 나타난다. 자신과 다른 문화를 바라볼 때 자신의 문화 기준과 잣대를 기준으로 해석하는 것이 위험한 이유다.

●

유럽 중심주의를
넘어서

팔레스타인 출신 에드워드 사이드는 《오리엔탈리즘》에서 서양 사람이 지니는 동양에 대한 사고, 인식, 표현의 본질을 규명하려 노력했다. 그는 19세기 후반에서 20세기 초에 영국과 프랑스 등의 서구 열강이 북아프리카와 중동 지역을 식민지로 지배하며 오리엔탈리즘이라는, 동양을 바라보는 왜곡된 인식을 만들어나가는 과정을 조사했다. 또 그는 오리엔탈리즘이 동양을 지배하려는 서양의 이데올로기와 직결된 것임을 밝히고 지식과 권력의 관계를 식민지 상황에서 분석했다.

오리엔탈리즘을 넘어서

오리엔탈리즘은 기본적으로 동양과 서양을 이분법으로 구분하는 관점을 취하며, 이때 동양과 서양은 대립적 상태로 존재한다. 동양은 서양이 아닌 모든 것, 서양의 '또 다른 자아alter-ego'로 나타난다. 그러나 이는 동등한 관계가 아니다. 동양의 이미지는 서양의 우월성을 증명하기 위한 부

장 오귀스트 도미니크 앵그르, 〈그랑드 오달리스크〉, 1814년

앵그르는 나폴레옹의 이집트 침략에 맞춰 동양의 이미지를 그림에 표현했다. 이 작품은 오스만제국의 하렘(궁궐 내 후궁)에 있는 여자 노예를 상상하여 그린 그림이다.

앵그르, 〈터키탕〉, 1862년

하렘에서 목욕을 즐기는 궁녀들을 그린 작품이다. 하지만 앵그르는 실제로 오스만제국을 가 본 적이 없으며, 이는 순전히 화가의 상상으로 그려진 그림이다.

모두를 위한 사회과학

정적 대상으로 만들어지기 때문이다. 서양은 지식과 학문을 생산하는 장소이지만, 동양은 무지와 순진함이 존재하는 장소다. 따라서 오리엔탈리즘은 동양과 서양을 불평등한 위치에 놓는다. 동양은 서양의 종속적 지위에 있고, 서양은 우월한 지위에 놓는다.

실제로 많은 서양 작가가 동방에 여행을 가서 이질적인 풍속을 체험하고 동양인을 작품에 등장시켰다. 그러나 그들은 동양인의 타고난 특성을 대하는 서양인의 편견을 재생산하며, 폭력적인 아랍인, 게으른 인도인, 속을 알 수 없는 중국인, 돈만 아는 일본인 등으로 묘사했다. 또한 동양 여자는 남성에 순응적이며 성적으로 문란한 여자로 표현되었다. 수백 년 동안 서양 예술 작품에서 동양 여성은 나체 또는 거의 벗은 모습으로 신비로운 이미지와 함께 쾌락을 제공하는 음란하면서도 도발적인 인물로 그려졌다. 프랑스 고전주의 화가 장 오귀스트 도미니크 앵그르Jean Auguste Dominique Ingres가 오스만제국 술탄의 곁에서 시중 드는 여자 노예를 모델로 그린 〈그랑드 오달리스크〉를 보면 잘 알 수 있다. 그의 다른 그림 〈터키탕〉은 젊은 여인과 창녀를 그림에 표현하면서 은연중에 동양 여성을 바라보는 서양의 왜곡된 인식을 보여준다. 앵그르의 두 작품은 실제 모습에 근거한 것이 아니라 당시 유럽인들의 퇴폐적 환상에 가깝다. 이들 작품에서 서양 제국주의가 지닌 남성적 욕망의 대상이 된 동양은 수동적인 모습을 보일 뿐이다.

학문의 세계에서도 예외는 아니다. 서구 제국주의가 팽창하면서 미지의 세계에 대한 다양한 정보와 지식을 얻기 위해 많은 학문이 이용되었다. 이때 영국과 프랑스 대학교 곳곳에서 인류학과 지역학이 개설되었다. 영국에서는 아예 지역 연구를 전문적으로 하는 동양아프리카연구소

SOAS가 설립되었으며, 프랑스의 아프리카 연구도 활발했다. 미국도 발빠르게 해외 지역 연구에 나섰다. 당시 서양 학자들은 진보와 위계질서 개념을 이용하여 세계를 '문명사회'와 '원시사회'로 구분하고, 서구와 같은 문명이 없기 때문에 원시사회는 열등하다고 보았다. 유럽 제국주의는 '문명화'를 식민지 지배 논리로 이용하며 자신의 침략을 정당화했다.

　그러나 20세기 이후 문화상대주의를 지지하는 학자들은 모든 개념이 사회적으로 구성되기 때문에 문화적으로 다양한 특징을 지닌다고 주장했다. 모든 진리와 도덕, 지식도 나라마다 각기 다른 성격을 지닌다. 문화상대주의 인류학자는 문명사회와 원시사회보다 '복잡한 사회'와 '단순한 사회'라는 개념을 선호한다. 단순한 사회는 모든 사람이 공유하는 단일한 통합적 문화를 지니며, 산업사회와 같은 복잡한 사회는 다양한 문화를 지닌다. 현대 산업사회의 대도시에는 여러 민족의 문화가 공존한다. 예를 들어 뉴욕에는 아일랜드인·이탈리아인·그리스인·중국인·한국인·히스패닉 공동체가 독자적 문화를 지키며 살아간다. 이러한 도시는 문화 다원주의 성격을 띠며 이런 사회를 '다문화 사회'라고도 한다.

《문명의 충돌》과 헌팅턴의 오류

지난 수십 년 동안 세계가 하나로 통합되면서 서로 다른 문화 사이의 관계는 도시와 국가의 차원을 넘어 전 세계적 차원에서 새로운 관심을 끌었다. 세계화 시대에 다양한 문화가 공존하는 것은 인간 사회의 또 다른 모습이다. 하지만 다른 문화 사이의 갈등이 정치적 문제로 발전하는 경우가 생겼다. 미국 하버드 대학교 정치학 교수 새뮤얼 헌팅턴Samuel Huntington은 1991년 냉전 체제가 붕괴된 뒤 서구와 서구가 아닌 세계로 경계가 나뉘고, 종교를 기반으로 한 새로운 세력권이 형성되어 '문명의 충돌'이 일어날 것이라고 예측했다. 그는 자신의 저서 《문명의 충돌》에서 세계 문명은 기독교·이슬람·중국 문명권으로 나뉠 것이라고 분석했다. 자본주의와 공산주의 대립이 이데올로기를 둘러싼 갈등이라면, 공산주의가 몰락한 이후에는 국가 간 동맹이 종교를 기반으로 한 문명권을 기반으로 구성될 것이라고 주장했다. 이러한 관점에서 그는 기독교 문명과 이슬람·중국 문명의 충돌이 불가피하다고 주장했다.

1992년 '걸프 전쟁'에서 영감을 얻은 헌팅턴의 예측은 2001년 '9.11 테러'를 기독교와 이슬람의 충돌로 규정하면서 서양 사회에서 엄청난 논란을 불러일으켰다. 그러나 서방 국가와 이라크의 전쟁을 '문명의 충돌'로 보는 것은 잘못이다. 이라크 전쟁을 주도한 미국이나 영국이 기독교 문명을 대표하지 않을 뿐 아니라 이라크가 이슬람 문명을 주도하는 것은 아니기 때문이다. 그들은 각자의 문명권에 결속을 호소했지만, 모두가 그들의 호소대로 움직인 것은 아니다. 같은 기독교 문명인 프랑스와 독일은 이라크 전쟁에 동참하지 않았다. 이슬람 문명권 여러 나라는 이라크를 동정했지만 군대를 파병해 도운 나라는 거의 없다. 오히려 사우디아라비아, 터키, 이집트, 아랍에미리트, 오만, 시리아, 바레인, 방글라데시, 모로코 등 많은 이슬람 국가가 이라크에 대항했다. 한편, 유교 문명권에 속하는 한국은 미국, 영국 다음으로 많은 군대를 파병했다. 결국 문명의 충돌을 강조하는 논리는 미국의 군사적 패권을 유지하고 군수산업을 증강하려는 정치적 입장과 연결된다.

세계 정치를 문명의 충돌로 해석하는 것은 서구 사회 외부에 가상의

적을 설정하는 이분법적 가정에서 출발한다. 그러나 이슬람 문명권에는 하나가 아니라 여러 문명이 있다. 이슬람 문명권은 민족적·문화적·정치적 균열에 따라 아랍권, 터키권, 페르시아권 등 여러 거대 집단으로 세분화된다. 미국은 9.11 테러 이후 공산주의라는 자신의 적 대신 무슬림 테러리스트 또는 이슬람 문명권을 가상의 적으로 설정했다. 서방의 대중 매체는 이슬람교가 기독교와 다르며, 폭력적이고 위험하다는 정보를 지속적으로 반복해 주입시켰다. 하지만 이슬람교는 원래 기독교와 한 뿌리고, 기독교보다 더 폭력적이라고 볼 이유가 없다. 유대교, 이슬람교, 기독교 모두 아브라함의 피를 이어받은 후손에서 갈라져 나왔다. 11세기 십자군 전쟁은 이슬람 문명권이 아니라 기독교 문명권이 일으킨 원정이었다. 또한 세계 분쟁 지도를 보면 대부분의 분쟁은 문명권 경계보다 문명권 내부에서 훨씬 더 많이 일어났다. 문명권 내부뿐 아니라 아프가니스탄, 예멘, 이라크, 차드, 중앙아프리카공화국, 콩고민주공화국, 콜롬비아처럼 동일한 종교와 문화를 공유하는 집단 사이에서도 분쟁이 일어났다.

아직도 국제 미디어 세계와 지식인 사회에서는 오리엔탈리즘이 지속적으로 유지되고 있다. 그들은 동양을 서양보다 열등하고 미개하고 덜 발전한 사회로 묘사한다. 따라서 동양은 서양을 따라 배워야 하며, 자신의 전통을 버리고 하루빨리 '현대화'해야 한다고 가르친다. 여기에서 현대화는 곧 서구화다. 실제로 지난 수세기 동안 서양의 산업 문명과 정치 제도는 동양 사회에 커다란 영향을 미쳤다. 동시에 서구 제국주의는 '문명화'라는 명목 아래 동양을 지배하고 수탈해왔다.

백악관 회의에서 기도를 할 정도로 독실한 침례교 신자인 조지 W. 부시 대통령은 이라크 전쟁을 '십자군 전쟁'이라 부르는 등 기독교와 이슬람의 전쟁으로 몰아갔다. 미국 부시 정부는 석유 자원을 차지하기 위해 국제적 정치 조작을 근간으로 하면서 유엔과 국제법을 무시한 채 이라크 전쟁을 일으켰다. 아직도 이슬람 성지인 사우디아라비아에는 미군 병사 1만이 주둔하고 있다. 미국을 비롯한 서양 국가들은 민주주의 확산과 국제 사회 안정이라는 명분으로 다른 나라를 지배하는 것이 당연하다고 스스로 믿는다. 그러나 동양은 서양의 단순한 추종자나 피해자가 되길 원하지 않으며 스스로의 힘으로 독자적인 문명을 만들기 원한다. 동양과 서양이 평화롭게 살아가기 위해서는 상대를 깊이 이해하고 서로 협력하는 것이 필요하다. 다른 문명권의 국가, 사회 조직, 개인 사이의 대화와 공존은 우리 모두의 과제다.

●

사회와 사회를
비교하다

뒤르켐은 《사회학적 방법의 규칙들》에서 모든 사회학 연구는 사실상 비교 연구라고 주장했다. 사회현상은 항상 전형적 성격과 대표성을 가지며 나름 독특한 성격을 지닌다. 하지만 일정 정도 비교의 의미를 지니기도 한다. 밀림의 부족사회와 현대 산업사회에는 공통적으로 사람들이 모여 살지만 사람들의 사회관계의 성격은 다르다. 부족사회의 사회관계는 주로 가족과 친족을 기반으로 이루어졌지만, 현대 산업사회의 사회관계는 대개 직업을 기반으로 형성된다. 이러한 점에서 모든 사회과학 연구는 비교 연구다. 특히 서로 다른 나라를 비교하는 방법은 중요하다.

사회를 비교하는 두 방법

비교 연구에는 크게 두 방법이 사용된다. 첫째, 여러 나라의 연구에서 유사점을 찾는 것이다. 이것은 구조주의자들의 연구에서 많이 볼 수 있다. 예를 들어 구조주의 마르크스주의자들은 다른 사회에서 나타나는 사회

모두를 위한 사회과학

적 차이의 이면에 존재하는 일반적 특징을 발견한다. 그들은 인간 사회의 경제적 사회 구성을 전前 자본주의경제와 자본주의경제로 구분한다. 그러나 이러한 접근법은 보편적 구조를 설명하기 위해 서로 다른 사회적 맥락을 간과할 수 있다.

둘째, 차이가 만들어내는 변이variance를 추적하는 것이다. 이는 한 사회의 어떤 성질이 왜 다른 사회에서는 다른 효과를 만드는지를 주목한다. 이러한 접근법을 대표하는 사람이 베버다. 그는 종교가 다양한 사회적 차이를 만들었다고 주장한다. 특히 개신교가 발전한 서구 사회에서는 자본주의가 발전한 반면에, 유교와 힌두교가 발전한 중국과 인도에서는 왜 자본주의가 등장하지 않았는지 설명하려 한다. 또한 종교의 속성이 왜 다른 변이를 만들었는지 그 역사 과정을 추적한다. 그러고 보면 이것은 보편적 특징을 발견하려 애쓰기보다 왜 차이가 생겼는지 이해하려고 노력하는 관점이라 하겠다.

한 사회를 잘 알기 위해서는 다른 사회에 한번 가보아야 한다는 말이 있다. 이러한 주장은 19세기 알렉시스 드 토크빌의 미국 민주주의에 대한 연구에서 잘 나타난다. 프랑스 귀족 출신이었던 토크빌은 1831년 미국의 행형行刑 제도를 연구하기 위해 미국으로 건너갔다. 그는 새로운 평등 이념이 지배하는 미국의 정치제도를 보고 놀랐다. 오랫동안 귀족이 지배계급이었던 프랑스와 달리 전통적 귀족이 존재하지 않는 미국에서는 수많은 자작농을 중심으로 민주주의가 운영되었다. 1835년 토크빌은 프랑스로 돌아와 《미국의 민주주의》에 다음과 같이 썼다.

내가 미국에 머무는 동안 나의 관심을 끈 신기한 일 가운데 국민들 사이의

알렉시스 드 토크빌

프랑스 귀족 출신의 정치 사상가이자 역사가
다. 프랑스혁명 이후 미국을 방문한 뒤 출간
한 《미국의 민주의》는 19세기 미국 사회를
분석한 것으로 유명하다.

생활 형태의 전반적인 평등만큼 강렬하게 나를 놀라게 한 것은 없다. ……
그것은 여론에 독특한 방향을 제시하고 있으며, 법률에 특이한 경향을 부
여하고 있다. 또한 그것은 정부에게는 새로운 규율을, 그리고 국민에게는
독특한 습관을 주고 있다.

토크빌은 미국의 평등주의가 민주주의의 원천이라는 점을 주목했다.
미국과 프랑스는 모두 18세기에 혁명을 겪은 나라였지만, 그 후 두 나라
의 정치적 경로는 매우 달랐다. 나폴레옹이 물러난 뒤 프랑스는 큰 혼란
에 빠졌다. 왕정복고가 되면서 혁명 전의 정치행태로 돌아가려는 반동
정치가 실시되었고, 1830년 7월 혁명 이후 루이 필리프Louis Philippe가 왕
위에 오른 뒤 입헌군주제가 실시되었다. 1848년에는 입헌군주제를 반
대하는 노동자를 중심으로 민주주의혁명인 2월 혁명이 일어나 공화정이

성립했다. 토크빌은 2월 혁명 직후 제헌의회 의원을 맡았으며 자유주의를 적극 지지했다.

오랜 역사를 지닌 유럽의 귀족 정치는 '자제심, 계획성, 정치적 기교'를 바탕으로 세련된 입법 활동을 보여주지만, 미국의 법률은 '결함투성이고 불완전한 경우'가 많다. 하지만 토크빌이 지적한 것처럼 미국의 민주주의에서 "민주적 법률은 일반적으로 최대 다수의 복지를 증진하려고 한다. 그 이유는 그 법률이 시민으로부터 나온 것이기 때문이다." 미국의 민주주의는 국민주권 원리에 따라 운영되었던 것이다.

토크빌은 프랑스의 정치 문제를 해결하기 위해 프랑스와 미국의 비교 연구에 집중했다. 그는 미국에서 민주주의가 성공한 원인과 프랑스에서 민주주의가 실패한 원인을 비교·분석했다. 토크빌은 미국의 민주주의가 성공한 이유로 유럽 대륙과 분리된 지정학적 위치, 청교도의 영향과 전통, 민주적 정치제도와 사법제도, 신분제도가 없는 대신 중간계급이 발달한 사회 계급 구조를 꼽았다. 그는 미국에 있는 위와 같은 민주적·평등주의적 특징이 프랑스에는 존재하지 않는다는 점을 지적하며 두 사회를 비교했다.

인도와 중국에서 자본주의가 발전하지 못한 이유

20세기 초 베버는 자본주의가 유럽에서 발전한 반면 인도와 중국에서는 발전하지 못한 원인을 분석했다. 그는 정당한 부의 축적을 장려한 유럽의 프로테스탄트가 자본주의 발전에 기여한 데 반해, 중국의 유교와 인도의 힌두교는 자본주의경제의 등장을 막았다고 주장했다. 베버는 유명한 저서 《프로테스탄트 윤리와 자본주의 정신》 서문에서, 서구 문명에서 일어난 합리적 현상이 다른 문명에 나타나지 않은 것에 대해 문명사적 질문을 던졌다.

> (우리가 보통 그렇게 생각하듯이) '보편적'인 의의와 가치를 지닌 발전선상에 놓인 듯한 문화 현상이 서구 문명에서, 그리고 오직 서구 문명에서만 나타난 사실은 어떤 일련의 환경 때문에 이루어진 것은 아닌가라는 문제다.

베버는 많은 문명권 가운데 오직 서유럽에서만 상당한 발전 단계에 이른 과학이 등장한 이유를 주목했다. 인간의 지식, 인생과 우주에 대한 탐구, 철학적·신학적 지혜는 다른 문명권에서도 높은 수준으로 발전했지만, 왜 과학 발전은 서유럽에서만 일어났을까? 왜 인도, 중국, 바빌로니아, 이집트에서는 합리적 과학이 발전하지 못했을까? 중국은 종이와 인쇄술을 발명했는데 신문과 잡지가 서유럽에서만 만들어진 이유는 무엇일까? 특히 자본주의 경영을 통한 이윤 추구는 왜 서유럽에서만 생긴 것일까?

베버는 자본주의적 경제행위를 이윤을 얻을 수 있다는 기대를 가지고 시장에서 거래하는 행위로 보았다. 서유럽은 자본주의를 다른 문명권에서는 나타나지 않았던 방향으로 발전시켰다. 화폐 대부업자들은 바빌론, 이집트, 인도, 중국, 로마에도 있었다. 자본주의적 형태의 기업가들은 모든 고대 문명에서 찾아볼 수 있지만, 그들의 경제활동은 투기적·비합리적 성격이 매우 강했다. 이는 서유럽의 현대자본주의와는 매우 다른 형태다. 베버는 서유럽에서만 유일하게 "자유로운 노동의 합리적인 자본주

모두를 위한 사회과학

의적 조직화"가 일어났다고 주장했다. 또한 합리적 경제조직이 생겨난 이유로 합리적 부기(회계)와 가사와 사업의 분리를 지적한다. 사실 인도 야말로 가장 발전한 수학 문명을 지닌 나라였다. '영(0)'이라는 숫자가 발견되고 십진법이 고안된 곳도 인도다. 그러나 이러한 수학 원리가 서구에서만 현실에 널리 사용된 이유는 경제조직에서 '합리화' 과정이 진행되었기 때문이다.

경제의 합리화 과정이 발전하면서 법률과 행정의 합리적 조직도 필요했다. 자신의 재산을 보호하고 효율적인 상거래, 투자, 자본 이동을 가능하게 하기 위해서는 법률제도가 필수적이었다. 법률제도로 경제생활의 합리화가 진행되면서 점차 사회 모든 분야에서 합리적 태도가 증가했다. 과학과 기술 연구의 확산, 법률과 행정의 합리화, 군사적 합리화 이외에도 일상생활의 합리화가 이루어졌다. 왜 이러한 합리화 과정이 급증한 걸까? 베버는 "일정한 종교 관념이 경제적 정신 또는 경제 체계가 지니는 에토스ethos, 기질의 발전에 영향을 미친다."고 보았다. 그리고 현대적 경제생활의 정신과 금욕적인 프로테스탄티즘의 합리적 윤리 사이에 연관성이 높은 것을 주목했다.

베버는 인도의 힌두교와 중국의 유교가 자본주의경제의 합리적 정신과 거리가 있다고 보았다. 그에 따르면 인도의 힌두교가 강조하는 '내적 정신'은 내세 지향적이고 비합리적이며 산업자본주의의 발전을 위해 요구되는 긍정적인 사회윤리를 생산할 능력이 없다. 중국에서는 강력한 화폐제도가 효과적으로 확대되지 않았고, 상인과 수공업자가 활동하는 도시는 자율 권한이 없었다. 농촌을 기반으로 하는 강력한 친족 조직의 연결 망과 친밀감 때문에 이성적이고 합리적인 경제활동을 수행하는 기업도 제대로 발전하지 못했다. 베버는 유교가 강조하는 예법과 문화가 자본주의 경제활동을 막았다고 보았다. 이에 비해 예정설을 주장한 유럽의 칼뱅주의●는 합리적이고 영리를 추구하는 기업가에게 자본주의를 위한 심리적 동기를 부여했다고 주장했다. 신의 구원이 이미 예정되어 있으며, 기독교적 소명에 따른 직업 활동의 성공은 신의 선택을 받은 현세적 징후로 나타난다. 따라서 근면, 검소, 성실 등 세속적 금욕주의를 통해 이윤을 저축하고 생산에 다시 투자하면 구원을 받을 수 있다는 확신이 강화되었다. 이는 서구인의 직업의식과 자본주의 정신에 큰 영향을 미쳤다.

베버는 프로테스탄트 윤리와 자본주의 정신이라는 두 변수 사이의 인과관계를 검증하려 했다. 베버의 연구처럼 두 변수의 관계를 연구하는 것은 서로 다른 사회를 비교할 때 유용하다. 이때 사용하는 변수는 '개별적 속성' 또는 '관계적 속성'을 지닐 수 있다. 개별적 속성은 인구수, 산업 구조, 교육 수준 등 유형 변수로 표현한다. 이를테면 인구가 많은 나라, 제조업 부문이 큰 비중을 차지하는 나라, 교육 수준이 높은 나라 등으로 구별할 수 있다. 이처럼 개별적 속성은 주로 숫자의 높고 낮음을 통해 객관적 비교를 할 수 있지만 단순한 비교에 그치는 경우가 많다. 이에 비해 관계적 속성은 지주와 부르주아지의 관계, 또는 자본가와 노동자의 관계 등 상호작용의 관계성을 표현한다. 이는 한 사회의 다양한 집단과 세력의 상호 관계를 비교하는 질적 분석을 가능하게 한다.

칼뱅주의 16세기 프랑스의 종교개혁가 칼뱅은 인간의 행위나 노력으로 인간이 구원받는 것이 아니라 신의 의지로 미리 결정된다는 예정설을 주장했다. 칼뱅주의는 예정설로 인한 심리적 불안감을 없애기 위해 세속적 소명을 강조하고 직업을 통해 얻는 이윤을 절약하는 금욕주의 윤리를 제시했다.

모두를 위한 사회과학

민주주의의 세 가지 발전 경로

한 사회의 관계적 속성을 비교하는 대표적 연구로 미국 정치사회학자 배링턴 무어의 《독재와 민주주의의 사회적 기원》을 들 수 있다. 무어는 20세기에 왜 어떤 나라에서는 민주주의가 발전하고 다른 나라에서는 독재가 등장했는지 연구했다. 그는 민주주의 발전 경로가 각 나라의 계급 구조와 계급의 정치적 역량에 따라 다르다고 지적했다. 무어는 미국과 영국과 프랑스, 독일과 일본, 중국과 러시아의 사례를 비교하면서 현대 민주주의 발전 경로에서 민주주의, 파시즘, 공산주의라는 세 유형이 나타났다고 주장했다.

먼저 미국, 영국, 프랑스에서는 부르주아지가 이끄는 혁명이 성공하고 자본주의 산업화가 이루어졌다. 이에 비해 독일과 일본에서는 전통적 지배계급이 주도한 '위로부터의 혁명'에 따라 권위주의적 산업화가 이루어졌으나 결국 파시즘으로 결론지어졌다. 마지막으로 러시아와 중국은 신흥 부르주아지 세력이 매우 미약하고 제국적 관료 국가의 지배 구조가 전쟁으로 약화된 상황에서 밑에서부터 공산당이 이끄는 노동자계급 또는 농민 혁명이 일어나 공산주의 체제를 수립했다.

무어는 한 사회 내부의 군주, 토지 귀족, 부르주아지, 농민 사이의 힘의 균형을 포함한 관계의 특징에 관심을 가졌다. 그는 다양한 나라의 사례를 분석하면서 전통적 지주계급이 민주주의를 반대하는 경향이 강하며, "강한 부르주아지가 없었다면 민주주의는 성공하지 못했다."고 지적했다. 심지어 산업화가 상당히 진전된 국가에서도 지주계급의 이익이 유지되었다. 특히 봉건적 지주 세력인 융커Junker가 강한 정치적 영향력을 가진 독일에서는 민주주의를 지지하는 부르주아지가 정치적으로 충분히

성장하지 못했다. 이는 1920년대 독일 민주주의가 붕괴하고 파시즘이 등장한 주요 배경이 되었다. 한 나라의 구조적 조건을 계급의 정치적 선택과 연결하여 설명하는 무어의 주장은 매력적이지만, 모든 나라가 세 유형 가운데 하나에 해당하는지는 분명하지 않다. 특히 일본의 사례를 독일과 같은 파시즘의 경로에 포함시킬 수 있는지는 논란거리다.

다양한 나라의 역사를 비교하는 연구는 혁명에 관한 연구에서도 널리 적용되었다. 1979년 발표한 《국가와 사회혁명: 혁명의 비교 연구》로 유명한 사회학자 테다 스카치폴은 프랑스혁명, 러시아혁명, 중국 혁명에 대한 역사 비교 연구에서 방대한 자료 조사를 통해 혁명의 구조적 발생을 분석했다. 러시아혁명과 같은 사회혁명은 계급, 국가, 국제 체계의 복합적인 상호작용으로 일어났으며, '의도하지 않은 사회적 결과'였다.

스카치폴은 위기에 대처하는 국가와 제도의 무능력이 혁명을 유발한다는 이론을 제시했다. 또한 거시적 차원에서 구조적 설명을 시도해 정치권력의 지도력이 변화하는 정치혁명과 사회 전체를 전환하는 사회혁명을 구분했다. 프랑스, 러시아, 중국에서는 사회혁명이 일어났지만, 일본과 프로이센에서는 정치혁명이 일어났을 뿐이다. 스카치폴은 사회혁명을 한 가지 원인으로 설명하는 방법을 거부하고 복잡하고 유동적인 모델을 강조했으며, 국가의 능력, 국제적 경쟁과 같은 외부 요소의 역할도 주요 변수로 설정했다. 또한 서로 다른 사회 계급 사이의 불만의 차이도 강조했다. 스카치폴은 거시적 분석 틀을 사용하여 혁명을 설명했지만 이를 혁명의 특징을 보편적으로 설명하려는 일반 이론으로 완성하려 하지 않았다. 인간 역사에서 일어난 무수한 혁명 가운데 단지 몇 개의 사례로 보편적 특징을 도출하려 하는 것은 불가능한 일인지도 모른다.

서양이 동양보다
우월한가

다른 사회를 비교하는 연구에는 질적 연구 방법도 큰 도움을 주었다. 특히 동양과 서양의 차이에 관한 질적 비교 연구는 다양한 학자가 관심을 가졌다. 민주주의, 자본주의, 사회혁명, 계급 구조에 대한 비교 연구는 이제 고전적 연구가 되었다. 다양한 문화 차이에 관한 동양과 서양의 비교도 매우 흥미로운 사례를 제시한다.

동양인이 서양인보다 수학을 잘하는 이유

왜 한국, 일본, 싱가포르 등 동양 학생이 미국, 유럽의 서양 학생보다 수학을 잘할까? 동양 사회는 서양 사회보다 연구 중심 대학의 발전과 의무교육 도입이 늦었지만 학생의 학업 성취도 면에서 월등히 앞서는 이유는 무엇일까? 앞서 살펴보았듯이 다른 사회에 관한 비교 연구에서 역사적 배경, 정치체제, 사회제도의 차이를 비교하는 것은 여러 관계의 속성을 이해하는 데 도움이 된다. 다른 한편, 동양과 서양의 문화 차이를 비교하려는 노력도 서로 다른 사회의 질을 탐구하는 데 중요한 영감을 줄 수 있다.

다른 사회를 비교하는 기준 가운데 지능지수는 가장 논쟁적인 주제다. 20세기 초 개발된 지능지수 검사는 지능과 유전의 관계에 대한 논란을 불러일으켰다. 백인이 흑인보다 지능지수가 높은 것은 유전적 요인이 작용했기 때문이라는 주장이 대두되었다. 미국 사회심리학자 니스벳의《무엇이 지능을 깨우는가》에 따르면 지난 수십 년 동안 지능지수 검사에서 백인의 평균 지능지수는 100이었고, 흑인은 85였다. 이러한 차이는 유전 때문일까, 아니면 후천적 환경 때문일까? 최근에는 지능지수가 유전과는 거의 관련이 없다는 주장이 널리 받아들여진다. 흑인과 백인의 지능지수 차이는 고정된 것이 아니다. 현재 흑인의 평균 지능지수는 1950년대 백인의 평균 지능지수보다 높다. 지능지수의 인종 간 차이는 한 세대당 3분의 1 정도로 표준편차가 감소했다.

그러면 동양인과 서양인의 지능지수 차이는 어떨까? 일반적으로 동양인은 수학과 과학 성적이 미국인의 평균 수준보다 월등히 높다. 읽기, 수학, 과학 영역에서의 각 나라 학업 성취도를 비교하는 국제학업성취도평가PISA에 따르면 한국, 일본, 대만, 싱가포르가 미국보다 훨씬 점수가 높다. 미국 심리학자 해럴드 스티븐슨Harold Stevenson은 1980년대의 비교 연구를 통해 아시아 학생의 수학 성적이 미국 학생보다 높은 이유는 지능지수나 유전의 차이가 아닌 동기의 차이 때문이라고 주장했다. 대다수 미국 학부모는 아이가 입학하면 학교에 교육을 맡기지만, 아시아계 학부모는 지속적으로 아이의 과제를 봐주고 공부를 지도한다. 이를 통해 동아시아 사람의 학업 성취에는 지능지수의 차이를 초과하는 '과잉 성취'가 나타난다. 이러한 과잉 성취는 개인의 부단한 '노력'의 결과라고 할 수 있다.

유럽계 미국인은 학업 성적이 타고난 능력이나 교사의 자질에 달렸다고 생각하는 반면, 동아시아계 미국인은 지속적으로 노력하는 인내심에 따라 성적을 향상시킬 수 있다고 생각한다. 유럽계 미국인과 동아시아계 미국인의 지능지수 검사 결과는 거의 차이가 없다. 그러나 개인의 노력으로 학업 성적을 향상시킬 수 있다는 믿음과 이를 독려하는 부모의 역할이 매우 다른 결과를 만들었다. 당연히 학습 시간도 더 길다. 동아시아계 미국인이 학업 성적이 좋은 것은 이러한 문화 차이의 결과다.

관계를 중시하는 동양, 개인을 중시하는 서양

동서양의 학업 성취도 차이는 개인 차원이 아니라 사회 차원의 문제라고 할 수 있다. 일반적으로 서양인은 개인적·독립적 성향을 지닌 데 비해, 동양인은 상호 의존적·집단주의적 성향을 지닌다. 고대 그리스에서 발전한 목축과 어업 중심의 경제구조와 상업과 무역을 중시한 전통은 개인의 자유와 개성을 존중하는 문화를 형성했다. 이에 비해 대규모 관개 시설을 이용한 농경 사회의 전통을 지닌 중국에서는 개인주의보다 상호 의존성이 사회적으로 중요한 가치가 되었다. 이러한 상호 의존성은 가족 관계에서도 강하게 나타난다. 예부터 중국에서는 자식 교육에 많은 관심을 기울였고, 자식의 학업 성취와 관직 진출은 가문의 명예와 부를 이루는 데 중요한 요소가 되었다. 학업 성취를 강조하는 전통은 2000년 이상 이어져오며 중국뿐 아니라 대부분의 동양 사회에 영향을 미쳤다. 학업 성취는 개인뿐 아니라 가족의 성공을 이루는 강한 동기가 되었다. 이러한 점에서 개인적 성취는 타고난 재능이 아니라 사회적 차원에서 지속적으로 만들어지는 것이었다.

앞서 살펴본 것처럼 학생의 학업 성취는 단지 개인의 노력과 가족의 지원만으로 이루어진다고 할 수 없다. 더 넓은 의미에서 다양한 문화적 특성이 개인과 사회의 동기부여와 상관관계를 지닌다.

동양인과 서양인의 문화 차이는 다양한 사고방식에도 영향을 미친다. 대개 동양인은 여러 개체 사이의 관계를 고려한 총체적 개념을 잘 정리하고 서양인은 개별적 물체에 대한 세밀한 분석을 잘하는 것으로 알려졌다. 수초가 있는 어항의 물고기나 복잡한 배경 속 인물 그림을 보여주고 눈동자 움직임을 관찰하면, 서양인은 물고기와 인물을 쳐다보는 데 비해 동양인은 어항과 배경을 더 오랜 시간 본다. 일상생활에서도 동양인은 주위 환경과 사람의 관계에 관심이 많은 데 비해, 서양인은 개별적 물체나 개인을 중요하게 관찰한다.

이러한 문화적 관심의 차이는 외부 세계를 보는 사고의 유형으로 나타나기도 한다. 니스벳의 《생각의 지도》에 따르면 동양인은 자연을 관찰하고 자신도 자연의 일부로 여긴다. 반면에 서양인은 자연을 외부 세계로 보고 자연을 지배하고 끊임없이 개조할 대상으로 본다. 이러한 차이를 두고 동양인은 외부 세계를 볼 때 '상황 중심적' 성향을 보이는 반면, 서양인은 '개인 중심적' 성향을 보인다고 한다.

니스벳은 동양과 서양의 사회적 특징을 거시적 차원에서 비교했다. 동양의 집단주의 문화는 개인의 행복보다는 집단의 이익과 명예를 중시하고, 개인의 자유보다는 가족과 친족에 충성할 것을 강조한다. 수평적 인

모두를 위한 사회과학

간관계보다 수직적 위계질서를 강조하고 권위를 존중하며, 개인의 탁월한 능력보다 집단의 화합된 질서를 강조한다. 집단주의는 개인이 소속집단에 무조건 복종해야 하고 다른 집단과 맞서 싸우며 기꺼이 목숨을 바칠 수 있어야 한다. 서양 사회는 개인주의 문화가 강한 반면, 동양 사회는 이렇게 집단주의 문화가 강하다. 한국 사회도 집단주의 문화가 강한 사회라고 할 수 있다.

물론 서양 사회라고 해서 모두 개인주의가 발전한 것은 아니다. 개인주의 문화가 강한 것으로 알려진 영국과 미국에서도 집단적 결속을 보이는 경우가 있다. 토크빌의 《미국의 민주주의》에서 18세기 미국인은 정부를 혐오하는 반면, 수많은 지방 도시에서는 '타운 미팅town meeting'을 통해 대중이 함께 모여 주요 정책을 결정한다. 19세기 영국의 노동조합은 강력한 결속력을 가지고 집단적으로 '차티스트운동'을 벌여 세계 최초로 노동자 참정권을 얻었다. 20세기 독일의 중산층은 나치당의 권위주의 통치에 적극 협력하여 '우수 인종'을 유지하기 위한 단합을 과시했다. 하지만 20세기 후반에 들어서면서 미국, 영국, 독일은 개인주의가 가장 발전한 사회로 꼽힌다. 일반적으로 서유럽과 북유럽에 비해 동유럽과 남유럽은 동양 사회처럼 집단주의 문화가 강한 편이다. 세계 인구의 70퍼센트는 집단주의 문화의 특성을 지닌다 하겠다.

여기에서 우리는 중요한 질문을 던질 수 있다. 산업사회로 진입하면서 전통 사회의 집단주의 문화가 퇴조하고 개인주의 문화가 확산되었는가? 실제로 경제성장과 직업 분화가 이루어질수록 개인주의 가치가 확산되고 문화 변동이 일어나는 것으로 보인다. 한국의 문화도 집단주의에서 개인주의로 이동하는 경향이 있다. 하지만 한국의 개인주의가 반드시 서양의 개인주의와 같아지는 것은 아니다. 한국에서 개인주의 문화가 확산되어도 지속적으로 또 다른 형태의 집단주의 문화가 만들어진다. 눈에 '튀는' 괴짜를 인정하는 영국·미국 문화에 비해, 한국과 일본에는 여전히 집단의 동질성을 강조하는 문화가 강하다. 특히 한국에서는 현재의 이익을 대표하는 직능조직보다 과거의 연고를 대표하는 종친회, 향우회, 동창회가 사회에 여전히 뿌리 깊게 박혀 있다. 이에 비해 민주화가 진행된 이후에도 집단 이익을 대표하는 이익집단과 시민사회 운동은 크게 발전하지 못했다. 정당 역시 향우회 수준을 크게 벗어나지 못하고 있다.

이렇게 사회 속의 개인은 스스로 사회관계를 선택하는 것처럼 보이지만, 과거로부터 계승된 사회구조와 전통 문화의 영향에서 완전히 벗어날 수 없다. 왜냐하면 사람들은 사회와 연계를 가지면서 살아가기 때문이다. 오늘날 한국의 젊은이가 개인의 자유와 개성을 강하게 부르짖다 어느새 새로운 유행에 열광하고 따르는 이유도 바로 여기에 있다. 개인주의 문화가 가장 널리 퍼진 영국과 미국의 젊은이 사이에서도 시대에 따른 유행은 많은 이의 마음을 사로잡는다. 1960년대 로큰롤과 청바지는 젊은이들의 개성을 나타내는 상징인 동시에 집단 정체성을 표현하는 수단이기도 했다. 1969년 뉴욕 주 우드스톡 페스티벌에 모인 청년들의 문화는 모든 청년의 문화로 확산되었다. 1970년대 히피 문화, 1980년대 여피 문화, 1990년대 보보스 문화와 뉴에이지 문화도 일시적 유행처럼 등장했다가 사라졌다.●

오늘날 대중문화는 개인주의가 절정에 이르렀지만 강력한 집단적 힘을 토대로 새로운 정체성 문화를 창조했다. 이는 단순히 남과 구별하는 차원에 머무르지 않고 더 우월한 문화 정체성을 과시하는 집단적 열망이

모두를 위한 사회과학

표현된 것으로 볼 수 있다. 새로운 유행을 빠르게 추종하는 개인의 성향은 신분 상승을 갈망하는 모습이기도 하다. 하지만 다른 사람과 무리를 이루어 힘을 얻으려는 의지가 표출된 것이기도 하다. 이처럼 한 문화의 성격이 완전히 개인주의이거나 집단주의일 수는 없다. 개인주의와 집단주의는 모든 사회에 공존하며 사회의 역동적 변화에 따라 정반대 방향으로 나아갈 수 있다. 그러나 탈산업화와 지구화가 급속하게 전개되는 현 시대는 그 어느 때보다 개인의 정체성이 다양해지는 가운데 개인화가 심화되고 있는 것으로 보인다. 이러한 사회 변화야말로 과거의 시각으로 현재를 이해하기 어려운 사회과학 앞에 놓인 새로운 과제가 되고 있다.

히피 문화는 기성 가치관과 제도를 부정하는 청년들의 반(反)문화를 가리키며, 여피 문화는 전문직에 종사하는 도시 젊은이들의 소비주의 문화를 가리킨다. 보보스 문화는 부르주아 문화와 보헤미안 문화가 혼합된 문화를 가리킨다. 뉴에이지 문화는 서구적 가치와 문화를 거부하고 종교·철학·점성학·생태학·음악 영역에서 일어난 문화 운동을 말한다.

현대사회는 어떻게 변하고 있는가

7장

7장은 우리가 사는 현대사회의 다양한 모습을 살펴본다. 특히 현대사회가 과연 좋은 것인지 판단하는 것은 19세기 사회과학이 등장한 이래 중요한 문제 가운데 하나였다. 여기서 가장 주목할 사람은 마르크스와 베버다. 그들은 현대사회의 등장을 날카롭게 분석하고 사회변동을 체계적으로 설명하려 했다. 마르크스는 자본주의경제가 놀라운 생산력을 이루었지만 궁극적으로는 사회주의로 이행할 것이라고 예견했다. 베버는 합리성이 현대사회의 주요 운영 원리가 되면서 인간이 점차 수단으로 전락하고 소외될 것이라고 예측했다. 실제로 현대사회는 경이로운 경제성장을 이뤘지만 개인 소외감의 증가, 전체주의 지배, 생태계 파괴 등 과거에 보지 못한 심각한 위험에 직면했다. 모든 것은 새롭게 변화하는 동시에 새로운 것과 낡은 것이 뒤섞여 있다. 기술 발전, 사회의 다양화, 문화 충돌, 급속한 세계화 과정은 인간 사회를 끊임없이 변화시키고 있다.

인류의 압제자를 응징하는 것, 그것이 바로 자비로운 일이요,

그들을 용서하는 것, 그것이 바로 야만스러운 일이다.

— 로베스피에르

현대사회의
탄생

현대사회라는 용어는 매우 다양한 의미로 사용된다. 다른 사회과학 용어와 마찬가지로 '현대'라는 용어도 서양에서 들어온 말이다. 이는 영어로 'modern', 프랑스어로 'moderne'이라고 하는데, 19세기 이전에는 단순히 '같은 시대' 또는 '현재 시대'를 가리키는 말이었다. 이 말의 어원인 라틴어 모도modo 또한 '당대'라는 뜻을 지닌다. 그러다가 19세기 중반 이후 영국과 프랑스에서 '모던'은 16세기 이전 역사 시대와 비교해 17, 18세기에 만들어진 사회 특성을 가리키는 용어로 사용되기 시작했다.

〈피가로의 결혼〉에 숨겨진 정치적 의미

모차르트는 18세기 빈 고전파의 대표적 인물이다. 그는 실내악, 교향곡, 피아노 협주곡을 비롯하여 뛰어난 오페라 작품을 많이 남겼다. 초기에 모차르트는 전통적 방식을 따랐지만 나중에는 새로운 스타일의 오페라 창작에 더 몰두했다. 사회를 비판하는 그의 오페라는 당시 귀족의 반발을 샀다. 모차르트는 생계를 잇기 위해 귀족의 후원을 받아야 했지만 자신만의 사상을 음악에 표현하고 싶어 했다.

모차르트의 수많은 오페라 가운데 으뜸가는 걸작은 〈피가로의 결혼〉이다. 이 작품은 프랑스 극작가 피에르 드 보마르셰Pierre de Beaumarchais의 희곡을 바탕으로 만들었다. 보마르셰는 재치 넘치는 풍자로 《세비야의 이발사》에 이어 《피가로의 결혼》을 발표해 파리에서 큰 인기를 얻었다. 그의 희곡 작품을 토대로 만든 모차르트의 오페라는 단순히 아름다운 노래가 아닌 정치적 의미를 담고 있었다. 당시 영주에게는 하인이 결혼할 때 신랑보다 먼저 신부와 동침할 수 있는 초야권이 있었다. 모차르트는 오페라를 통해 신분제도에 정면으로 도전했다.

오페라의 주인공 피가로는 알마비바 백작의 하인으로, 백작 부인의 하녀 수잔나와 결혼을 약속한 사이다. 그러나 바람기 많은 백작이 수잔나에게 밀회를 요구하고 그녀에게 결혼 지참금을 주는 대가로 초야권을 행사하려 한다. 이에 피가로와 수잔나는 여러 꾀를 내어 백작을 골탕 먹이고 결혼에 성공한다.

오페라에서 애인을 지키려는 피가로는 백작을 향한 독백에서 자신의 감정을 이렇게 표현한다. "백작, 당신은 절대로 수잔나를 얻을 수 없어! 귀족 신분, 부, 높은 지위, 품위…… 그러한 것을 다 지녔다고 우쭐대지. 그러나 그처럼 여러 특권을 얻기 위해 당신이 스스로 한 일이 대체 뭐가 있지? 세상에 태어나는 수고 말고는 아무것도 한 일이 없잖아!" 특권층에 대한 하층민의 적대감이 적나라하게 드러나는 대목이다.

보마르셰의 연극이 파리에서 상연될 당시 루이 16세는 크게 화를 내며 이 작품의 공연을 금지시켰다. 국왕뿐 아니라 모든 귀족이 분노했다. 전통 사회의 신분제도를 신랄하게 비판한 이 작품의 정치적 성격 때문이었다. 이 작품이 비판했던 신분 질서는 수년 뒤에 프랑스혁명으로 무너졌다. 이렇게 현대사회가 시작되었다.

현대사회의 세 가지 특징

앞서 이야기했듯이 '모던'이라는 말은 처음에는 과거의 전통 사회와 비교해 근본적으로 성격이 다른 현대사회를 가리키는 용어였다. 그러나 시간이 지나면서 이전보다 향상되고, 만족할 만하며, 효율적인 것을 가리키는 의미를 지닌 것으로 바뀌었다. 곧 현대적인 것은 무조건 좋은 것이 되었다. '현대화modernization'라는 말도 사회제도와 산업 발전을 통해 더 나은 사회로 변화하는 것을 의미했다. 미국과 영국뿐 아니라 중국에서도 현대화라는 용어가 사용되었다. 1980년대 덩샤오핑은 개혁 개방을 추진하면서 농업, 공업, 과학 기술, 국방의 '4대 현대화' 노선을 내세웠다. 1920년대 식민지 조선에서도 '모던'이라는 단어는 뭔가 새로운 유행을 표현하는 말로 널리 사용되었다. '모던 보이', '모던 걸'이란 말도 이때 등장했다.

일본에서는 '모던'을 '근대'라는 말로 옮겼다. 일본은 이미 도쿠가와 시대에 상대上代, 중세中世, 근대近代로 시대를 구분했다. 근대란 가장 가까운 시점에 있는 지금의 세상을 가리키는 말이었다. 그래서 17, 18세기 서양 사회의 특징을 현재와 가까운 시대를 의미하는 '근대'로 표현했던 것이다. 한국에도 이러한 용례가 들어와 쓰여 1960년대 박정희 시대에는 '조국 근대화'라는 말이 널리 사용되었다. 이는 서양이 이룬 경제 발전을 따른다는 목표와 동일시되었다.

사실 '현대'라는 표현이 서양의 17, 18세기적 특징을 가리킨다는 말은 조금 어색할 수 있지만, 서양에서 생긴 말의 어원을 살펴보면 이해하지 못할 바도 아니다. 그래서인지 중국에서는 '현대화'라는 용어를 더 많이 사용한다. 한국에서는 일반적으로 '근대'나 '현대'가 별 다른 차이 없이 통용되는데, 이 글에서는 '현대'라는 용어로 통일해 사용한다. 현재 우리가 사는 지금의 시대를 가리키는 용어는 '현시대'라고 하겠다.

이제 '현대사회'는 전통 사회와 구별되는 뜻을 지닌 말로 사용된다. 그러면 현대사회와 전통 사회는 어떻게 다른가? 17세기 이후 현대사회의 새로운 특징은 19세기 이후에 활동한 많은 학자의 흥미로운 연구 주제였다. 지난 2~3세기 동안 계몽주의, 산업혁명, 정치혁명의 여파가 확산되면서 인간 사회는 과거와 다른 새로운 사회로 급격히 바뀌었다. 이것은 1장에서 살펴본 것처럼 사회과학이 등장한 역사적 배경과 같다. 사회과학은 현대사회의 등장을 해석하려는 인간의 의식적 노력의 결과라고 할 수 있다. 이렇게 사회과학은 현대사회의 학문이기도 하다.

현대사회의 특징은 한마디로 '현대성modernity'이라고 할 수 있다. 이러한 현대성은 크게 세 가지 특징을 지닌다. 첫째, 인간이 외부 세계에 적극적으로 개입해 변화시킬 수 있다. 즉 인간이 신의 의지나 자연의 섭리가 아닌 자발적 의지와 노력으로 외부 세계를 개조할 수 있다고 믿는다. 둘째, 산업 생산과 자본주의 시장경제를 위한 경제제도를 만든다. 이윤을 얻기 위한 상품생산이 경제활동의 주요 형태가 되었다. 셋째, 국민국가, 대중민주주의와 같은 정치제도를 만든다. 군주제를 폐지하는 대신 대중이 자발적으로 참여하는 선거제도와 의회 민주주의가 확산되었다.

현대사회는 과거 사회질서에 비해 매우 역동적이다. 또한 개방적이며,

모두를 위한 사회과학

고도로 분화되고 복잡해졌다. 경제성장과 민주화는 대부분의 사회가 성취해야 할 주요 목표가 되었으며, 유토피아적 전망이 사람들의 마음을 사로잡았다. 인간 사회는 마치 미래를 향해 질주하는 전차와 같았다. 아무도 막을 수 없을 것 같은 현대성의 힘은 많은 사람에게 경이와 두려움도 동시에 안겨주었다.

그러면 한국에서는 '현대성'이 어떤 의미를 지니는가? 한국은 서양 사회의 현대화와 전혀 다른 과정을 경험했다. 20세기 중반까지 한국에서는 계몽주의가 확산되거나 서구와 같은 경로의 시민혁명, 산업혁명이 일어나지 않았다. 다만 20세기 전반기 일본 제국주의에 의해 현대적 행정 기구가 도입되고 경제성장을 경험했을 뿐이다. 식민지 시대의 도로·교통 발전, 학교 제도 도입 등도 현대성의 요소를 지닌다. 그러나 이는 일본에 의한 '이식된' 현대화이자 '제한적' 현대화였다는 점에서 매우 불충분하고 불균등한 '식민지적 현대화'라고 할 수 있다. 이러한 점에서 현대화 과정은 1948년 이후 현대적 국가기구 개편, 선거권·교육 확대 등이 이루어지면서 본격적으로 시작되었다. 이때 도입된 현대적 제도는 대개 미국에서 수입된 것이었다. 이러한 점에서 박정희가 '조국 근대화'를 내세운 것은 한국이 서양과 같은 발전을 지향함을 의미한다. 그는 현대화는 더 나은 사회를 위한 과정이라고 생각했던 것이다. 과연 현대사회의 등장 또는 현대화는 우리에게 좋은 것인가?

현대성을
비판하다

현대사회가 과연 좋은 것인지를 판단하는 것은 19세기 사회과학이 등장한 이래 중요한 문제 가운데 하나였다. 현대사회의 중요한 특징이 본격적으로 인간 사회에 자리 잡으면서 이를 분석하려는 학자들의 노력이 잇따랐다. 그들 가운데 가장 주목할 만한 사람은 마르크스와 베버였다. 그들은 현대사회의 등장을 날카롭게 분석하고 사회변동을 체계적으로 설명하려 했다. 그들의 연구는 현대 사회학에 커다란 영향을 미쳤다.

마르크스, 자본주의를 비판하다

마르크스와 베버는 독일에서 태어나 대학에서 박사 학위를 받았다는 공통점이 있지만, 인생 여정은 매우 달랐다. 철학을 공부한 마르크스는 정치에 관심을 가지고 혁명운동에 뛰어들었으나, 박해를 받고 평생 해외에서 떠돌아야만 했다. 영국의 노동운동에 적극 가담했으며 국제 노동운동을 이끌기도 했다. 법학을 공부한 베버도 정치에 많은 관심을 가졌으나 마르크스만큼 급진적이지는 않았다. 그는 제1차 세계대전이 일어나자 독일군에 입대했으며 평생 독일 대학에서 학자의 길을 걸었다. 베버는 노동자의 생활개선에 관심을 가졌으나 온건한 민주당에 입당하면서 자유주의자와 사회민주주의자의 정치적 연합을 지지했다.

마르크스와 베버는 자신의 인생 역정만큼 현대사회를 바라보는 시각도 매우 달랐다. 마르크스는 '자본주의경제'가 어떻게 인간을 소외시키는지 집요하게 질문을 던지며 답을 찾고자 했다. 반면에 베버는 자본주의경제의 근원적 동력을 '합리화'의 과정으로 보았다. 그리하여 마르크스는 자본주의경제에서 부르주아지가 이룬 생산력 발전을 주목했고, 베버는 현대사회의 관료제가 증가하면서 합리성이 확산되는 현상을 관찰했다. 그들은 현대사회의 가장 중요한 두 특징을 예리하게 분석했다.

마르크스는 19세기 후반 산업화를 가장 먼저 이룬 영국에 살면서 자본주의사회의 모순을 자세히 살펴볼 기회를 가질 수 있었다. 그는 자본주의사회에 새로 등장한 노동자계급을 주목했다. 콩트와 뒤르켐이 사회적 합의에 관심을 가졌던 것과 달리, 마르크스는 한 사회집단이 다른 집단을 지배하는 것에 관심을 가졌다. 고대와 중세에는 귀족과 영주가 농민을 지배하고, 자본주의사회에서는 자본가가 노동자를 지배한다. 공장, 기계, 사무실, 금융자산 등의 생산수단을 소유한 자본가계급은 막대한 부를 축적하는 데 비해 노동자는 자신의 노동력을 팔아 생활한다. 마르크스는 자본주의사회에서 부와 권력이 불평등하게 분배되는 것을 날카롭게 지적했다. 또한 선거로 선출한 의회도 결국 지배계급에게 권력과 정당성을 주는 장치에 불과하다고 보았다.

마르크스는 인간의 경제적 생산을 조직하는 사회관계가 사회 전체의 성격을 규정한다고 주장했다. 그는 자본주의경제는 자본가계급(부르주아지)이 노동자계급(프롤레타리아트)을 착취하는 체제라고 지적했다. 부르주아지는 프롤레타리아트가 만든 잉여가치를 착취하고 자본주의경제를 주도했다. 다시 말해 현대 세계는 부르주아지의 창조물이라고 할 수 있다. 마르크스는 부르주아지를 무조건 비난하지는 않았다. 나중에 공산주의자들은 부르주아지를 놀고먹는 착취계급으로 묘사했지만, 마르크스는 자본주의경제를 전 세계에 건설하는 부르주아지의 근면함을 언급했다. 그는 《공산당 선언》에서 "모든 생산도구가 급속히 향상되고 교통수단이 엄청나게 개선됨으로써 부르주아지는 가장 미개한 민족까지 포함한 모든 민족을 문명화한다. ……한마디로 부르주아지는 자기 자신의 모습 그대로 세계를 창조하는 것이다."라고 표현했다. 또한 무역이 자유화되고 세계적 차원으로 자본주의가 확대될 것으로 보았다.

마르크스는 자본주의경제가 현대사회를 송두리째 바꾸는 혁명적 과정을 주목했다. 그는 자본주의경제가 정치, 법률, 문화, 종교를 모두 재구성한다고 보았다. 자본주의사회에서 자본을 소유한 계급이 사람들의 사고방식과 가치도 통제할 수 있다고 본 것이다. 실제로 자본주의사회에서 돈을 많이 소유하는 것은 능력으로 평가받으며, 돈을 벌기 위한 노력은 미덕이 되기도 한다. 돈이 거의 모든 것을 결정하는 현대사회의 작동 방식을 보면 마르크스의 지적에 공감할 만하다.

그러나 마르크스는 부르주아지가 영원히 존재할 것이라고 보지 않았다. 부르주아지는 결국 "자기 무덤을 파는 자들"로 사라질 계급으로 보았다. 반면에 "부르주아(자본가) 계급, 부르주아 국가의 노예일 뿐 아니라 매일 매시간 기계와 감독자, 그리고 무엇보다 자기가 일하는 공장을 운

카를 마르크스(왼쪽)와 막스 베버(오른쪽)

철학자이자 혁명가였던 마르크스는 자본주의, 계급, 혁명에 관한 중요한 이론을 제시했다. 《공산당 선언》을 출간했으며, 공산주의 이론을 최초로 정식화했다. 베버는 사회학자로, 학문의 '가치중립성'을 주장하고 인간의 사회적 행동을 해석하는 사회학을 강조했다. 자본주의경제의 기원, 종교, 비교 역사 연구 등으로 사회학 발전에 크게 기여했다.

영하는 부르주아 공장주의 노예"로 살아가는 프롤레타리아(노동자)가 마침내 혁명을 일으켜 새로운 시대를 이끌어갈 것이라고 믿었다. 그는 "프롤레타리아는 자신의 정치적 지배를 이용해 부르주아로부터 점차 모든 자본을 빼앗고, 모든 생산도구를 국가의 수중에, 즉 지배계급으로 조직된 프롤레타리아 수중에 집중시키며 전체 생산력이 가능한 한 빨리 증가하도록 만들 것"이라고 예언했다.

마르크스에 따르면 자본주의사회는 불가피하게 적대적 계급 관계를 창조한다. 그는 "전체 사회는 부르주아지와 프롤레타리아트라는 양대 적대 진영으로, 서로 직면하는 양대 계급으로 점점 더 분열되고 있다."고 지적했다. 화해할 수 없는 계급 대립 때문에 자본주의사회에서 심각한 사회 갈등과 분열은 피할 수 없다. 그는 계급 갈등이 나쁜 것이라고 생각하지 않았다. 오히려 그는 "계급투쟁은 역사 발전의 원동력"이라고 보았으며, 결국 계급의식을 가진 프롤레타리아트가 사회혁명을 통해 계급 없는 사회를 만들 수 있을 것으로 예견했다. 사회주의사회가 반드시 도래할 것이라고 예언한 마르크스의 이론은 20세기 이후 사회과학뿐 아니라 공산주의 운동과도 밀접한 관련이 있다.

베버, 합리성을 비판하다

마르크스와 함께 현대사회를 날카로운 통찰력으로 분석한 또 한 사람이 베버다. 그는 마르크스와 마찬가지로 현대사회의 변화에 많은 관심을 가졌으며, 현대 정치에 큰 영향을 주었다. 그도 사회계층에 큰 관심을 가졌으나, 사회와 계급투쟁에 관해서는 마르크스와 전혀 다른 생각을 지녔다. 즉 마르크스가 세상을 떠난 뒤 20세기 초반 자본주의사회는 자본가계급과 노동자계급 이외에도 중간계급이 증가했으며, 의회와 정부는 복지 제도를 도입하면서 자본가 착취가 완화되고 있다고 보았다. 베버는 권력을 둘러싼 사회 갈등이 반드시 경제 갈등과 연결된 것이 아니라고 주장했다.

베버에 따르면 합리성이야말로 현대사회를 움직이는 가장 중요한 힘이다. 인간의 모든 행동은 계산, 측정, 통제에 따라 결정된다. 기업은 이윤을 계산하기 위해 체계적인 회계 절차를 도입하고, 공장은 위계질서

모두를 위한 사회과학

를 가진 조직에서 명문화된 규칙에 따라 운영된다. 또 정부는 공무원 임용과 승진에서 업무 평가에 따른 보상 체계를 세운다. 보편적 법률을 도입하고 법률의 합리화가 이루어지면서 자의적 법률은 약화된다. 정치에서는 카리스마를 가진 정치 지도자는 사라지고 정당 내부의 관료 조직이 확대된다. 종교에서도 신학이 발전하고 지적인 성직자가 나타나면서 마술과 기적은 사라진다. 과학에서도 개인의 창의성이 약화되고 국가가 주도하는 과학 정책과 대학의 연구 조직이 발전한다. 이렇게 합리성이 광범위하게 확대되면서 현대사회에서 관료제, 국가 통제, 관리자의 영향력이 확대된다. 베버는 이러한 합리성의 확대가 현대사회의 불가피한 추세라고 보며, 현대사회가 합리성의 '철 감옥iron cage'이 되었다고 지적했다.

베버는 합리화 과정을 거치면서 인간의 사회관계도 근본적으로 변화했다고 보았다. 합리화는 모든 개인의 가족, 교회, 공동체를 분리시킨다. 모든 기업과 국가, 대학은 개인적 인간관계와 충성심이 아니라 법률적·정치적·경제적 규제 장치에 복종해야 한다. 가치를 중시하는 조직과 행동은 점차 목표를 중시하는 조직과 행동으로 바뀐다. 종교적 신념과 도덕적 원칙에 따랐던 사회적 행동은 점차 정부의 법률과 관료 규제의 대상이 된다. 그리하여 베버는 현대사회에서 모든 것이 신비로운 특징을 상실하는 반면, 차가운 계산과 비인간적인 규칙이 현대사회를 지배할 것이라고 보았다.

합리성에 대한 베버의 비관적 견해는 관료제를 분석한 것에서도 나타난다. 그는 1917년 러시아혁명 이후 등장한 관료적 국가를 주목했다. 그는 사회주의 역시 합리화 과정에서 만들어진 것이라고 지적했다. 베버가 사회주의를 비판한 이유 가운데 하나는 사회주의가 '생활에서 느끼는 환멸'을 촉진한다고 지적했기 때문이다. 그는 현대사회에서 합리성의 문화가 만연하면서 '영혼 없는 전문가'와 '심장이 없고 향락만 추구하는 사람'이 나타날 것이며, 이와 같은 인간들은 지금껏 도달하지 못한 문명 단계에 인류가 이르렀다고 자부할 것으로 보았다. 베버는 법률과 규칙에 따라 움직이는 '영혼 없는 공무원'이 지배하는 국가가 끔찍한 세계를 만들 것이라고 비판했다.

마르크스와 베버는 현대사회에 관한 방대한 저작을 남겼으며 다양한 주제에 관심을 가졌다. 또한 현대사회는 매우 복잡한 제도를 만들어내며 훨씬 더 역동적으로 변화하는 사회라고 인정했다. 그들은 인간 사회를 분석하기 위해 생산력 발전과 합리화 확대를 주목했다. 이처럼 사회를 변화시키는 주요 특징을 포착해 하나의 개념으로 설명하는 사고방식은 당대 사회과학에 널리 퍼져있었다. 스펜서의 '산업사회', 뒤르켐의 '사회연대성', 퇴니에스의 '선택의지'에서도 비슷한 사고방식을 엿볼 수 있다. 오늘날 인간 사회의 주요 특징을 설명하기 위해 제시된 용어인 '풍요로운 사회', '대중사회', '소비사회', '정보사회', '위험 사회'도 마찬가지다. 과연 복잡한 현대사회가 한 가지 특징으로 수렴될 수 있을까?

　　　　　　　　　　　　　　　　　　　　　모두를 위한 사회과학

자본주의 기업의
다양한 모델

19세기에 마르크스는 자본주의경제가 전 세계로 확산될 것이라고 예언했다. 베버도 자본주의를 움직이는 단일한 힘으로 합리화 과정을 주목했다. 또한 20세기에는 미국 경제사학자 앨프리드 챈들러Alfred D. Chandler도 《보이는 손》에서 선진 자본주의경제의 기업 구조가 서로 비슷한 조직 형태를 가진다고 지적했다. 자본주의가 단일한 기업 조직으로 수렴된다는 이론은 20세기 후반 세계경제가 급속히 통합되는 과정에서 다시 널리 확산되었다. 하지만 실제로 기업의 소유와 통제는 각기 다른 역사와 전통을 지닌 나라마다 다양한 것으로 보인다.

소유와 경영이 분리된 기업 모델

현대사회의 다양한 기업 조직 형태에 관한 비교 연구는 중요한 통찰력을 제공한다. 특히 기업 내부의 소유와 통제를 결정하는 지배 구조는 다양한 개인과 집단 사이의 관계적 속성을 비교하는 중요한 사례다. 기업 조직의 역사적 형태를 보면 보편적 공통점과 함께 시대별·지역별·국가별 차이점이 동시에 나타난다. 일반적으로 기업의 조직 형태는 가족 기업에서 주식회사와 같은 제도적 기업으로 변화했다. 세계 최초의 주식회사는 1600년에 창립된 영국의 동인도 회사다. 기업이 주식을 상장한 제도적 기업으로 전환되는 과정은 제2차 세계대전 이후에 광범위하게 나타난다. 이러한 기업 조직의 현대적 형태는 19세기 중반 이후 미국에서 확산되고, 독일을 거쳐 동아시아, 라틴 아메리카 기업에서도 폭넓게 나타난다.

그러면 전 세계 기업은 보편적 형태로 수렴되는가? 각국의 기업을 자세히 살펴보면 서로 다른 역사와 전통을 지닌 사회에 따라 다양한 기업 지배 구조corporate governance가 나타난다. 기업의 주식을 소유하는 지배 구조에는 대개 개인, 가족, 기관투자가, 개인 주주 등 여러 사람이 참여한다. 그들은 서로 연결될 수 있고 그러지 않을 수도 있다. 경우에 따라서 기업의 통제 또는 경영권 행사를 위해 서로 협력할 수도 있고, 각자의 권한을 확대하는 과정에서 갈등이 생길 수도 있다.

현대 기업의 소유 관계와 조직 형태는 대개 영미권, 유럽, 동아시아 등 세 유형으로 분류된다. 이 가운데 영미권 자본주의는 자유 시장경제 free market economy가 가장 발전된 것으로 평가받는다. 기업의 소유권은 개인 투자가와 기관투자가로 분산되고 경영권은 전문 경영인이 가진다. 이와 같이 회사가 주식을 발행하고 주주의 권한이 발달된 자본주의를 주주 자본주의shareholder capitalism라고 한다. 영미권의 주주 자본주의는 소유와 경영이 분리되어 있으며 주식시장이 발달되어 있다. 그렇기 때문에 경영 실적에 따라 경영자와 회사가 수시로 평가를 받아 지속적으로 주주 이익

모두를 위한 사회과학

의 극대화를 추구한다.

초대형 기업은 주식시장을 통해 엄청난 규모의 자금을 조달한다. 전문 경영인은 거액의 연봉과 스톡옵션을 받으며, 1년 또는 1분기 단위로 이사회로부터 경영 성과 평가를 받는다. 실적이 부진할 경우 이사회에 의해 해임되기도 한다. 2005년 휴렛팩커드HP의 최고 경영자였던 칼리 피오리나는 어느 날 갑자기 회사를 떠나야 했다. 수년 전 인수·합병을 통해 기업의 수익을 장담했으나 목표를 달성하지 못하고 주가가 폭락하자 대주주에 의해 해임된 것이다. 이처럼 주주 자본주의는 지나치게 단기적 관점에서 투자 결정이 이루어지고 기업 인수·합병이 활발해 기업의 장기적 안정성이 약한 편이다.

유럽 자본주의는 영미권 자본주의와는 다른 성격을 지닌다. 대표적으로 독일의 이해관계자 자본주의stakeholder capitalism는 소유와 경영이 분리되어 있고, 은행, 보험 회사 등 기관투자가가 안정적인 경영권을 장악하고 있다. 또한 독일 기업은 산업자본과 금융자본의 결합이 강한 편이다. 전통적으로 벤츠에 금융회사인 도이체방크가 투자했고, 뮌헨 재보험과 알리안츠 보험도 상호 지분 결합으로 참여했다. 독일 기업들은 은행 및 다른 기업과의 상호 지배를 통해 단기적 이윤보다 시장점유율 위주의 안정적이고 장기적인 기업 전략을 선택했다.

독일의 이해관계자 자본주의는 피고용자, 노동조합, 소비자, 지역 사회, 다양한 사회집단 간 협상을 추구하며 장기적 국가 경제 발전을 추구한다. 그래서 장기적 기술 개발과 안정적 노사 협력을 바탕으로 하는 제조업 분야 대기업과 중소기업의 경쟁력이 매우 높은 수준을 유지하고 있다. 이는 독일 경제가 제조업에서 강한 경쟁력을 유지하는 이유이기도

하다. 반면에 이해관계자 자본주의는 새로운 환경 변화에 적응해야 하는 기업의 조직 재편과 경영 혁신을 신속하게 추진하지 못한다는 지적을 받기도 한다.

서구에 비해 뒤늦게 자본주의와 산업화를 경험한 동아시아에서는 국가의 강력한 후원 아래 은행, 보험, 투자회사가 기업의 장기 투자를 결정했다. 또 국가가 산업·금융 정책에도 중요한 역할을 수행했다. 제2차 세계대전 이후 가족 체제의 일본 재벌은 미국에 의해 강제로 해체되었으나, 1950년대 이후 다시 기업과 은행 간의 복합적 소유 형태를 띤 기업 집단인 게이레쓰系列가 형성되었다. 기업은 노동자의 종신 고용과 상당한 수준의 기업 복지를 제공하며 노동조합과 긴밀한 관계를 맺었다. 또한 대기업과 하청 계약을 맺는 중소기업과 장기 계약을 통해 협력적 관계를 유지했다. 일본 기업집단의 소유·지배 구조는 독일과 유사한 형태의 이해관계자 자본주의로 발전했다.

가족 중심적 소유 구조의 기업 모델

기업과 은행이 상호 주식을 소유하는 일본의 기업집단에 비해 동남아시아의 중국계(화교) 기업과 한국의 대기업은 여전히 가족이 지배하는 강력한 소유 구조를 유지하고 있다. 대만, 홍콩, 동남아시아의 중국계 기업 역시 가족이 강력하게 통제하는 성격을 지닌다.

한국의 대기업 역시 가족 중심적 소유 구조를 유지한다. 창업자 가족과 친족이 기업 경영과 통제를 직접적으로 주도하는 경우가 많다. 한국 재벌은 거의 3대에 걸쳐 경영권을 물려받는 전통을 유지하고 있으며,

창업자 가족이 기업의 주요 전략적 결정을 내린다. 가족 경영이 한국적인 현상만은 아니다. 인도, 멕시코, 타이완, 브라질 등에서도 흔히 볼 수 있다.

오랫동안 미국과 유럽의 기업 지배 구조 사이에는 많은 차이가 있었다. 그러나 최근 세계경제의 통합과 함께 기업의 인수·합병, 전략적 제휴, 지구화 전략이 확대되면서 기업 지배 구조는 더욱 복잡하게 변화하고 있다. 일반적으로 기업의 소유와 경영이 분리되고 주주 이익을 극대화하는 경향이 강한 미국식 기업이 보편적 지배 구조로 확산되는 추세다. 유럽과 동아시아 기업들도 점차 미국식 모델을 수용하는 것처럼 보이지만 개별 기업의 사례를 보면 훨씬 다양한 성격이 나타난다. 아직도 유럽과 동아시아에서는 가족 경영 기업의 비율이 높다. 세계적 대기업으로 발전한 삼성 그룹과 유럽의 베네통, 구치 등이 전형적인 가족 기업이다.

유럽과 동아시아의 가족 자본주의는 미국 기업과 다른 독특한 성격을 띠고 있다. 자본주의경제의 기업 지배 구조가 변화하는 방향은 주주 자본주의와 이해관계자 자본주의 둘 중 어느 한쪽이 아니라 두 모델의 중간 형태에 있는 것처럼 보인다. 한국의 기업들도 미국식 경영 구조로 즉각 변화하기보다 가족 자본주의의 성격을 유지한 채 점진적으로 주주 자본주의의 성격을 확대하고 있다. 이처럼 서로 다른 자본주의 경제체제는 독특한 기업 지배 구조의 성격을 유지함과 동시에 다양한 상호작용에 의해 새로운 형태로 변화하고 있다.

미국의 기업 문화 vs 일본의 기업 문화

자본주의 기업 형태가 다양한 것처럼 기업을 운영하는 방법에도 많은 차이가 있다. 특히 미국의 기업과 일본의 기업은 매우 다르다. 1980년대 영국 사회학자 로널드 도어Ronald Dore는 일본 기업에서 관계적 계약이 발전하는 점을 주목했다. 관계적 계약relational contract이란 단기 계약이 아니라 장기 의무를 가지는 계약을 말한다. 이는 미국 경제학자 로버트 솔로Robert M. Solow가 현대 고용 관계를 '원나이트 스탠드One Night Stand'라고 표현한 것과는 매우 대조적이다. 일본 기업은 결혼과 같이 선의, 의무, 성실로 맺어지는 관계를 강조한다. 초기 산업화 단계에서는 이러한 관계적 계약이 보편적으로 제도화되지는 않았다. 관계적 계약의 제도화는 제2차 세계대전 이후 일본 대기업의 노동 개혁이 가부장적 권위주의에서 노사 협력을 강조하는 자본주의로 이행하면서 나타났다.

기업 간 관계에서 대기업인 모기업과 하청기업은 그 의무가 동등한 것은 아니지만 상호성을 전제한다. 하청기업은 선의와 성실성을 보여주어야 하는데, 이러한 성실성이 일방적인 것은 아니다. 모기업은 불황일 경우 하청기업이 공장과 고용 노동력을 유지할 수 있도록 하청기업과의 계약을 유지한다.

기업 간의 평등한 관계도 존재한다. 예를 들어 일본의 거대 기업 가운데 하나인 미쓰비시 그룹은 수십 개 계열사를 거느리지만 중앙 집권 조직 대신 3분의 1 정도의 주식을 계열사와 상호 소유한다. 그룹 내부에는 일부 겸임 중역도 있으며, 매월 계열사 사장단 회의를 통해 그룹 전체에 관련된 주제를 토의한다. 그룹은 선호적·안정적·의무적·상호적 관계와 관계적 계약의 네트워크를 만들어낸다. 이러한 것은 동종 업계의 카르텔

모두를 위한 사회과학

과는 달리 다각화된 사업 관계를 이룬다. 각 그룹은 은행, 종합 상사, 제철, 자동차, 화학, 조선, 기계 설비 회사를 소유하며, 그룹 내부의 기업 간 거래는 활발하다.

미국 기업을 연구하는 경제학자들은 인간은 단기적 이윤을 극대화한 다고 보았다. 그들은 일본 기업과 미국 기업의 차이를 설명하지 못한다. 일본형 기업 체제는 전후 재벌 해체와 주식 상호 소유를 통해 기업집단으로 발전했다. 이러한 일본 기업의 특성은 사회학적 관점에서 설명할 수 있다. 일본 기업은 대체로 위험을 공유하고, 장기 이익을 추구하며, 의무를 강조한다. 먼저 미국의 개인주의에 비해 일본의 집단주의는 위험 부담을 공동으로 맡는 데 익숙하다. 또한 일본의 미래 지향적 성향은 시장 이익을 단기적으로 희생하는 것이 이익을 장기적으로 보장한다는 생각과 관련이 있다. 관계적 계약을 선호하는 일본인의 의무감은 사회적 신뢰를 통해 강화된다. 일본인은 적대적 협상 관계 또는 낮은 신뢰 관계를 좋아하지 않는다. 대신 서로가 상대방의 만족을 위해 일정한 책임을 갖는 친숙한 '주고받기' 같은 높은 신뢰 관계를 선호한다. 특히 일본 소비 시장은 상품 가격보다 품질을 우선시하는 고객 성향과 요구 때문에 관계적 계약이 신뢰를 바탕으로 발전했다.

이러한 기업 간 네트워크는 1980년대 일본 기업의 생산성에 중요한 공헌을 했다. 1980년대 후반 미국 자동차 회사 제너럴 모터스GM는 승용차 500만 대를 생산하기 위해 직원 80만 명을 고용했는데, 도요타는 400만 대를 생산하기 위해 7만 명만 유지해도 되었다. 이렇게 생산성이 큰 차이가 나는 것은 조직 구조의 차이 때문이다. 제너럴 모터스는 대부분의 부품을 자체 생산했으나 도요타는 270개 계열사 및 협력 업체로 구성된 기업집단이 부품 생산을 담당했다. 집단 생산, 계열생산 체제에서는 경쟁과 협조가 공존하여 낮은 비용으로도 높은 품질을 실현할 수 있었다. 이 밖에도 일본 기업의 절반 이상이 하청기업과 장기적·위계적 계약 관계를 유지했다. 바로 여기에 1980년대 일본 기업의 성공 비결이 숨겨져 있었던 것이다.

2008년 세계 최대 자동차 업체였던 제너럴 모터스가 파산했다. 일본과 독일 기업의 맹렬한 추격으로 국제경쟁력을 잃었기에 당연한 결과인지도 모른다. 그러나 기업 내부의 문제도 있었다. 1980년대 제너럴 모터스는 주주 가치 극대화 전략을 선택하고 경영합리화를 내세우며 구조 조정, 비정규직화를 추진했다. 기업 운영의 효율성을 높인다며 인원 감축을 강하게 밀어붙였다. 더 많은 배당금을 받은 주주들은 최고 경영자와 임원들의 급여가 천문학적 숫자로 늘어나도 아무 말 하지 않았다. 결국 제너럴 모터스는 도요타, 혼다 등 일본 대규모 자동차 회사에 경쟁력이 뒤지자 다른 업종으로 확장을 꾀했다. 하지만 경영 부실로 결국 파산하고 말았다.

한편, 도요타는 다른 어려움에 부딪혔다. 도요타도 2010년 기술 결함으로 리콜 파동에 휩싸여 큰 위기에 빠졌다. 1998년 이후 도요타는 원가 지상주의를 내세웠고 안정적 종신 고용과 기업 간의 긴밀한 협력 관계가 무너지면서 품질관리가 약화되었다. 또한 비정규직이나 하청기업 근로자가 저임금에 시달린다는 지적도 나왔다. 일본 기업의 경쟁력의 비밀이었던 집단 생산, 계열생산 체제의 약화가 품질관리의 붕괴로 이어졌다.

일본과 미국 기업의 실패에서 볼 수 있듯이 노사 협력 체제의 붕괴는 기업의 성과에 많은 영향을 미친다. 1980년대 이후 경제 자유화와 노동 유연화가 확산되면서 기업과 노동조합의 관계가 근본적으로 바뀌었다. 세계경제가 통합되면서 기업의 해외 이전으로 산업 노동자 상당수가 일 자리를 잃은 반면 일자리를 찾아 국경을 넘는 이주 노동자가 증가했다. 다른 한편, 공장자동화로 인한 탈산업화가 진행되면서 블루칼라가 감소 하고 노동조합 가입률과 협상력도 약화되고 고용주의 무리한 독주가 생 겨났다. 특히 미국에서 기업 최고 경영자의 연봉은 엄청난 액수로 인상 된 반면, 노동자 임금은 턱없이 낮은 수준으로 인상되거나 동결되었다. 자유화·세계화·탈산업화·유연화 시대가 본격화되면서 자본주의 기업 의 노사 관계는 새로운 국면을 맞고 있다.

사회운동,
세상을 바꾸다

19세기에 마르크스는 계급분화와 계급 간 갈등이 사회운동의 토대라고 주장했다. 그는 현대사회에서 노동자계급이 단일한 직장에 다니고 거주지역에서 공동생활을 하면서 계급적 연대감을 가진다고 보았다. 또한 노동자계급은 자신을 단순히 노동자로 생각하는 '즉자적 의식'이 아닌 혁명적 자각을 통해 행동하는 '대자적 의식'을 가지며, 계급의식을 가진 혁명적 노동자계급은 사유재산제도를 없애고 계급 없는 사회를 만들어 사회주의혁명을 완수한다고 예견했다. 그러나 노동자계급이 어떻게 이러한 대자적 의식을 가지게 되는지는 명확하지 않다. 또한 마르크스의 예견과 달리 대부분의 선진 산업국가 노동자계급은 자본가계급과 타협하여 의회 제도와 복지국가를 수용했다. 20세기에 사회운동은 노동자계급 이외에도 광범위한 중간계급이 참여하는 형태로 변화되었다.

노동운동의 등장과 쇠퇴

마르크스는 산업혁명이 처음 일어난 영국에서 프롤레타리아혁명이 가장 먼저 일어날 것이라고 예상했다. 또한 자본주의 발전의 가장 높은 단계에서 노동자계급의 수가 가장 많아질 것이라고 보았다. 제2차 세계대전 직후 영국 노동자계급의 규모는 전체 인구 가운데 50퍼센트 수준에 이르렀고, 노동조합 조직률은 70퍼센트를 넘어섰다. 이는 산업사회가 시작된 이래 전체 인구 대비 최고의 노동자 비율로 다른 나라에서도 이른 적이 없는 수치다. 이러한 영국 사회의 계급 구성 때문에 1945년 총선거에서 노동당이 압승을 거두었다. 이는 노동당 정부가 추진했던 산업국유화와 복지국가를 가능하게 만든 강력한 정치적 기반이 되었다. 그러나 1960년대 이후 제조업 비중이 감소하고 서비스 산업이 증가하면서 노동자계급 구성에 변화가 나타났다. 탈脫산업사회가 확대되면서 작업 현장에서 일하는 노동자인 블루칼라는 양적으로 줄어들어 2009년 현재 15퍼센트 수준에 불과하다. 당연히 노동운동과 노동당의 정치적 기반도 약화되었다.

1980년 프랑스 사회학자 앙드레 고르André Gorz는 《프롤레타리아여 안녕》에서 노동자계급이 쇠퇴하고 있다고 지적했다. 이러한 추세는 현재 진행형이다. 30년 전 유럽에서 제조업 인구는 평균 40퍼센트 수준이었는데, 지금은 18퍼센트 수준으로 감소했다. 블루칼라의 일을 컴퓨터와 로봇이 대체하면서 블루칼라는 급격하게 축소되었다. 어떤 학자들은 제조업 인구가 줄어들어 거의 농업인구 수준이 될 것이라고 주장한다. 농업인구도 30퍼센트에서 2퍼센트 수준으로 감소했다. 마르크스는 자본주의경제가 출현한 것이 기술 발전과 밀접한 관련이 있다고 지적했지만, 20세기 정보 기술의 발전으로 블루칼라가 사라질 것이라고는 예견하지

미국 탄광 노동조합 포스터
19세기에 산업화가 확산되면서 노동자들은
스스로 노동조합을 만들어 근로조건 개선과
사회적·경제적 지위 향상을 위해 노력했다.

못했다.

현대사회에서 노동자계급이 양적으로 줄어들면서 그들의 의식도 질적
으로 변화했다. 개인주의 성향이 강해지고 소비주의 문화에 관심이 많아
졌다. 또한 마르크스가 지적한 대로 집단생활과 공통의 문화 정체성을
토대로 하는 전통적 노동운동이 약화되면서 전통적 사회주의 이념도 약
화되었다. 노동자계급의 지지를 받는 정당은 더 이상 노동자의 지지만
으로 집권하기가 어려워졌다. 사회주의정당은 이념적 원칙보다 중간계
급의 지지를 받기 위해 자본주의경제를 인정하는 정책으로 방향을 바꾸
었다.

노동자계급의 개인주의 성향이 강해지고 정치적 영향력이 약화되면서

노동조합 가입률도 점차 낮아지고 있다. 오늘날 대부분의 국가에서 노동조합은 제조업 쇠퇴, 높은 실업률, 임시직 노동자 증가 등으로 어려움에 직면하고 있다. 특히 제조업이 쇠퇴하면서 노동조합에 가입하는 노동자 비율이 많이 줄었다. 1980년대 50퍼센트에 달했던 영국 노동조합 조직률은 최근 30퍼센트 선으로 감소했다. 이탈리아의 경우 지난 20년 사이 노동조합 조직률이 50퍼센트에서 35퍼센트로 줄었다. 같은 기간 프랑스도 유럽에서 노동조합 조직률이 가장 낮은 10퍼센트 수준으로 급격하게 줄어들었다. 최근 한국의 노동운동도 쇠퇴하는 양상을 보인다. 1989년 19.8퍼센트였던 노동조합 조직률이 최근에는 10퍼센트 수준에 머무른다.

서유럽의 노동운동은 30년 전에 비하면 파업 건수도 줄고 협상력도 많이 약화되었다. 상당수 노동조합은 고용 안정을 대가로 임금동결을 받아들이기도 하며, 천정부지로 치솟는 기업 최고 경영자와 임원들의 연봉에도 속수무책이다. 미국에서는 1950년대 기업 임원과 노동자의 평균 수입이 약 50배 차이가 났는데, 최근에는 거의 400배에 달한다. 노동조합은 경제 위기와 대량 해고에 맞닥뜨려 무력한 모습을 보이고 있지만 이것이 곧 노동운동의 쇠퇴를 의미하지는 않는다. 정보혁명이 진행되어도 인간 노동이 완전히 소멸하는 것은 아니다. 블루칼라는 물론이고 사무직 노동자인 화이트칼라도 노동자계급의 특징을 지닌다. 이들은 마르크스가 주장한 것처럼 사회혁명을 수행하는 역사적 계급이라고 할 수 없지만 사회·정치 영역에서 매우 중요한 사회집단임이 분명하다.

서양의 노동운동 세력이 약화되면서 두 가지 새로운 경향이 나타났다. 첫째, 1960년대 이후 후발 산업국가인 브라질, 멕시코, 한국, 중국 등지에서 블루칼라가 양적으로 급증하면서 노동운동이 강화되었다. 그러나 후발 산업국가의 노동운동 역시 앞으로 정보 기술혁명의 영향을 받을 것으로 보인다. 둘째, 서양 사회의 노동운동이 정치적으로 약화되는 반면, 중간계급이 참여하는 신사회운동은 점차 활발해지고 있다. 이들은 주로 여성, 동성애자 같은 소수자 권리, 환경보호, 국제 빈곤 해소를 주장하며 다양한 활동을 벌인다.

신사회운동의 출현

2001년 브라질의 포르투알레그레에서 개최된 세계사회포럼WSF에 1만 명이 넘는 시민운동가가 참석했다. 그들은 빈곤, 불평등, 기아, 환경 파괴, 전쟁, 인권유린을 비롯한 지구적 의제를 해결할 대안을 마련하기 위해 다양한 토론을 조직했다. 이 포럼의 메시지는 '우리에게 대안이 있다.'는 것이었다. 참석자들은 자신들의 운동을 '사회정의와 사회연대를 위한 지구적 운동'으로 규정하고, 전통적 노동운동이 아닌 '신사회운동'이라고 했다. 그들은 스스로를 페미니스트, 환경주의자, 평화주의자, 인권 활동가라고 불렀다.

신사회운동은 1960년대 후반 서유럽과 북아메리카에서 폭발한 학생운동과 관련이 깊다. 1968년 프랑스 대학생들은 대학의 권위주의 행정에 거세게 항의하며 시위를 벌였다. 베트남전쟁에 반대하는 시대적 문제와 결부되면서 학생운동은 독일, 미국, 일본을 거쳐 세계로 확산되었는데, 이것을 '68 혁명'이라고 한다. 그들은 정권을 장악하거나 선거에서 승리하지는 못했지만, 대학 교육의 대중화, 사회적·문화적 평등 문화 확

68 혁명의 폭발

1968년 서유럽, 북아메리카, 남아메리카, 아시아 등지에서 전 세계적 규모의 학생운동이 폭발했다. 이들은 베트남전쟁을 반대하고 권위주의 정부를 비판했다. 68 혁명 이후 신사회운동이 발전하면서 환경·여성·인권 운동과 같이 탈물질적 가치 변화를 추구하는 새로운 사회운동이 활발하게 일어났다.

산과 같은 성과를 거두었다. 1968년 이후 대학에서는 학생들의 자주 관리가 시작되었고, 공장에서는 노동자들의 경영 참여가 허용되었다. 또한 성년의 기준이 18세로 낮춰지고 여성의 낙태가 허용되었다. 여성운동과 환경 운동을 비롯한 신사회운동이 등장했고 이는 반핵운동, 평화운동, 인권 운동으로 확대되었다. 동성애자 권리 운동과 동물 해방운동도 새로 나타났다. 파리에서 학생운동을 목격한 프랑스 사회학자 알랭 투렌Alain Touraine은 《탈산업사회의 사회이론》에서 사회적 지배 관계를 설명하면서 자신의 정체성을 인식한 개인들이 동질성을 획득하며 상대방을 상정하고 이에 맞서는 과정을 통해 사회운동이 일어난다고 주장했다.

신사회운동 활동가들은 서양의 노동운동이 보수화·개량화되었다고 비판했다. 1960년대 헤르베르트 마르쿠제●는 미국 노동자계급이 혁명적 성격을 잃었다고 보고 학생운동이 중요한 역할을 할 것으로 보았다. 그는 마르크스의 주장과 달리 노동자는 혁명적 세력이 아닐뿐더러 더 이상 자본주의경제를 비판하는 세력이 아니라고 보았다. 마르쿠제는《일차원적 인간》에서 노동자는 자본가와 결탁하면 쾌락을 추구하는 대중문화에 중독되어 자신의 생활 조건 외에 다른 것을 생각하지 못하는 '일차원적 인간'이 된다고 주장했다. 그는 교육 수준이 높은 지식인이 사회변혁에 나서야 한다고 주장했다. 실제로 대학생들은 신사회운동에 앞장섰다.

신사회운동은 전통적 노동운동과 다른 점이 많다. 노동운동은 계급과 같은 집단을 강조하는 데 비해, 신사회운동은 개인의 정체성을 강조하는 경향이 강하다. 계급 이익은 주로 물질적 이익을 가리키지만, 개인의 정체성은 여성의 권리, 환경, 인권, 삶의 질 등 다양한 '탈脫물질주의 가치'와 관련이 깊다. 이러한 점에서 독일 사회학자 위르겐 하버마스Jürgen Habermas는《의사소통 행위 이론》에서 "사회운동은 물질적 재생산 과정에서 발생하는 반면, 신사회운동은 탈산업사회의 문화 재생산 과정과 사회 통합 과정의 산물이다."라고 주장했다.

신사회운동의 조직 형태는 노동조합에서 나타나는 관료적 조직과 달

헤르베르트 마르쿠제(Herbert Marcuse, 1898~1979) 독일 출신의 철학자로 프랑크푸르트학파에 관여했으나 1940년 나치를 피해 미국으로 간 뒤 여러 대학교에서 교수를 지냈다. 마르크스와 프로이트를 종합한 《에로스와 문명(Eros and civilization)》(1955)과 《일차원적 인간(One-Dimentional Man)》(1964) 등 자본주의를 비판하는 여러 저서를 통해 1960년대 미국 학생운동과 신좌파 운동에 커다란 영향을 주었다.

리 수평적 네트워크와 의사소통을 강조한다. 신사회운동에 참여하는 많은 사람은 정당과 매우 다른 조직과 전술을 택한다. 그들은 정당을 만들어 의회로 진출하기보다 주로 의회 바깥에서 사회문제를 해결하기 위한 압력단체로 주로 활동한다. 또한 선거 이외의 수단으로 정책 결정 과정에 적극적으로 참여하려고 한다. 새로운 가치와 생활 방식을 추구하며 풀뿌리 자치 공동체를 만들어 운영하기도 한다. 신사회운동에 참여하는 사람 중에는 정부 기구와 기업 조직에 비해 여성과 청년이 많다.

정보 기술이 발달하면서 신사회운동 네트워크는 세계적 차원으로 확대되었다. 국제 네트워크를 가진 국제 비정부기구NGO도 빠르게 늘어났다. 국제적 시민 조직의 수는 1981년 1만 3,000개에서 2001년에는 4만 7,000개로 늘어났다. 그린피스와 국제사면위원회가 대표적이다. 대부분의 신사회운동은 개인의 정체성을 기반으로 하는 대중조직을 통해 성차별주의, 인종주의, 환경 파괴에 저항해야 한다고 주장한다. 신사회운동 활동가들은 "지구적으로 사고하고 지역적으로 활동하라Think global, act local."는 구호 아래 다양한 활동을 벌인다.

1980년대 이후 한국에서도 전통적 노동운동이나 농민운동과 다른 새로운 사회운동이 등장했다. 여성운동은 남녀고용평등법 제정과 호주제 폐지를 주장하며 여성의 사회적 권리를 확대하기 위해 적극적인 활동을 벌였다. 환경 단체에서는 환경보호와 생태계 다양성을 주장하는 대중운동을 벌였으며, 최근에는 기후변화에 대처하는 정부의 적극적 행동을 촉구하고 있다. 또한 시민운동 단체에서 불법적 국가권력의 횡포와 재벌 중심의 경제 운영을 비판하는 시민운동을 벌였다. 그 밖에도 언론 민주화 운동, 평화운동, 통일 운동, 동성애자 인권과 동물 권리를 지키는 운동 등 다양한 형태의 시민운동이 확산되었다. 한국의 시민운동도 수평적 네트워크를 강조하고 의회 바깥에서 압력단체로 활동한다는 점에서는 신사회운동과 많은 공통점이 있다.

변화를 거부하는 사회의 경로 의존성

미국 스탠퍼드 대학교 경제학 교수 폴 데이비드Paul David와 브라이언 아서Brian Arthur는 타자기 자판을 예로 들면서 사회는 어떤 일정한 경로에 의존하게 되면 그 경로가 비효율적이라는 사실이 밝혀진 뒤에도 여전히 그 경로를 답습한다고 주장했다. 이를 경로 의존성이라고 한다. 1867년 레밍턴 1호기라는 타자기 자판 배열은 Q-W-E-R-T-Y순이었다. 당시 타자기는 인접한 두 키를 연달아 치면 뒤엉켜 엉뚱한 글자가 찍히곤 했다. 따라서 Q-W-E-R-T-Y 배열은 자주 사용하는 글자를 가능한 한 멀리 떨어뜨려 놓은 최적의 설계였다. 그러나 이 배열은 자주 쓰는 글자들이 자판 왼쪽에 몰려서 80~90퍼센트의 문자를 왼손으로 쳐야 하는 불편함이 있었다.

"필요는 발명의 어머니"라는 말이 있듯이 시간이 지나면서 키가 엉키는 문제가 해결됐다. 1932년 오거스트 드보락August Dvorak과 윌리엄 딜리William Dealey는 자주 쓰는 글자를 아랫줄에 내리고, 네 줄 자판을 세 줄로 줄이며, 다섯 개 단모음과 많이 쓰는 세 개 자음을 가운데 배치하고, 양손을 똑같이 사용하는 자판기를 개발했다. 드보락은 새로운 자판기로 큰돈을 벌었을까? 의외로 사람들은 드보락 자판기를 전혀 사용하지 않았다. 타자기 이용자들은 이미 쿼티QWERTY 자판기에 익숙해졌던 것이다.

그들은 자판 순서를 새로 익혀야 하는 번거로움 때문에 새로운 드보락 자판기 사용을 꺼렸다. 결과적으로 드보락은 기술은 우월했지만 시장에서는 참패했다.

사회 전체적 차원의 변화에서도 경로 의존성이 나타난다. 1919~1939년 제1·2차 세계대전 사이에 유럽 민주 정부들이 잇따라 붕괴되면서 독재 정부와 군사정부로 교체되었다. 민주 정부는 제대로 작동하지 않았고 모든 사람이 경멸하는 대상이 되었다. 중부 유럽의 독일, 오스트리아, 헝가리와 함께 지중해 연안 국가인 그리스, 이탈리아, 에스파냐에서 민주 정부는 모두 권위주의 정부로 바뀌었다. 왜 민주 정부가 잇따라 붕괴했을까? 무엇보다 1929년 대공황으로 인한 정치적 불안이 커졌다는 설명이 그럴듯해 보인다.

그런데 우리는 바로 반대 질문에 부딪힐 수 있다. 왜 똑같은 경제 위기를 겪은 미국, 영국, 프랑스에서는 민주주의가 지속되었을까? 그 이유를 설명하는 데서 다양한 요소를 고려해야 하지만, 무엇보다 영국과 미국은 의회와 민주적 정치제도의 역사가 길다는 점이 중요하다. 일찍이 시민혁명을 통해 의회 제도를 수립한 미국, 영국, 프랑스에서는 정치는 당연히 의회에서 이루어져야 한다는 사고가 지배적이었다. 독일에서처럼 의회 민주주의 자체가 의문시되는 상황은 일어나지 않았다. 독일은 바이마르공화국의 의회 체제를 없애버린 데 비해, 영국과 미국에서는 의회와 헌법을 모조리 없애버리는 행동은 상상할 수도 없었다. 따라서 의회 민주주의의 오랜 전통을 가진 나라들은 민주 정부를 잘 유지할 수 있었다.

의회가 발달한 영국과 미국의 주요 정당들은 저마다 유권자의 지지를 확고히 유지했으며, 유권자를 의회와 민주정치의 틀 안으로 끌어들일 수 있었다. 하지만 독일의 자유주의 세력과 보수주의 세력은 그렇게 할 수 없었다. 특히 영국 보수당은 지역구 유권자를 확실히 장악하여 의회정치의 틀을 유지했던 데 비해, 독일 보수적 정당은 그러지 못했다. 영국 자유당과 보수당 지지자들은 대개 자유당과 보수당을 위해 투표했고, 미국 공화당과 민주당 지지자들은 대개 공화당과 민주당을 위해 투표했다. 하지만 독일의 보수적 정당과 자유주의 정당을 지지하는 세력은 심각하게 약화된 반면, 민주주의에 반대하는 극우 세력인 나치당과 공산당이 대중의 지지를 끌어모았다.

한 사회의 발전 과정도 비슷한 속성을 보인다. 한국에는 1960년대 이후 국가가 이끄는 고도성장이 수십 년간 지속되었다. 1980년대 이후 정부 관료가 주도하는 '관치 경제'를 비판하는 목소리가 높아지면서 민간 경제 역할을 높이기 위한 정책이 계속 도입되었다. 하지만 아직도 다른 선진국에 비해 정부 역할이 매우 큰 편이다. 관치 경제가 주도적인 시기에 등장한 재벌의 가족 중심적 지배 구조도 유지되었다. 또한 1960년대 이후 수출 주도 산업화 전략으로 최근까지 한국 경제의 무역의존도가 70퍼센트를 넘어서는데, 이는 자유무역협정FTA 등 개방경제를 지속적으로 추구하는 경제 전략에 커다란 영향을 주었다. 더욱이 빠른 경제 성장에도 불구하고 가족이 교육, 주택, 연금 등 주요 사회복지를 담당하는 사회 구조에서 국가 복지의 비중은 매우 낮았다. 이와 같은 경로 의존성은 일부 기술과 상품 이외에 한국 사회의 경제정책과 사회정책의 방향에도 중요한 영향을 미친다.

경로 의존성 이외에도 새로운 기술과 상품 확산에 영향을 주는 요인

모두를 위한 사회과학

으로 '전환 비용switching cost'을 들 수 있다. 새롭게 제안된 경쟁 기술과 상품을 선택하기 위해서는 비용 지출이 요구된다. 특히 새로운 학습이 필요한 경우, 사람들은 과거에 사용하던 것을 계속 쓰려는 경향이 있다. 1980년대 이후 한국에서 아파트가 새로운 주거 형태로 인기를 얻으면서 주택 시장에서 단독주택은 점점 사라지고 아파트 공급이 늘어났다. 하지만 선진국에서 아파트는 가난한 노동자들이 싼값에 거주하는 곳인 반면, 대부분의 중산층은 교외의 정원이 있는 집을 선호한다. 최근 한국에서도 교외에 지어진 타운 하우스와 펜션이 관심을 끌었지만, 주거 형태의 판도를 바꿀 만한 변화는 일어나지 않았다. 이는 높은 토지 가격과 건축비를 포함한 전환 비용이 너무 크기 때문이다.

그러나 전환 비용 문제가 반드시 기술혁신과 신상품의 등장을 가로막는 것은 아니다. 전환 비용만 고려했다면 인터넷, 스마트폰과 같은 새로운 통신 기술은 등장하지 못했을 것이다. 2010년 한국에서 출시된 스마트폰 열풍도 시장조사로는 수요를 예측하지 못했을 것이다. 대중의 상상을 뛰어넘는 새로운 제품은 뛰어난 개인의 도전과 모험을 통해 만들어졌다. 이러한 제품은 우수한 성능이 필수이지만, 사람들의 마음을 사로잡을 만한 특별한 매력을 지녀야 한다. 시장을 지배하는 기술이나 제품은 과거의 역사를 세밀하게 파악하고 소비자의 새로운 소비 취향을 만들어낸다. 이들은 인터넷에서의 경로 의존성을 활용하는 한편, 전환 비용을 최소화하면서 변화를 이끌었다.

태양 아래 새로운 것은 없는가

그리스 철학자 헤라클레이토스는 "만물은 끊임없이 변화한다."고 주장했다. 그런데 성서에는 "태양 아래 새로운 것은 없다."고 적혀 있다. 사실 세상은 끊임없이 변화하는 듯하면서 전혀 변화하지 않는 것처럼 보이기도 한다. 사회 변화는 많은 학자의 관심을 끈 중요한 문제다. 현대 사회과학은 영국에서 출발한 산업화와 함께 미국독립혁명과 프랑스혁명 시기에 민주주의와 인권이 확산되는 것을 포함한 현대사회 변화를 연구하려 했다.

프랑스혁명 직후 사회학을 창시한 콩트는 인간 지식이 발전하면서 인간 역사가 신학적 단계, 형이상학적 단계, 실증적 단계로 발전할 것이라고 주장했다. 그는 실증적 단계에 도달하면 미래가 예측 가능한 사회로 변화할 것으로 보았다. 스펜서는 인구가 증가하면서 적자생존 원리에 따라 우월한 사회가 발전한다는 진화론적 사회변동 이론을 제기했다. 헤겔의 추상적 역사관은 인간 정신의 진보를 실현하는 것으로서 인간 역사를 보았다. 마르크스는 헤겔의 전망을 계급투쟁과 연결시켜 인간 역사를 설명하고, 계급 간 투쟁을 통한 혁명적 변화가 일어날 것이라고 주장했다. 이러한 19세기 사회변동 이론은 인류 미래를 낙관하며 미래 사회를 유토피아•로 묘사하기도 했다.

이에 비해 독일 사회학자 페르디난트 퇴니에스Ferdinand Tönnies는 경쟁과

유토피아(Utopia) 1616년 영국의 토머스 모어(Thomas More)가 출판한 책 제목으로, 인간 삶이 완벽하게 이루어지는 상상의 섬이다. 모어는 그리스어를 조합하여 '어디에도 존재하지 않는 나라'를 뜻하는 말인 '유토피아'를 만들었다. 오늘날에는 인간이 상상하여 그리는 이상 세계를 가리키는 용어로 널리 사용된다.

개인주의가 지배하는 현대사회를 부정적으로 바라보았다. 그는 현대사회에서 '공동체 상실'과 사회관계의 비인격적 특징이 나타나는 현상에 관심을 가졌다. 퇴니에스는 사회 유형에 따라 사회를 '공동사회Gemeinschaft'와 '이익사회Gesellschaft'로 구분했다. 공동사회에서는 가족이 사회규범을 만들며, 그 사회는 폐쇄적 인간관계로 구성된다. 이익사회에서는 노동 분업이 이루어지고 대규모 조직과 도시에서 이익사회의 특징이 나타난다. 공동사회는 개인적이고, 친숙하고, 일차적 사회관계를 통한 공동체 성격을 띠는 데 비해, 이익사회의 사회관계는 비인격적이고, 이차적이고, 필요할 때만 맺어진다. 퇴니에스는 잃어버린 공동체를 그리워했으며, 사회 진화를 진보로 생각하지 않았다. 하지만 현대사회에서 인간 조건이 개선되지 않고 오히려 쇠퇴했다고 보는 퇴니에스의 견해는 극소수의 견해였다.

콩트, 스펜서, 마르크스, 퇴니에스의 주장에서 볼 수 있듯이 전통 사회와 현대사회의 차이에 관한 논쟁은 많은 학자를 끌어들였다. 그들은 사회변동 과정을 개념적으로 설명하려 했으며, 대개 매우 광범위하고 장기적인 현상에 관심을 가졌다. 프랑스 사회주의 사상가 클로드 생시몽 Claude-Henri de Saint-Simon이 《산업 체제론》에서 새로운 산업사회가 등장한 것을 분석했는데, 이는 기술 발전과 밀접한 관련이 있다. 과학기술 발전으로 대규모 기계를 이용하는 공장이 출현하고 노동 분업이 이루어졌기 때문이다. 이러한 산업 체제의 변화는 자본주의경제 제도와 결합되었다. 그러나 자본주의를 비판했던 사회주의 체제에서도 산업사회 특성이 그대로 나타난다. 산업사회는 경제체제와 무관하게 현대사회의 중요한 구성 요소라고 할 수 있다. 과학적 합리성을 기반으로 하는 기술 과정은 전통 사회의 문화와 제도를 근본적으로 변화시켰다.

　20세기에 등장한 사회변동 이론은 이전과 달리 더욱 다양하고 복잡해졌다. 세계대전, 파시즘, 전체주의, 환경 파괴를 경험하면서 산업사회가 만든, 진보를 확신하는 사고는 약화되었다. 20세기 후반에 들어서면서 진보에 관한 단선적 사고는 쇠퇴하기 시작했다. 위대한 제국 또는 공산주의 사회처럼 유토피아를 건설한다는 거대한 계획은 엄청난 대가를 치르고 난 뒤 스스로 붕괴되었다. 과학과 기술도 현실적 유토피아를 제공하지 못했으며, 오히려 인류는 환경 파괴와 기후변화의 공포 속에서 살아가고 있다. 20세기 인류 문명이 만든 인구과잉, 소비 증가, 에너지 위기, 지구온난화는 '진보의 함정'이 되어 위협적인 사회 위험을 만들고 있다는 우려가 커졌다.

　사회가 항상 순조롭게 변화하는 것은 아니다. 새로운 변화를 시도해보는 것이 좌절되기도 하고 아주 제한적으로 변화가 일어나는 경우도 있다. 사회는 변화를 거부하고 과거의 유산을 계속 유지하려는 속성이 있다. 이는 물리학에서 보는 관성의 법칙, 생물학의 생체 항상성과 비슷하다. 앞서 살펴보았듯이 경제학에서도 경로 의존성은 어떤 계기로 한번 경로가 결정되면 운동 상태를 유지하려는 관성 때문에 흐름을 바꾸기 쉽지 않다. 하지만 기술 발전, 사회의 다양화, 문화 충돌, 급속한 세계화 과정은 인간 사회를 끊임없이 바꾸고 있다.

●

끌리고 쏠리고
들끓다

미국 사회학자 대니얼 벨Daniel Bell은 《자본주의의 문화적 모순》에서 현대
사회의 기술적·경제적 구조(과학, 산업, 경제), 정치 체계, 문화 등 세 가지
다른 차원에서 서로 다른 목표를 추구하면서 긴장이 발생해 사회변동이
일어난다고 주장했다. 19세기 이론가들은 사회변동이 총체적이고 동종
적인 과정이라고 주장했다. 그러나 현대 사회과학자들은 벨의 모델이 제
시하는 것처럼 사회변동이 불균등적으로 이루어지며 영역에 따라 제한
적 변화가 일어난다고 생각한다. 또한 19세기에는 사회변동이 진보를 지
향한다고 보았지만, 이제는 사회변동이 퇴보적이거나 자기 파멸적이라
고 여긴다. 소련 붕괴와 생태계 파괴가 대표적 사례다. 문화가 기술, 정
치, 경제에 비해 뒤늦게 변화하는 문화 지체●는 이제 일반적으로 나타나

문화 지체(cultural lag) 1950년 미국 사회학자 윌리엄 오그번(William F. Ogburn)이 처음 사용한 용어다. 이는 경제
적 변화가 모든 것을 결정한다는 주류 경제학과 마르크스주의의 경제결정론을 비판하기 위한 표현이다. 오그번은
경제적 변화가 발생해도 문화적 변화가 똑같이 일어나지 않는다는 점을 지적한다. 문화적 변화는 기술 변화, 정치
제도, 법률 등과 밀접한 관련이 있다.

는 현상이기도 하다.

새로운 사회와 대중의 탄생

사회를 구성하는 여러 요소는 동시에 변화하지 않고 시차를 두고 변화하는 경우가 많다. 예를 들어 산업사회에서 여성이 경제활동에 참여하면서 가족의 노동 분업에 영향을 미치는 경제적 변화가 일어났지만, 집안일을 여성이 도맡아 하는 문화는 쉽게 바뀌지 않는다. 이런 현상은 주변에서 많이 찾아볼 수 있다. 이처럼 기술 변화와 보조를 맞추려 하지만 제도적 변화가 실패하는 것은 사회 갈등과 사회문제를 일으킨다.

현대사회의 변화는 다양한 요소가 뒤엉켜있다. 사회 변화에는 거대한 동일화 추세와 함께 다양한 차별화가 생겨난다. 미국 미래학자 존 나이스빗John Naisbitt은 《메가트렌드》에서 정보사회의 도래, 글로벌 경제의 부상과 같은 거대한 현상을 하나의 트렌드로 보았다. 기업가와 정치인도 세상이 변하는 큰 흐름을 읽어야 했다. 하지만 메가트렌드나 전 세계적 추세만으로는 이 세상을 이해할 수 없다. 사람들의 습관과 선택의 변화는 눈에 잘 띄지 않는 작은 현상인 '마이크로트렌드microtrend'도 만들기 때문이다. 1920년대에 사람들은 포드 경제에서 살았지만, 21세기에는 스타벅스 경제로 이동한다. 다시 말해 검은색 승용차 한 가지만 만들던 획일성에서 벗어나 수백 가지 다양한 커피를 만드는 세상으로 이동했다.

현대사회처럼 분열되고 개인화된 사회에서는 서로 엇갈린 방향으로 빠르게 이동하고 급진적으로 변화하는 열정적 집단들의 정체성을 파악해야 한다. 한국에서는 2002년 '노무현을 사랑하는 사람들의 모임'과 '붉은 악마'가 대표적 집단이다. 이들은 처음에는 비슷한 생각을 가진 사람들의 모임으로 보였지만, 시간이 지나면서 공통의 열망과 목표를 가진 집단으로 성장하면서 사회의 새로운 트렌드를 만들었다. 이들은 위계 조직도 권위를 가진 지도자도 없었지만, 수많은 대중을 일사불란하게 이끌었다. 이처럼 현대사회는 하나의 공통분모에 따라 움직이기보다는 다양한 개인이 순식간에 모이고 흩어지며 자신들의 욕구를 분출하는 과정에서 바뀌어간다.

2006년 뉴욕 대학교 교수 클레이 서키Clay Shirky는 《끌리고 쏠리고 들끓다》에서 새로운 사회와 대중의 탄생을 강조했다. 인터넷을 이용한 새로운 커뮤니케이션 도구가 이전에는 상상할 수 없을 만큼의 엄청난 사람을 연결하고 잘 훈련된 조직을 만들어낸다는 것이다. 전통적 경제학은 거래 비용을 줄이기 위해 위계 조직이 생겨났다고 보았다. 하지만 어떤 기업도 거래 비용을 완전히 없앨 수는 없다. 오히려 조직이 커지면 관리 비용도 늘어나기 때문에 조직은 더 이상 성장하기 어렵다. 그러나 유연한 커뮤니케이션 도구들은 새로운 거대한 집단을 만들어내고 공유, 협력, 집단행동을 이끌어낸다. 눈에 띄는 지도자나 주도 세력이 없어도 익명의 대중은 쉽게 모이고 자신들의 목소리를 낸다.

2008년 미국산 쇠고기 수입을 반대하는 대규모 촛불 시위에 참가했던 사람들은 휴대전화와 인터넷을 통해 자발적으로 모였다. 그들은 디지털 카메라와 휴대전화를 들고 시위에 참여해 신문과 방송보다 더 빨리 정보를 전달했다. 수많은 인터넷 동호회에서 만난 익명의 대중이 스스로 거리로 나섰던 것이다. 이 촛불 시위는 한국의 새로운 민주주의와 대중의 등장을 알리는 상징적 사건이었다. 이런 민주주의의 경험은 2016년 대

촛불 시위

2008년 촛불 시위는 미국 쇠고기 수입에 반대하는 학생과 시민이 자발적으로 모인 대중운동이었다. 2016년에는 대통령 탄핵 집회로 이어져 시민에 의한 민주주의로 더욱 발전했다.

통령 탄핵 집회로도 이어졌다.

새로운 대중의 모습은 기업과 정치의 행태를 바꾼다. 소비자는 소셜 미디어를 통해 자신의 요구 사항을 관철시키기도 한다. 대중은 정치 영역도 바꾸고 있다. 벨라루스에서는 대통령 부정선거에 항의하는 시민들이 '플래시 몹flash mob'으로 깜짝 시위를 벌였고, 필리핀에서는 문자메시지를 통해 시위 참가자들을 한자리에 모을 수 있었다. 이제 자신이 지지하는 정치인을 위해 온라인상의 선거운동에 참여하고 트위터를 이용해 응원 메시지를 전한다. 거대한 정당 조직은 쇠퇴하고 있지만, 온라인의 대중은 자발적으로 정치에 참여한다. 이렇게 반대 경향이 서로 충돌하지 않고 동시에 나타나며 공존한다.

웹 2.0이라 불리는 커뮤니케이션 네트워크는 신문사, 방송사, 출판사 등 전문성과 희소성을 기반으로 하는 전통적 사회구조를 조용히 해체하고 있다. 온라인에서는 수많은 사람이 자발적으로 참여해 정보를 주고받는다. 지구촌 곳곳에서 벌어지는 일들이 실시간으로 전해지는 것이다. 2005년 런던 지하철 폭탄 테러 현장을 세계에 알린 것은 사진 공유 사이트였고, 동남아시아를 강타한 쓰나미를 알린 데는 블로그의 역할이 컸다. 이제 인터넷은 단순한 정보의 바다가 아니라 새로운 사회 기반을 이루는 '플랫폼'이 되었다. 서키의 책은 여기저기 동시에 서로 연결되어 끌리고 쏠리고 들끓는, '조직 없이 조직력을 갖춘 대중'의 탄생을 자세히 묘사한다. 그리고 현대사회가 원자화되고 무력한 개인의 집합이 아니라고 항변한다. 그는 현대사회가 '그럴듯한 약속'과 '적절한 도구', '수용 가능한 합의'만 있다면 조직의 능력을 발휘할 수 있는 세상으로 진화할 것이라고 주장한다.

그러면 어떻게 대중이 창의적 조직을 만들 수 있을까? 서키는 얼마나 많은 사람을 아느냐가 중요한 것이 아니라 얼마나 다른 사람을 아느냐가 중요하다고 강조한다. 즉 자신과 생각이나 취미가 비슷한 폐쇄형 네트워크보다 서로 다른 사람을 연결하는 교량형 네트워크를 통해 창의적 사고가 생긴다고 보았다. 실제로 우리는 대학의 같은 학과나 기업의 같은 부서 사람만 모아놓는 것보다 서로 다른 집단의 사람들을 뒤섞어놓으면 훨씬 더 좋은 아이디어가 나오는 경우를 볼 수 있다. 흩어져있는 관심과 능력을 연결하기 위해서는 자신과 비슷한 사람만 찾기보다 새로운 소통과 만남을 시도해보아야 한다.

사회변동의 복잡성

지구화가 이루어지면서 전 세계적으로 자유 시장 자본주의가 확산될 것이라는 예측이 한때 널리 퍼졌다. 미국 정치학자 프랜시스 후쿠야마Francis Fukuyama는 유명한 저서 《역사의 종말》에서 소련의 붕괴는 단순히 '사회주의의 종말'이 아니라 '역사의 종말'을 뜻하는 것이라고 주장했다. 그는 사회주의는 실패했으며 인류는 더 이상 미래의 대안을 가지고 있지 않다고 주장했는데, 이는 미국식 시장경제 자본주의와 자유민주주의의 영원한 승리를 의미한다. 후쿠야마가 말한 대로 냉전 이후의 '시장경제'가 전 세계에 확산된 것처럼 보이지만, 이러한 시장경제가 미국에서 볼 수 있는 '자유 시장 자본주의'만을 뜻하는 것은 아니다.

전 세계적으로 시장의 기능을 강조하는 제도 개혁이 이루어졌지만, 아직도 각 국가별로 규제, 정책, 전략을 선택하는 데서 제도적 차이는 계속 나타난다. 많은 사회과학자가 설명하듯이 한 나라의 제도와 경제 발전 경로는 나라마다 다르다. 6장에서 살펴보았듯이 같은 자본주의 선진국인 영국, 미국, 독일, 스웨덴, 네덜란드, 일본 등의 산업구조, 기업형태, 지배 구조는 다르다. 아무리 시간이 지나도 서로 다른 제도들이 하나로 수렴될 가능성은 전혀 보이지 않는다. 마치 영국에서 차가 우측으로 다니고 독일에서는 좌측으로 통행하는 것과 비슷하다.

그렇다면 각국의 사회경제 제도는 왜 다를까? 각국의 환경이 다르기 때문에 모든 상황에 적합한 보편적 제도를 만드는 것은 불가능할까? 그렇다면 동일한 환경에서 각국 경제가 서로 경쟁한다면 모두 동일한 제도를 선택할까? 사실 이러한 관점은 커다란 문제점을 가진다. 한 국가의 제도는 비효율적인 것으로 밝혀져도 쉽게 사라지지 않는 경우가 많다.

제도에 관한 연구를 강화하는 신제도학파●의 설명처럼 한 사회의 제도는 과거의 발전 경로를 따라 새로운 환경에서 점진적으로 진화한다. 이러한 경로 의존성은 각국의 역사적 전통, 문화, 제도 형성의 경험을 무시하고 경제적 효율성만으로 기존 제도를 바꾸려는 시도에 한계가 있음을 보여준다.

또한 서로 다른 나라를 비교할 때는 먼저 시대적 조건을 이해해야 한다. 그리고 한 사회의 내적 조건과 외적 환경의 상호작용이 만들어내는 다양한 결과를 정확하게 살펴보아야 한다. 영미, 유럽, 동아시아의 서로 다른 자본주의 모델은 시대와 조건에 따라 변화를 겪어왔다. 제2차 세계대전 이후 '경제 기적'의 모델로 칭송받았던 독일과 일본의 자본주의 모델은 1990년대에 들어서서 위기에 처했다. 독일 경제는 높은 실업률로 고통 받았으며, 일본 경제는 부동산 시장의 장기 침체로 어려움을 겪었다. 동아시아에서도 경제 발전 단계가 고도화되면서 국가의 지도적 역량이 점차 약화되고 경제성장률도 낮아졌다.

반면에, 1970년대 유가 파동 이후 오랫동안 불황을 겪었던 미국과 영국 경제가 1990년대 중반부터 유럽과 일본보다 우월한 경제 성과를 보여주면서 영미 자본주의 모델이 새롭게 주목받았다. 특히 미국 자본주의 모델도 정보 기술혁명을 주도하면서 새로운 '글로벌 스탠더드'가 되었다.

제도학파는 1870년 미국 사회학자이자 경제학자인 베블런이 사회제도를 독자적 연구대상으로 삼은 이후 비주류 경제학파로 간주되었다. 1940년대 이후 신제도학파는 사회제도를 독자적 단위로 보는 대신 개인의 행동을 토대로 사회제도를 분석하는 한편, 개인이 제한적 합리성을 가진다고 가정한다. 신제도학파는 주주와 경영자, 경영자와 노동자 등 기업 내부의 거래에 관심을 가졌으며, 이들의 관계가 성과에 영향을 준다고 보았다. 이러한 관점은 사회제도와 정치제도 내부의 개인들의 관계를 설명하는 연구에도 적용된다.

그러나 2008년 뉴욕 월스트리트에서 금융 위기가 발생하면서 미국 자본주의 모델도 위기를 맞았다. 이렇게 다양한 자본주의 모델의 부침이 곧 어느 한 가지 모델의 종국적인 승리를 뜻하는 것은 아니다. 이처럼 서로 다른 나라들의 경제구조를 비교할 때는 한 나라의 경제구조를 고정적으로 보는 정태적 분석 대신 외부 환경에 따라 다양하게 변화하는 모습을 살피는 동태적 분석이 필요하다.

현대사회는 어디로
가고 있는가

현대사회가 계속 진보한다는 사고는 18세기 서구 계몽주의에서 출발했다. 인간 사회의 진보를 신봉하는 계몽주의 사상가들은 과거를 무시하거나 심지어 철저히 부정하는 태도를 견지했다. 그들은 이성과 합리성을 중요하게 생각하면서 과학과 기술 발전이 인간의 진보를 추진할 것이라고 낙관했다. 역사가 진보하면서 궁극적 단계의 유토피아에 도달할 것이라는 견해는 당시에는 매우 현대적인 사고였다.

계몽주의가 등장한 이래 서구 역사관은 진보가 필연적으로 도래할 것이라고 기대했다. 콩트, 헤겔, 마르크스는 역사는 직선적이며 상향 이동한다고 믿었다. 한편, 인간은 역사에서 자신에게 부여된 역할을 수행할 의무가 있다는 사고가 등장했다. 이러한 역사주의는 진보적 가치와 세력이 사회 내부의 불가피한 갈등을 겪으면서 필연적으로 승리할 것이라는 명제를 제시했다. 이러한 사고가 가장 극적으로 확산된 역사적 사건은 1789년 프랑스혁명이었다.

프랑스혁명 이후 역사가 신의 의지와 자연의 섭리 대신 세속적 차원에서 인간의 노력으로 바뀔 수 있다는 기대가 더욱 커졌다. 인간 이성이 만들어낸 지식의 중요성이 커지면서 역사법칙을 이해하고 실현하려는 조직적 노력이 중요하게 여겨졌다. 대표적으로 콩트는 인간 지식이 신학적 단계, 형이상학적 단계, 실증적 단계로 발전했다고 주장했다. 그는 과학과 합리성을 통해 유토피아를 건설할 수 있다고 생각했다. 헤겔도 인간 역사를 통해 인간 정신의 진보를 실현할 수 있다고 보았다. 마르크스는 인간 진보와 계급투쟁을 결합하여 역사의 필연적 법칙을 주장했다. 마르크스의 사적유물론은 경제법칙의 필연적 적용을 통해 인간 사회가 공산주의라는 궁극적 유토피아를 이룰 것이라고 예측했다.

1859년 다윈이 《종의 기원》에서 제시한 진화론도 인간 사회가 지속적으로 진보한다는 사고에 커다란 영향을 미쳤다. 다윈은 자연선택을 중요한 개념으로 제시했지만, 인간 사회가 단순한 방향으로 진보한다고 주장한 것은 아니었다. 하지만 다윈 이후 많은 사람은 진화를 진보로 여기고 인간 사회의 발전을 자연의 과학적 법칙으로 인식했다. 19세기 후반 스펜서는 사회 진보를 강하게 주장했다. 3장에서 살펴본 것처럼 스펜서는 '적자생존' 과정을 통해 인간 사회가 진보한다고 주장했다. 그는 이러한 과정을 통해 가장 발전된 인간 사회를 만들 수 있다고 믿었다.

이와 같은 역사주의와 진화주의는 20세기 인류 사상에 막대한 영향을 주었다. 인간 역사가 진보한다는 사고는 전 세계적 차원으로 확산되었고 모든 영역에서 사회 진보를 당연하게 생각했다. 기술 발전과 산업화는 진보의 대표적 수단이었다. 개발도상국은 경제 발전을 진보와 동일하게 여겼다. 전통 사회에서 대중 소비사회로 발전한다는 로스토의 경제성장 단계이론은 미국식 모델로 나아가는 현대사회의 진보를 주장했다. 파슨스의 기능주의 사회학도 과학을 기반으로 하는 미래 사회를 낙관했다. 이러한 사고는 19세기 사상가들이 가졌던, 과학 발전에 건 기대와 비슷하다.

그러나 제1·2차 세계대전, 나치즘과 소련의 전체주의, 인류를 절멸시킬 핵무기 개발 등 인류를 위협하는 사건들이 일어나면서 현대사회에서 진보를 확신하는 태도는 약화되었다. 20세기 후반부터는 진보를 단선적으로 보는 사고가 의심받았으며, 진보 자체가 부정되기도 했다. 지상에서 유토피아를 이룰 수 있다고 설파한 이데올로기는 현실에서 참담한 실패를 맛봤다. 소련 공산주의가 붕괴하고 미국 자본주의는 금융 위기로 신뢰를 잃었으며, 인간이 만든 과학기술도 삶의 질을 높이는 대신 환경 파괴의 위험을 더욱 높였다. 인간 사회에서 인구의 급격한 증가, 지나친 소비, 기술 변화가 오히려 '진보의 함정'이 되었다는 비관론도 커졌다.

독일 사회학자 울리히 베크Ulrich Beck는 《위험 사회》에서 화학제의 무분별한 사용으로 환경이 파괴되고 원자력과 핵무기 개발이 핵폭발을 일으킬 가능성이 커지면서 지구적 차원에서 위험 사회가 나타났다고 주장했다. 2011년 일본 후쿠시마 원전 사고는 원자력의 안전성만을 주장한 전문가들의 권위를 실추시켰다. 실제로 인간 세계는 끊임없이 변화하며 인간이 전혀 경험하지 못한 새로운 문제를 낳고 있다. 그러나 변화하는 세계의 동력을 이해하면서 새로운 문제에 진지하게 대응하는 인간의 노력도 결코 멈추지 않을 것이다.

인간 사회는 수많은 개인, 집단, 사회관계의 지속적인 상호작용에 의해 전혀 예측하지 못한 방향으로 변화할 수 있다. 이러한 점에서 사회과학은 사회 변화를 예측하기 위한 인간의 부단한 지적 노력의 산물이다.

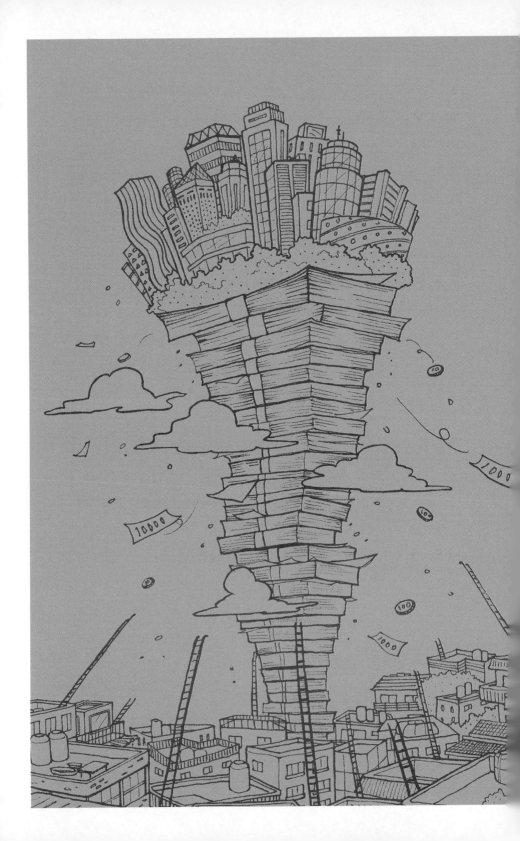

왜 불평등이 존재하는가? 8장에서는 불평등을 바라보는 사회과학의 다
양한 시각과 논쟁을 소개하고 평가한다. 현대 산업사회가 등장하면서
노동자계급과 중간계급의 수는 지속적으로 증가했다. 하지만 최근 세
계 각국에서 기술 진보와 탈산업화가 진행되면서 노동자계급 인구가
감소하는 동시에 중간계급이 몰락하면서 근로 빈곤층 등 새로운 하층
계급이 증가하고 있다. 지난 30년 동안 미국, 영국, 중국, 한국 등 주요
국가에서 불평등이 커졌으며 세계적 차원의 빈부 격차도 더 벌어졌다.
또한 오늘날 경제 자원과 정치권력을 둘러싼 불평등은 뜨거운 학문적
관심과 정치적 논쟁의 중심에 있다.

큰 재물에는 반드시 큰 불평등이 따른다.

큰 부자 한 명이 있으려면, 적어도 오백 명의 가난한 사람이 필요하다.

― 애덤 스미스

현대사회와
계급

미국 작가 스콧 피츠제랄드Scott Fitzgerald의 《위대한 개츠비》는 1920년대 급변하는 미국 사회의 단면을 보여주는 대표적인 소설이다. 하지만 1925년 《위대한 개츠비》가 출간되었을 때 미국인 대부분은 관심을 보이지 않았다. 비평가들은 그의 작품을 실패작으로 낙인찍으며 사랑하는 남녀를 다룬 뻔한 통속소설로 간주했다. 가난한 집안 출신의 남자가 돈을 벌어 백만장자가 된 뒤 젊은 시절 사랑했던 여자를 다시 찾는다는 이야기는 지나치게 상투적이고 특색 없는 소설로 여겨졌다. 게다가 미국인이 좋아하는 해피엔딩도 권선징악도 없이 마지막에 허망하게 죽어버리는 주인공과, 지고지순한 사랑과는 거리가 먼 철없는 여자의 행동은 별 주목을 끌지 못했다. 책은 2쇄 출간에 그쳤지만, 1940년 피츠제럴드가 세상을 떠날 때까지 출판사에는 재고가 쌓여 있었다. 《위대한 개츠비는》는 영원히 땅속에 묻힐 운명일지 몰랐다.

위대한 개츠비의 꿈과 욕망

피츠제랄드의 《위대한 개츠비》는 1950년대에 슬프고 아름다운 사랑의 이야기로 다시 태어나 독자들의 뜨거운 호응을 얻는다. 그의 뛰어난 문장과 탁월한 인물 묘사뿐 아니라 그의 소설이 조명하는 시대상에 관심이 높아졌기 때문이다. 오늘날 그의 책은 '계급'을 다룬 미국 소설 중 가장 위대한 작품이라는 칭송을 받는다. 피츠제럴드는 계급이라는 보이지 않는 명에에 걸려 몰락해버린 개츠비를 통해 '아메리칸드림'의 허상을 꼬집는다. 서부의 가난한 노동자 출신인 개츠비는 조직폭력배의 거물과 손을 잡아 불법으로 막대한 부를 축적하면서 신분 상승을 꿈꾼다. 돈을 벌고 성공하면 누구나 상류층이 될 수 있다는 '아메리칸드림'은 불평등을 은폐하는 교묘한 이데올로기로 작동한다. 즉 기득권 세습을 옹호하는 정치적 정당화의 수단으로 이용되는 것이다. 개츠비의 꿈은 허망한 신기루와 같았다.

개츠비의 욕망은 돈이며, 그의 물신숭배를 상징하는 것은 데이지라는 여인이었다. 개츠비와 데이지는 전혀 다른 세계의 사람이다. 둘의 만남은 미국 사회의 가장 불평등한 시대에 있었던 모습을 극적으로 보여준다. 개츠비는 "그녀의 목소리는 돈으로 가득 차 있어요."라고 말한다. 그녀의 인생은 돈과 허영이 가득하다. "부에 가둬 보호해주는 젊음과 신비, 그 많은 옷이 풍기는 신선함, 그리고 힘겹게 살아가는 가난한 사람들과 동떨어진 곳에서 데이지가 안전하고 자랑스럽게 은처럼 빛을 내뿜는다는 사실." 가난한 집안 출신인 개츠비는 부유한 데이지의 세계에 들어가기 위해 모든 것을 던진다. 속물의 세계에 들어가기 위해 호화로운 저택, 수많은 고급 가구, 해외에서 수입한 멋진 옷을 사들이며 돈을 물 쓰듯 한다.

《위대한 개츠비는》는 사회학 보고서는 아니지만, 엄청난 주식 거품이

모두를 위한 사회과학

영화 〈위대한 개츠비〉의 한 장면

미국 출판사 랜덤하우스 편집 위원회는 20세기 영어로 출간된 가장 위대한 소설 2위로 《위대한 개츠비》
를 꼽았다. 황금시대의 환락과 그 속의 불행한 영혼들을 적나라게 드러냈다.

일고 졸부가 출현하던 대공황 전야의 어두운 이면을 은밀하게 보여준다.
당대의 미국 사회학자 소스타인 베블런이 새로 등장한 '유한계급leisure
class'이 '과시적 소비'를 하는 경향이 있다고 지적한 것처럼, 개츠비의 시
대에 부자들은 그저 남에게 보여주기 위해 엄청난 돈을 썼다. 밤마다 개
츠비의 저택을 밝히는 불빛, 무도회의 재즈 악단, 화려한 옷차림의 미녀
들과 명사들, 연회에 쓰이는 엄청난 술과 음식들, 이는 1920년대 '재즈의
시대'를 보여주는 동시에 인간의 허영심을 적나라하게 묘사한다. 그의
사치는 과거를 잊지 못하고 상처 입은 남자의 고통을 드러내는 장치이지
만, 인간성 몰락을 비극적으로 나타낸다. 한 남자의 슬픈 이야기는 더 많
은 부를 얻기 위해 애쓰는 인간 욕망이 결국 좌절되는 사회 속에서 "개츠
비의 꿈이 지나간 자리에 떠도는 더러운 먼지들"을 빛바랜 슬픈 사진처
럼 보여준다.

계급과 계층

피츠제럴드의 소설은 사회 속 개인들의 다양한 삶의 방식을 묘사할 뿐만 아니라, 사회의 숨겨진 보편적 속성을 그대로 드러낸다. 엄청난 부의 불평등이 존재하는 사회의 다른 세계에 살던 두 남녀가 만나는 과정에서 인간 사회를 되돌아볼 수 있다. 왜 어떤 사람은 다른 사람보다 더 많은 돈과 권력을 가지는가? 왜 우리 사회는 불평등한가? 이 질문은 역사상 수많은 사람의 관심을 끄는 고전적 주제인 동시에 오늘날까지 사회과학에서 가장 중요한 주제 가운데 하나다. 정치철학자는 불평등이 갖는 윤리적 의미를 탐구하고, 정치학자는 어떤 정치제도가 불평등을 줄일 수 있는지 분석한다. 경제학자는 경제성장에도 불구하고 빈곤층이 계속 존재하는 이유를 설명하며, 사회학자는 어떤 부모의 자녀로 태어났다는 사실이 개인의 운명을 결정하는 이유를 조사한다.

특히 사회학자는 사회 불평등에 대한 연구에 관심이 많다. 그들은 불평등이 개인의 특성에 따른 결과가 아니라, 사회의 제도적 장치에 의해 결정된다고 보고 불평등이 구조화되는 현상을 주목한다. 사회학자들은 개인과 집단 사이에 존재하는 불평등 체계를 사회계층social stratification이라는 용어로 표현한다. '계층'은 원래 지질학에서 토양의 층위를 가리키는 용어였으나, 20세기 초 하버드 대학교 사회학 교수 피티림 소로킨Pitirim Alexandrovich Sorokin이 사용한 이래 널리 쓰이고 있다. 사회학에서 사회계층은 사회집단이 구조적으로 불평등하게 분화된 사회구조 형태를 가리킨다. 사회계층은 직업, 재산, 소득수준뿐 아니라 성별, 인종, 종교, 연령에 따라 구분되기도 한다. 반면에 '계급class'은 주로 사회의 경제적 소유관계에 따른 구별에 초점을 맞춘다. 마르크스주의자들은 경제적 생

모두를 위한 사회과학

산관계에 따른 계급의 형성과 효과를 주목한다. 일반적으로 사회학에서 계층과 계급은 서로 다른 의미를 지니며, 불평등을 바라보는 독특한 관점을 제공한다.

불평등의 역사

역사적으로 볼 때 불평등은 어떤 사회에서나 존재했다. 절대적으로 평등한 사회는 사실상 존재하지 않았고, 대부분의 인간 사회에서는 재산과 권력의 분배가 불평등했다. 수렵·채집 사회에서도 남자와 여자, 성인과 어린이 사이에 일정한 불평등이 존재했다. 사냥한 동물은 사냥에 나선 성인 남자들 사이에서는 평등하게 분배되지만, 여자와 어린이는 남은 것만 먹을 수 있었다. 농업혁명이 발전하면서 심화된 불평등은 다양한 개인과 사회집단을 구분하는 기준이 되었다. 사회계층은 사회 발전 단계에 따라 다양한 특징을 띠고 나타난다. 전통적 농경 사회에서는 노예제 또는 신분제에 따라 사회계층이 형성되었지만, 현대 산업사회에서는 주로 계급에 따라 사회계층이 형성된다.

전통 사회는 신분에 따라 왕, 귀족, 농민, 노예의 위계질서로 구성되는, 피라미드 같은 계층구조를 가졌다. 신분은 많은 경우 조상 또는 부모의 출신에 의해 태어나면서 결정된다. 조선 시대에는 왕, 양반, 중인, 상민, 노비의 위계질서가 세워졌다. 상층계급이었던 양반은 상민(양인) 가운데 과거에 합격한 문인과 무인을 가리키는 말로 세습되는 신분은 아니었다. 하지만 농민 계층인 상민은 농사일 외에 공부를 하거나 과거에 응시하기가 어려웠다. 양반은 점차 재산이 많은 특권층이나 세습 계층이 되기 시작했다. 그러나 조선 중기 임진왜란과 병자호란을 겪으면서 신분제도가 조금씩 무너졌다. 일부 양반은 몰락한 반면, 일부 농민은 돈을 이용해 양반이 되기도 했다.

전통 사회 가운데 인도의 신분제도는 힌두교의 영향을 많이 받았다. 이를 카스트caste라고 부르는데, 혈통의 순수성을 보전한다는 뜻의 포르투갈어 '카스타casta'에서 유래한 말이다. 인도에서는 색色을 뜻하는 바르나 또는 바르나슈라마 다르마로 불린다. 힌두교는 카르마(업보)를 신봉하고 현세의 사회이동을 부정하며 고정된 신분제도를 유지한다. 카스트는 브라만(사제), 크샤트리아(귀족·전사), 바이샤(상인·지주·농민), 수드라(소작농·하인) 등 네 계급으로 분류되며, 어떤 카스트에도 속하지 않는 최하층 신분인 하리잔이 있다. 이는 아리아인이 인도를 침략한 기원전 1300년 경 형성되었으며 오랜 세월 동안 많은 금기가 덧붙여진 규범으로 굳어졌다. 높은 카스트에 속한 사람은 낮은 카스트에 속한 사람 곁에만 가도 더럽혀진다고 여겨졌고 카스트 상호 간의 결혼도 금지되었다. 1947년 인도 정부가 차별적 신분제도인 카스트를 공식적으로 폐지했으나, 아직도 카스트 문화가 많이 남아있다.

사회학자들은 일반적으로 현대 사회 계급을 소유관계와 사회적·경제적 지위에 따라 자본가계급, 중간계급, 노동자계급 등으로 구분한다. 현대 산업사회는 지주와 농민 계층을 약화시키고 자본가계급과 노동자계급을 길러냈다. 자본가계급은 상당한 재산과 생산수단을 소유하고 높은 소득을 얻어 전통 사회의 귀족과 지주를 대신하는 상층계급이 되었다. 노동자계급은 노동을 하는 대가로 임금을 받으며 생활한다. 중간계급은 의사, 변호사, 교수와 같은 전문직과 자영업자 등으로 구성된다. 현대 산업사회의 계급은 전통 사회의 신분과 달리 엄격한 구분이 거의 없고 다른 계급과 결혼하는 데 제약도 없다. 태어나자마자 계급을 얻기도 하지만 교육을 통해 계급이 변화하며 사회이동이 일어날 수 있다. 불평등한 계급사회와 자유로운 사회이동이 공존하는 셈이다.

불평등을
바라보는 눈

일찍이 불평등에 관한 문제에 수많은 사상가와 혁명가가 몰두했다. 고대 그리스 철학자 플라톤은 《국가》에서 사회의 지나친 불평등을 우려했다. 18세기 프랑스 계몽주의 사상가 루소는 《인간 불평등 기원론》에서 사유재산이야말로 인간 불평등을 만드는 근원이라고 주장했다. 루소의 열렬한 지지자였던 프랑스혁명 지도자 로베스피에르도 공익을 위해서는 개인의 재산도 제한할 수 있다고 역설했다. 루소는 공산주의 이론의 창시자 마르크스에게도 큰 영감을 주었다. 플라톤과 루소는 실제로 사유재산 폐지를 주장한 적은 없다. 단지 지나친 불평등이 사회 통합을 저해할 것이라고 주장했을 뿐이다.

자유인가, 평등인가: 현대 정치의 방향

17세기 영국의 명예혁명을 정당화한 로크는 개인의 재산권을 적극적으로 옹호했다. 개인의 생명과 안전과 함께 재산을 천부적 권리로 간주한

모두를 위한 사회과학

로크의 주장은 증세에 반대한 미국독립혁명가들에게 영감을 주었다. 미국독립혁명을 정당화한 에드먼드 버크Edmund Burke는 사유재산권을 중요하게 간주한 반면, 사유재산권을 파괴하는 유토피아적 프랑스혁명을 반대했다. 그러나 프랑스혁명을 지지한 토머스 페인Thomas Paine은 "모든 인간은 평등하다."고 주장하며, 문맹, 빈곤, 실업에 맞서 싸웠다. 페인은 누진세를 지지하고 대중 교육, 아동 수당, 노인 연금 등 사회 개혁을 주창했다. 영국 명예혁명과 미국독립혁명을 지지한다는 점에서 버크와 페인의 지적 뿌리는 자유주의라는 공통점을 가졌지만, 프랑스혁명을 둘러싼 견해는 갈라졌다. 버크와 페인은 각각 현대 보수주의와 급진주의를 대표하는 사상가가 되었다.

18세기 이후 자유와 평등의 이념은 현대 정치의 조타수가 되었고 우파와 좌파가 구별되기 시작했다. 그러나 사람들이 양자택일을 선택한 것은 아니었다. 자유와 평등은 서로 충돌하기도 하지만 공존해야 하는 가치로 간주되었다. 18세기 스코틀랜드 계몽주의 사상가 스미스는 경제적 자유주의의 주창자로 알려졌지만, 누진세를 지지했고 사회의 지나친 불평등을 규제해야 한다고 주장했다. 19세기 영국 철학자이자 경제학자인 존 스튜어트 밀은 자본주의의 생산성은 효율성의 영역이지만 생산물의 분배는 사회적 합의의 영역이라고 보고, 사유재산제도의 개선이 필요하다고 역설했다.

20세기 초 영국 사회학자 레너드 T. 홉하우스Leonard T. Hobhouse는 《자유주의의 본질》에서 "완전한 자유는 완전한 평등을 포함한다."고 말했다. 불평등에 기초한 자유는 특권과 권위의 불평등한 분배에서 비롯된다. 따라서 특권에 상응하는 책임과 의무를 부여해야 한다. 홉하우스는 자유주의 사상가였지만, 완전고용, 여성 참정권, 의무교육, 노약자 보호시설 확대 등 사회 개선 프로그램과 복지국가를 지지했다. 그의 주장은 케인스와 윌리엄 H. 베버리지William H. Beveridge에 이르기까지 사회 개혁의 사상적 원천이 되었고, 수많은 정치적 실험에 지적 영감을 불러일으켰다.

마르크스와 베버의 이론적 논쟁

현대 산업사회가 필연적으로 불평등한 사회 체계를 만드는 원인을 분석한 학자 가운데 마르크스와 베버가 가장 큰 영향력을 가진다. 마르크스는 불평등을 사유재산을 둘러싼 사회관계의 구조적 결과라고 보았지만, 베버는 시장에서 차이를 만들어내는 개인의 인생 기회를 중요하게 여겼다. 마르크스는 자본주의사회가 소수의 부르주아와 다수의 프롤레타리아로 양극 분해되고 계급투쟁이 일어날 것이라고 보았다. 반면에 베버는 계급 이외에 정당과 지위 집단이 중요하며 중간계급을 구성하는 다양한 사회집단이 증가할 것으로 보았다.

독일 철학자이자 공산주의 이론가로 널리 알려진 마르크스는 불평등의 원인을 계급으로 규정했다. 그는 계급을 자산계급인 부르주아지와 무산계급인 프롤레타리아트로 구분했다. 이러한 구분은 공장, 기계 등 생산수단의 소유 여부에 따른 것이다. 원래 부르주아지는 16~17세기 프랑스에서 도시에 사는 사람을 부르는 말이었지만 점차 자본가계급을 뜻하는 용어가 되었다. 프롤레타리아트는 프랑스어로 천민을 부르는 말이었지만, 점차 노동력을 팔아 생활하는 계급을 뜻하는 용어가 되었다.

1848년 마르크스는 《공산당 선언》에서 "모든 인류의 역사는 계급투쟁

모두를 위한 사회과학

의 역사"라고 주장했다. 그는 자본주의경제가 발전할수록 농촌에 기반을 둔 지주와 농민은 소멸할 것이며 부르주아지와 프롤레타리아트의 계급 투쟁이 필연적으로 격화되면서 프롤레타리아트가 주도하는 사회주의혁명이 일어날 것이라고 예견했다. 또한 자본주의가 고도로 발전하고 사회주의로 이행하면서 자본가계급도 필연적으로 사라지는, 그들 "스스로 무덤을 파는 사람들"로 보았다.

독일 사회학자 베버는 계급을 강조하는 마르크스의 주장을 수용했지만, 지위 집단과 정당의 중요성을 간과해서는 안 된다고 주장했다. 계급은 경제적 소유관계에 의해 결정되는 데 비해, 지위는 사회적 명예와 위신에 의해 결정된다. 예를 들어 현대사회에서 의사, 변호사, 교수는 경제적 능력에 비해 높은 사회적 지위를 가진다. 계급은 객관적으로 평가할 수 있는 기준을 가지지만, 지위는 사회적 차이를 주관적으로 평가한 것을 토대로 한다. 지위에는 의사, 변호사 등 자격증을 통해 얻는 공식적 지위가 있고 사회적 평판과 같은 비공식적 지위가 있다. 현대사회에서 지위는 태어나자마자 주어지는 것이라기보다 개인의 능력에 따라 얻어지는 것이다. 베버는 계층 체계가 고정된 것이 아니며 개인의 노력에 따라 유동적으로 변화할 수 있다고 보았다.

피라미드인가, 다이아몬드인가: 계급 구조의 구성

오늘날 사회학자들은 마르크스와 베버의 이론을 이용해 계급을 고용과 관련된 사회적·경제적 불평등 체계로 이해한다. 계급 모형은 계급을 직업 구조에 따라 분류하며 정부의 공식적 직업 분류 체계를 이용하면서 수백 개의 다양한 직업 목록을 일정한 범주로 구분해 활용한다. 또한 이 가운데 계급 구조를 상층계급, 중간계급, 하층계급으로 구분하는 기준을 널리 사용한다.

현대 산업사회의 상층계급은 자본가계급과 부유한 전문직 등으로 구성된다. 19세기 이후 유럽 사회에 등장한 신흥 자본가가 전통적 귀족을 대체하고 새로운 상층계급이 되었다. 상층계급에 관한 사회학적 논쟁은 전문 경영인에 관한 문제를 둘러싸고 벌어졌다. 미국 정치 비평가 제임스 번햄James Burnham은 마르크스의 주장을 비판하면서 20세기 전반부터 시작된 '경영자 혁명managerial revolution'으로 전통적 자본가가 사라지고 전문 경영인으로 대체되었다고 주장했다. 그는 주로 대기업 임원과 중역, 그리고 기업 임원을 겸직하는 변호사와 교수가 상층계급을 대체한다고 말한다.

미국뿐 아니라 유럽, 동아시아 각국의 대기업 창업가와 전문 경영인은 강력한 이익 단체를 만들어 사회적·정치적 문제에도 영향력을 행사한다. 한국에서도 자본가계급의 조직적 활동이 활발하게 이루어지며 정부 정책 결정에도 큰 영향을 미친다. 1950년대 이후 정부의 특혜를 받으며 급성장한 재벌 대기업이 새로운 상층계급을 형성했고, 번햄이 예측한 대로 대기업의 전문 경영인이 증가하면서 이들이 새롭게 상층계급에 진입했다.

미국 사회학자 찰스 라이트 밀스는 《파워 엘리트》에서 전국적으로 구축된 '파워 엘리트'가 미국에 존재한다고 주장했다. 마르크스와 베버의 관점 모두를 활용한 밀스는 파워 엘리트가 백인, 개신교, 아이비리그 대학 등 비슷한 사회적 배경을 가진 사람들로 구성원을 충원하며 긴밀한 연계를 유지하고, 대기업, 정치인, 군부, 유명 인사로 이루어진 단일한 권력 복합체라고 분석했다. 그러나 밀스의 주장과 달리 파워 엘리트는 단일한 세력이 아니라 다양한 이해관계를 가진 집단의 연합체다. 파워 엘리트는 어떤 상황에서는 서로 협력하지만, 때로는 분열되거나 갈등하기도 한다. 심지어 파워 엘리트는 권력을 유지하기 위해 중간계급과 하층계급을 대변하며 자신의 이익과 상반된 주장을 하는 경우도 있다. 파워 엘리트는 소수이지만 축적된 막대한 부와 권력으로 사회 전체에 광범위한 영향을 미친다.

중간계급은 상층계급에 비해 훨씬 수가 많으며 다양한 직업을 가진 이질적 세력으로 구성된다. 일반적으로 중위 소득의 50~150퍼센트 정도의 소득을 가진 계층을 중산층이라고 부르기도 한다. 이러한 기준은 OECD와 경제학자들이 주로 사용한다. 하지만 사회학자들은 주로 직업 구조에 따라 중간계급을 세분하기도 한다. 전통적 도시 자영업자와 농민은 구舊중간계급, 회사원과 교사 등 사무직 노동자는 신新중간계급으로 분류한다. 변호사, 의사, 교수 등 전문직도 신중간계급으로 분류된다. 일반적으로 신중간계급은 교육 수준이 높고 사무직에 종사하며 화이트칼라로 불리기도 한다. 화이트칼라는 국가와 기업의 거대한 관료제가 발전하면서 지속적으로 증가했다.

최근에는 소득수준과 사회적 지위에 따라 중간계급을 중상 계급과 중하 계급으로 구분하기도 한다. 중상 계급은 고위 공무원, 기업 임원 등 상층 관리직과 의사, 변호사, 교수와 같은 전문직으로 구성된다. 중하 계급은 사무원, 판매원, 교사, 간호사 등으로 구성되는데, 두 계급은 소득수준과 교육 수준의 차이가 매우 크다. 전문직, 관리직, 고위 관료는 국가가 관리하는 시험을 통과해야 하고 국가는 그 인원을 통제한다. 이들은 유명 대학의 학위와 졸업장이 있는 경우가 많으며 다른 중간계급에 비해 매우 높은 소득을 받는다.

중간계급 내부는 직업 구조가 역동적이어서 상향 이동과 하향 이동이 가능하다. 1950년대 베버주의 사회학자들은 중간계급이 증가해 중간계급이 소멸할 것이라는 마르크스의 주장은 오류라고 비판했다. 실제로 화이트칼라가 급증하면서 중간계급이 확대되었는데, 베버주의 사회학자들은 중간계급의 증가로 계층구조가 피라미드 형태에서 다이아몬드 형태로 바뀐다고 보았다. 그러나 마르크스주의 사회학자들은 화이트칼라가 '신新노동자계급'으로 바뀌고 있다고 주장했다. 미국 사회학자 해리 브레이버만Harry Braverman은 《노동과 독점자본》에서 화이트칼라의 '탈脫숙련화'가 일어나면서 생산직에 종사하는 블루칼라와 화이트칼라가 동질화된다고 주장했다. 실제로 화이트칼라는 자본가계급과 노동자계급의 특성이 모두 있는 모호한 성격을 지닌다. 이들은 노동자계급과 같이 고용주와 노동력을 매매하는 계약을 맺어야 하지만, 생산과정에서 일정한 영향력을 가지는 경우가 많다. 중간계급의 구성이 분화하면서 정치적 태도와 문화 취향도 복잡한 성향을 띤다.

노동자계급의 변화는 사회학에서 가장 논쟁적 주제 가운데 하나다. 마르크스는 노동자계급을 자본주의가 만든 새로운 계급이자 사회주의사회를 만들 주체로 보았지만, 20세기 중반 이후 노동자계급은 점차 감소했다. 급속한 기술 발전으로 이뤄진 공장자동화는 제조업 노동자의 수를 줄이는 탈산업화를 가속시켰다. 마르크스가 살았던 영국의 노동자계급은 1940년대 전체 인구 대비 50퍼센트 수준에 이르렀지만, 더 이상 증가하지 않았다. 오늘날 영국 노동자계급의 인구 비중은 20퍼센트 이하 수준에 머물며, 유럽의 노동자계급도 그 비중이 30퍼센트 이하에 그친다. 1980년대 프랑스 사회학자 고르는 《프롤레타리아여 안녕》이라는 도발적 제목의 책에서 마르크스의 예견과 달리 임금노동자가 사라지고 있다고 주장했다. 그러나 한국, 브라질 등 제3세계 신흥공업국의 노동자계급은 급속하게 증가했다. 한국의 경우 1989년 기준 전체 인구 대비 노동자계급의 비중이 40퍼센트를 넘었지만 그 뒤로 노동자계급의 비중은 점차 감소하고 있다. 한국의 탈산업화 현상이 장기적으로 생산직 노동자계급의 수를 감소시킬 것이라는 전망이 우세하다.

1960년대 서구 노동자계급에 대한 연구에 따르면, 노동자계급의 공동체 문화와 집단주의가 약화되면서 사생활과 개인주의 문화를 중시하는 경향이 높아졌다. 노동자계급도 자기 집을 구매하고 기업 주식을 보유하고 대중적 소비문화를 향유하면서 새로운 의식을 갖게 되는 것이다. 이처럼 노동자계급이 대중적 부르주아 가치와 문화를 수용하는 사회현상을 '부르주아화'라고 표현한다. 모든 노동자가 중간계급의 문화와 가치를 수용한다고 말하기는 어렵지만, 다른 계급의 문화와 구별되는 노동자계급 고유의 문화 차별성은 점차 약화되고 있다. 이와 같은 노동자계급 문화의 변화는 정치적 태도의 변화와 밀접하게 연관된다.

1980년대 이후 영국에서 보수당 대처 정부가 등장하면서 노동자계급 가운데 사회주의와 집단주의 대신 자본주의와 개인주의를 강조하는 보수당에 투표하는 이들이 많아지기 시작했다. 한국에서도 노동자계급 투표 성향을 보면 대기업과 부유층에 연계되는 보수정당에 투표하는 비율이 상당히 높다. 특히 영남 지역의 노동자계급과 저소득층은 보수정당에 투표하는 경향이 강하다. 1987년 민주화 이후 지역주의 정당 구조가 노동자계급 투표 성향에 많은 영향을 미친 것으로 보인다. 그렇지만 노동자계급의 이익을 표방하는 진보 정당이 등장하면서 일부 노동조합의 지지를 얻기도 했다.

사회계층은
고정불변한 것인가

현대 사회과학에서 불평등에 대한 연구가 많지 않듯이 사회학에서도 불평등은 비교적 관심이 덜한 주제다. 불평등 대신 사회계층이라는 용어를 사용했던 사람은 러시아 출신으로 미국 하버드 대학교 사회학 교수가 된 소로킨이다. 그는 사회계층이 지나치게 경직되면 사회갈등을 유발할 수 있다고 주장했다. 볼셰비키가 주도한 러시아혁명을 피해 미국으로 망명한 소로킨은 《사회와 문화이동》에서 "계층화된 사회에서 수직적 순환 출구 채널은 신체 내의 혈액순환을 위한 채널만큼 필요"하다고 주장했다. 그는 사회이동이 제대로 이루어지지 않는다면 비효율과 무질서가 발생할 것이라고 경고했다.

사회계층은 필요악인가

소로킨은 하버드 대학교 사회학과에서 큰 영향력을 갖지 못했지만 파슨스는 소로킨보다 더 많은 제자를 배출했다. 파슨스는 사회 균형과 조화를 강조한 기능주의 이론을 주창했다. 파슨스의 제자들이었던 기능주의 사회학자들은 사회계층이 불평등한 보상 체계를 가지긴 하지만 오히려 사회의 "기능적 필요성"을 지닌다며 사회계층을 정당화했다. 미국 사회학자 킹즐리 데이비스Kingsley Davis와 윌버트 무어Wilbert Moore는 한 사회가 작동하기 위해서 사회계층은 필요한 집단이라고 주장했다. 더 훈련받고 더 교육받은 사람이 더 높은 수준의 보상을 받는 사회 체계가 개인에게 열심히 일하고자 하는 동기를 유발할 것이라고 보았다. 일단 각 개인의 역할이 수행되면 개인들 사이에 유기적 연대가 형성되면서 사회가 효율적으로 작동할 것이라고 생각했다. 그들은 모든 사회에 불평등한 계급 체계가 있는 것을 당연하게 봤다.

지금도 대다수 미국인은 (유럽 사람과 달리) 불평등이 불가피하며, 오히려 불평등이 개인의 근로 동기를 강화시킬 것이라고 믿는다. 이는 계급 체계에서 발생하는 불평등을 정당화한다. 그러나 이러한 관점은 왜 많은 사람이 자신의 노동에 대해 공정하게 보상받지 못한다고 불평하면서도 더 많은 임금과 지위를 가진 계층으로 이동하려고 애쓰는지 충분하게 설명하지 못한다.

불평등이 사회에서 불가피하게 필요하다는 기능주의 사회학자들과 달리 상당수 사회학자는 자원과 권위의 불평등한 분배가 사회 갈등을 유발한다고 본다. 마르크스주의 사회학자들은 계급 구조의 차이가 상이한 인생 기회를 만든다고 본다. 미국 사회학자 에릭 올린 라이트Erik Olin Wright는 자본주의사회에서 계급의 지위를 결정하는 요소로 소유, 권위, 노동현장에서의 자율성을 강조한다. 그는 노동자계급이 이 요소들을 잃고 있다고 말한다. 또한 서로 다른 계급에 속하는 사람들은 서로 다른 가치,

규범, 생활 방식, 결사체를 가지며, 이를 다음 세대에 상속할 가능성이 크다고 본다. 한편, 페미니스트 사회학자들은 사회계층에 관한 연구가 남성의 소득과 지위만 분석하기 때문에 여성이 제외되었다고 주장한다. '남성' 사회학자들 대부분이 상대적으로 낮은 여성의 계급 상황을 도외시한다고 비판한다.

사회이동과 사회단절

개인이나 집단이 특정한 사회계층에서 다른 사회계층으로 이동하는 것을 사회이동social mobility이라고 한다. 하층에서 중간 또는 상층으로 이동하는 것은 상향 이동이고, 더 낮은 계층으로 이동하는 경우는 하향 이동이다. 한 사람의 생애에서 사회이동을 경험하는 경우는 세대 내 이동이고, 다음 세대에서 사회이동이 일어나는 경우는 세대 간 이동이다. 이에 비해 사회의 특정 계급과 계층이 다른 성원의 진입을 막는 것을 사회 단절social closure이라고 부른다. 경직된 사회계층이 장기적으로 유지되는 사회에서는 사회 단절이 일어난다.

한 사회의 계층구조는 시대 변화에 따라 폐쇄적이거나 개방적인 성격을 갖는다. 대다수 사회학 연구는 20세기 중반 이후 산업사회에서 중간계급이 증가하고 능력주의가 확산되면서 사회이동이 개방적인 사회로 바뀌었다고 주장한다. 특히 관리직, 전문직, 행정직 같은 화이트칼라 직업이 새롭게 생겨나면서 노동자계급 자녀들이 상향 이동하는 비율이 증가했다. 능력에 따른 사회이동이 가능해지자 계급 갈등이 일어날 여지가 줄어들었다. 그러나 1980년대 이후 서구 사회에서 경제 자유화, 공기업 사유화, 노동시장 유연화와 함께 교육·보건 등 사회 공공서비스가 축소되면서 노동자계급의 자녀가 상향 이동을 할 가능성이 감소했다. 최근 많은 국가에서 비정규직과 실업이 늘어나면서 중간계급 자녀들마저 하향 이동할 가능성이 커진다는 우려가 확대되고 있다. 한국에서도 사회이동 기회가 감소하면서 사회 불평등이 더욱 커지고 있다는 비판의 목소리가 높아지고 있다.

●

불평등의
측정

경제학자들은 개인 소득의 불평등한 배분이 경제적 불평등을 만든다고
보며, 사회학자들은 넓은 차원에서 사람들의 인생 기회가 불평등하게 분
배되는 구조를 분석한다. 이러한 사회 불평등을 분석하는 데 자료 수집
의 한계가 있기 때문에 소득 불평등을 보여주는 가계소득을 비교하는 방
법을 많이 사용한다.

소득 불평등 지표

소득 불평등을 측정하는 대표적 측정 도구와 방법으로는 지니계수, 5분
위 또는 10분위 배율, 상대적 빈곤율, 최상위 1퍼센트와 최하위 10퍼센
트 인구가 차지하는 소득과 재산의 비중 등이 있다. 첫째, 지니계수는 가
장 일반적으로 불평등을 측정하는 척도이다. 이탈리아 사회학자 지니
는 지니계수를 통해 소득 분포를 측정했다. 지니계수는 0과 1 사이의 값
을 가진다. 지니계수가 0이면 소득분배가 완벽하게 평등하고 모두가 동

브라질의 불평등을 한눈에 보여주는 상파울루의 모룸비

브라질의 지니 계수는 2016년 현재 0.53으로 경제 불평등이 가장 큰 나라 중 하나다. 세계 경제 7위의 강대국이지만 아직도 공공시설, 치안, 의료 제도 등이 매우 빈약하다.

일한 소득을 얻는다는 뜻이다. 반대로 지니계수가 1이면 한 사람이 모든 소득을 차지한다는 뜻이며 가장 불평등한 상황을 가리킨다. 보통 0.4가 넘으면 소득분배의 불평등 정도가 심한 것으로 본다. OECD 국가의 평균 지니계수는 약 0.3인데 최근 증가하는 추세다. 미국의 지니계수는 1980년대 0.34에서 2013년에는 0.40으로 증가했다. 독일은 0.26에서 0.29로 증가했다. 중국은 0.28에서 0.4 이상으로 급증했다. 덴마크는 0.249로 세계에서 가장 낮다. 전 세계 국가의 지니계수는 0.61에서 0.66으로 높아졌다.

한국의 지니계수는 1997년 외환 위기를 거치며 급격히 상승했으며,

모두를 위한 사회과학

그 후 복지 비용 지출의 확대에도 불구하고 개선되지 못하고 있다. 1인 가구 및 농가를 포함한 가처분소득 기준의 지니계수는 2006년 0.306을 기록한 뒤 2009년 0.314, 2012년 0.307로 증감을 거듭하고 있다. 그러나 한국의 소득세 자료를 활용한 지니계수는 0.479 수준이라는 주장도 있다. 또한 소득 최상위 계층이 실제 소득을 축소해 보고하거나 응답을 회피하는 경향이 있고, 최상위 계층의 금융 소득이 잘 잡히지 않아 지니 계수가 실제보다 매우 낮게 측정되고 있다는 지적도 있다.

둘째, 부의 분배를 놓고 최상위 10퍼센트와 최하위 10퍼센트 인구의 부의 비율을 측정하는 소득 10분위 배율, 또는 최상위 20퍼센트와 최하 위 20퍼센트 인구의 부의 비율을 측정하는 5분위 배율로 소득 불평등을 측정한다. 한국의 소득 최상위 10퍼센트 가구와 최하위 10퍼센트 가구의 격차는 10배 수준인 것으로 나타났다. 2012년 OECD 회원국의 최상 위 10퍼센트 평균 소득은 빈곤층 최하위 10퍼센트 평균 소득의 9.6배에 달했다. 1980년대에는 그 격차가 약 7배 수준이었다. 2013년 한국의 소 득 격차 비율은 10.1배로 증가해 OECD 회원국 평균(9.6배)보다 높았다. 미국이 19배로 소득 격차가 가장 큰 반면, 스웨덴(5.8배) 독일(6.6배) 프랑 스(7.4배) 등은 평균보다 낮았다. 다른 한편 한국의 최하위 20퍼센트인 1 분위 계층과 최상위 20퍼센트인 5분위 계층 간의 소득 격차를 나타내는 가처분소득 기준 소득 5분위 배율은 2003년 5.4배, 2006년 5.8배, 2011 년 5.7배로 그 격차가 확대되고 있다.

셋째, 중위 소득의 50퍼센트 이하 인구를 측정하는 상대적 빈곤율이 빈곤과 불평등을 측정하는 방법으로 널리 사용된다. 국가에 따라 40퍼센 트 또는 60퍼센트 인구 수준을 기준으로 정하기도 한다. 한국의 경우 소득이 중위 소득 50퍼센트 이하인 상대적 빈곤 인구가 2014년 기준 시장 소득별 17.9퍼센트, 가처분 소득별 14.4퍼센트에 이른다. 이 경우 상대적 빈곤은 불평등과 동일한 맥락으로 간주되지만 상대적 빈곤과 불평등이 동일한 개념은 아니다. 중위 소득의 특정한 비율 이상으로 빈곤층 소득이 증가해 상대적 빈곤율이 감소해도 부유층 소득이 더 빨리 증가하면 불평등은 커질 수 있다. 이 경우 상대적 빈곤은 불평등과 밀접히 관련된다. 국제 비교 자료를 보면, 상대적 빈곤율이 낮은 나라가 높은 나라에 비해 보다 더 평등하다.

넷째, 최상위 1퍼센트와 최하위 10퍼센트 인구가 차지하는 소득과 재산의 비중으로 불평등을 측정한다. 최근 불평등 연구로 큰 논란을 불러일으켰던 프랑스 경제학자 토마 피케티Thomas Piketty가 《21세기 자본》에서 사용한 방법이다. 피케티는 지난 미국, 유럽 등 25개국의 200년간 자료를 분석하여 장기적으로 불평등이 증가하고 있으며, 특히 1980년대 이후 부의 집중이 심각해졌다고 분석했다. 대표적으로 1987년 미국 최상위 1퍼센트 납세자가 세전稅前 소득의 12.3퍼센트를 차지했는데, 2007년에는 23.5퍼센트로 거의 2배 증가했다. 같은 기간 동안 최하층 소득 비율은 15.6퍼센트와 12.2퍼센트로 감소했다. 최상위 10퍼센트 사람들은 최하위 10퍼센트 사람들보다 시간당 5.8배를 더 번다. 이로 인해 중위 소득과 평균 소득에서 차이가 커졌다. 미국에서 중위 소득은 평균 소득의 절반 수준에 그친다. 한국 최상위층 1퍼센트의 부도 하위 계층에 비해 빠른 속도로 증가하고 있으며 전체 부의 18퍼센트를 차지하는데, 이는 미국 다음으로 높다.

최근에는 많은 사회학자가 불평등을 분석하는 데서 사회적 배제social

exclusion에 관심을 둔다. 이 개념은 1970년대 프랑스에서 처음 제기된 뒤 유럽연합 등에서 널리 사용되었다. 사회적 배제에 대한 연구는 다양한 차별을 겪는 주변화된 집단인 여성, 장애인, 소수 인종, 미숙련 노동자 등이 사회적으로 배제되는 과정에 초점을 맞춘다. 1980년대 이후 사회적 배제는 노동시장 또는 사회보장에서 배제된 상태를 뜻했으나, 점차 교육, 연령, 성별, 민족에 따른 사회 분열을 분석하는 개념으로 활용되었다. 이러한 이론은 빈곤층에 현금을 지급하는 것보다 노동·교육·주거·의료 부문에서의 사회적 포용social inclusion이 더 중요함을 강조한다. 사회적 배제와 불평등은 다른 개념이지만, 사회적 배제 또한 빈곤과 불평등의 원인을 설명하는 유용한 분석 도구를 제시한다.

불평등을 단순한 경제 현상으로 보아서는 안 된다. 스웨덴 사회학자 예란 테르보른Göran Therborn이 《불평등의 킬링필드》에서 주장한 대로 불평등은 개인의 자존감과 행복감에 큰 영향을 미친다. 불평등이 큰 사회일수록 삶의 만족도가 낮으며 다양한 사회문제가 발생하는 비율이 높다. 영국 사회 역학자 리처드 윌킨슨Richard Wilkinson과 케이트 피킷Kate Pickett은 《평등이 답이다》에서 불평등이 건강 악화, 정신질환, 자살률, 살인과 범죄의 증가, 사회적 신뢰의 저하 등 사회문제를 일으킨다고 분석했다. 불평등이 큰 미국은 많은 사회문제를 겪는 데 비해 스웨덴, 덴마크 등 비교적 평등한 사회에서는 사회문제가 훨씬 적다. 이처럼 사회비용을 더 많이 지불해야 하는 불평등 사회는 지속적인 경제성장에 장기적으로 커다란 부담이 된다.

왜 불평등이 증가하는가

1980년대 이후 전 세계 차원에서 불평등이 증가했다. 부유한 국가들이 가입한 OECD 회원국에서도 지속적으로 불평등이 심화되었다. 이러한 변화는 세계화와 탈산업화와 같은 구조적 변화뿐 아니라 경제 자유화를 추구하는 정부 정책의 결과로 볼 수 있다. 1980년대 미국 신우파 경제 학자들은 세금이 오르면 경제성장이 저하된다고 주장했다. 그들은 감세가 기업 투자와 고용을 촉진해 중산층과 저소득층에게 '낙수trickle down 효과'가 일어난다고 주장했다. 그러나 레이건·부시 정부 시기에 막대한 부자 감세에도 불구하고 기업 투자는 증대하지 않았고 경제 침체에서 벗어나지 못했다. 미국 경제학자 조지프 스티글리츠Joseph Stiglitz는 《불평등의 대가》에서 2008년 세계 금융 위기 이후 부유층의 투자와 소비 증가가 저소득층의 소득 증대에 영향을 미친다는 낙수 효과는 찾아볼 수 없었다고 주장했다. 세계 각국 정부가 세금 감면과 복지 축소를 주장하면서 부자들의 세금은 대폭 깎아준 반면, 가난한 사람을 위한 공공 부조와 실업 부조의 급여 수준은 낮아졌다.

1980년대 이후 신자유주의 시대에 부유층의 수입과 권력은 급속하게 강화되었다. 제2차 세계대전 이후 많은 국가에서 누진세율이 감소하기 시작하여 미국의 경우, 1960년대에는 70퍼센트로 하락했고 1980년대 레이건 정부 시기에는 28퍼센트로 크게 낮아졌다. 1960년대 최고 자본 소득세율은 25퍼센트였는데, 1980년대에는 15퍼센트 수준으로 하락했다.

반면에 불평등을 완화하거나 감소시키는 사회정책의 효과는 매우 제한적이다. 노동시장에서 일어나는 소득 불평등 수준이 비슷해도 사회보험이나 공공 부조 등 복지 제도의 영향으로 가처분소득의 불평등은 큰 차이가 난다. 복지 제도로 빈곤이 감소하는 효과는 시장 소득과 가처분 소득을 기준으로 측정된 빈곤율로 비교할 수 있다. 스웨덴의 시장 소득 빈곤율은 미국보다 높지만, 가처분소득 빈곤율은 매우 낮다. 반면에 미국에서는 교육·의료 서비스를 개인이 책임지기 때문에 불평등이 더욱 악화된다.

신자유주의 시대에 노동시장이 유연하게 변화하면서 비정규직 노동자가 급속도로 증가했다. 한국에서도 1997년 외환 위기 이후 비정규직이 증가하고 소득이 정체되면서 근로 빈곤층이 증가했다. 가족 내 다른 가구원의 근로소득을 더해 빈곤을 벗어나는 경우가 절반 가까운 수준이다. 이러한 현상은 시간제, 기간제 같은 비정규직 노동자를 고용하는 불안정 고용의 증가와 관련 있다. 비정규직 규모는 전체 경제활동인구의 35퍼센트 수준이며, 이들 비정규직 임금은 정규직 대비 절반 이하다.

한국의 불평등 가운데 세대 간 불평등은 매우 심각한 수준이다. 중위 소득 50퍼센트를 기준으로 한 노인 빈곤율은 2012년 현재 48.5퍼센트에 이른다. 이는 OECD 회원국 가운데 가장 높은 수준이다. 노인 가구 빈곤율은 국민연금 혜택을 받지 못하는 노인 인구에서 높으며, 자녀에게 사적 이전소득을 매우 적게 받거나 거의 받지 못하는 저소득층에서 매우 높게 나타난다. 공적 연금을 비롯한 정부 역할이 매우 미비하기 때문에 노인의 세대 내 불평등도 전 세계적으로 가장 높은 수준이다. 2012년 현재 65세 이상 노인의 지니계수는 0.430으로 OECD 회원국 가운데 3번째로 높다. 반면에 대부분의 유럽 국가에서는 1940년대에 공적 연금을 도입해 은퇴한 노인에게 관대한 연금 혜택을 주기 때문에 세대 간, 세대 내 불평등이 심하지 않고 노인 빈곤율이 낮다.

심각한 노인 빈곤

한국은 OECD 국가들 중에 65세 이상 노인 빈곤율이 가장 높다. 게다가 일자리 대부분이 청소·경비·간병인 등으로 고되고 임금이 낮은 일자리이기 때문에 한번 빈곤해지면 거기에서 빠져나오기 어렵다.

　왜 유럽에서는 불평등을 줄이는 정책을 선택하고 미국에서는 반대의 정책을 선택하는가? 많은 학자는 유럽과 미국의 정치제도가 중요한 요인이라고 주장한다. 다수결로 의사 결정을 하는 미국, 영국, 한국과 같은 다수제 민주주의majortarian democracy는 최고 득표자가 당선자가 되며 주로 양당제를 채택하고 있다. 선거에서 승리한 정당이 권력을 독점하는 반면, 선거에서 패한 정당은 정치 과정에서 배제되기 때문에 정권 교체기마다 권력을 잡으려는 정당 간 경쟁이 치열하다. 다수제 민주주의는 '승자 독식 정치'를 만들고 사회적·경제적 약자를 대표하는 정당이 정책 수립에서 영향력을 행사할 가능성이 매우 적다. 재분배 정치가 발전할 가능성도, 정부가 재분배에 관심을 가질 가능성도 적다. 한국에서도 소선거구제를 통해 지역주의 정치 구조가 재생산되며, 선거공약에서도 의

모두를 위한 사회과학

료·교육 분야의 복지 공약보다 도로·항만 건설 같은 지역 개발 공약이 우선시된다. 정부 예산안을 둘러싼 국회 예결 위원회에서도 국회의원은 자신의 지역구 예산을 따내는 데만 몰두해서 복지 정책보다 지역 민원이 첨예한 쟁점이 된다. 결과적으로 한국과 미국 등 다수제 민주주의 국가에서는 빈곤층과 사회적 약자를 무시하는 배제의 정치가 이루어진다.

반면에 유럽 국가들은 중·대선거구제에서 비례대표를 선출하는 합의제 민주주의consensus democracy의 특성이 있다. 독일, 오스트리아, 스웨덴, 덴마크, 네덜란드 등 주요 유럽 국가에서는 대부분 연립정부를 구성한다. 정당의 정치적 타협이 수시로 일어나며 독일의 경우처럼 좌우 대연정이 이루어지기도 한다. 합의제 민주주의에서는 정치적 결정 과정에서 거대 정당뿐 아니라 다양한 소수 정당이 참여한다. 또한 노동조합 등 사회적 약자를 지원하는 복지 제도가 발전하고 빈곤과 불평등을 줄이는 보편적 복지 제도가 확대된다. 선거에서도 지역과 개발보다 조세와 복지가 주요 쟁점이 되며 재분배 정책이 강화된다. 이런 토대 위에서 유럽의 합의제 민주주의에서는 약자를 배려하고 사회 통합을 추구하는 포용의 정치가 이루어진다.

불평등을 어떻게
해결할 것인가

─────────

세계의 부자들이 모인 2014년 세계경제포럼WEF은 "소득 불평등은 세계 경제의 가장 심각한 위험"이라고 지적했다. 이제 국제통화기금IMF과 주류 경제학자들도 지나친 불평등이 사회 통합을 저해하고 장기적인 경제 성장에 악영향을 줄 수 있음을 인정한다. 사회 불평등을 불가피한 것으로 본 1950년대 미국 기능주의 사회학자들의 주장과 달리 오늘날의 대다수 사회학자는 사회 불평등을 줄이는 국가의 역할에 관심을 가진다. 특히 최근 30년간 영국, 미국 등 서구 사회에서 사회 불평등이 증가한 것을 보고 많은 사람이 우려를 표시했다. 그런데 불평등이 모든 사회에 동일하게 나타나는 것은 아니다. 영미권 국가와 달리 유럽 국가의 불평등은 상대적으로 적은 편이다. 이러한 차이가 생긴 주된 이유는 사회보장, 보건 의료 등 복지 제도의 차이 때문이다. 복지 제도가 발전한 나라일수록 사회적·경제적 불평등이 적다.

복지국가란 무엇인가

복지국가는 일반적으로 모든 시민에게 사회복지 제도를 제공하는 국가를 가리킨다. 영국 역사학자 아사 브리그스Asa Briggs에 의하면, 복지국가는 세 가지 차원에서 시장이 만든 불평등을 보완하려 한다. 첫째, 복지국가는 노동, 재산과 무관하게 모든 개인과 가족의 '최저 소득'을 보장한다. 둘째, 복지국가는 개인과 가족을 위기에 빠뜨리는 질병, 고령, 실업과 같은 '사회적 위험'에 대응할 수 있는 능력을 키워준다. 셋째, 복지국가는 지위와 계급의 구별 없이 모든 시민이 저마다 잠재력을 개발할 수 있도록 최고 수준의 교육 등 사회 서비스를 제공한다.

현대 복지국가는 19세기 유럽 자본주의의 발전과 함께 등장했다. 자본주의는 역사상 최고의 경제성장을 이루었지만 심각한 사회 불평등에 직면했다. 영국 사회학자 토머스 H. 마셜Thomas H. Marshall은 《시민권》에서 복지 제도가 국가에 의해서 자동적으로 발전한 것이 아니라 '시민권citizenship'이 발전하면서 수립된 것으로 보았다. 영국에서 시민권의 역사적 발전 과정을 보면 18세기에는 언론·출판·집회·결사의 자유와 같은 공민권이 등장하고, 19세기에는 투표권 등 참정권이 확대된 데 이어, 20세기에는 교육·복지 분야에서 사회권이 발전했다. 하지만 모든 국가의 사회권이 영국에서의 경험처럼 진화의 발전 과정을 거친 것은 아니다. 한국에서는 1948년에 투표권이 허용되었지만, 공민권은 1987년 민주화 이후에야 실행될 수 있었다. 미국에서도 1930년대 루스벨트 정부가 노동조합의 권리, 사회보장 등 사회권을 도입했지만, 1960년대에야 남부 흑인의 투표권이 허용되었다.

시민권의 역사가 다양하게 전개되었듯이 복지국가의 역사적 발전 과

정도 매우 복잡한 양상을 보인다. 역사적으로 보면, 복지국가의 기원은 1880년대 독일의 사회보험 제도화로 거슬러 올라간다. 독일의 급속한 산업화를 추진한 비스마르크 총리는 기업의 반발에도 불구하고 산업 노동자를 위한 의료·산재·노령·장애 연금보험을 적극적으로 도입했다. 부국강병을 강조한 보수 정치인이었던 비스마르크는 복지 제도를 통해 사회주의 노동운동의 확산을 막아야 한다고 믿었다. 다른 한편 제1차 세계대전을 앞두고 1910년대 영국 총리 데이비드 로이드 조지David Lloyd George도 노동자에게 사회보험을 도입하는 사회 개혁을 추진했다. '인민 예산'이라고 불린 대대적인 조세개혁으로 부유층의 증세를 밀어붙이고 노동자의 광범한 지지를 이끌어냈다. 이미 19세기 영국에서는 부스와 시봄 라운트리Seebohm Rowntree가 연구를 통해 사회 빈곤을 이야기했고 빈곤문제가 심각한 사회문제로 부각되면서 사회보험의 필요성이 제기되었다.

1930년대 대공황과 제2차 세계대전을 거치면서 복지국가는 발전했다. 제2차 세계대전 이후 약 30년 동안 복지 제도가 수립되고 복지 예산이 확대되면서 복지국가는 '황금기'를 누렸다. 중간계급을 포괄하는 보편적 복지국가를 지향하는 개혁이 시행되었고, 사회복지 급여도 확대되어 대다수 인구가 그 혜택을 누렸다. 기업가와 노동조합의 타협, 보수정당과 사회민주당의 합의, 케인스 경제학에 입각한 '혼합경제'가 널리 확산되었다. 경제성장이 지속됨과 더불어 실업률과 물가 상승률도 낮아졌다.

1970년대 유가 파동 이후 복지국가는 학문적·정치적 공격을 받았다. 유가가 폭등하면서 많은 국가의 경제성장이 정체되었고 실업률과 물가 상승률도 높아졌다. 이러한 경제 위기와 함께 실업수당 증가 등 복지 재정 부담이 증가하면서 '복지국가 위기론'이 대두되었다. 복지국가를 발전시키기 위한 기업과 노동조합의 타협은 무너지고, 보수정당과 사회민주당의 합의도 사라지고 케인스 경제학과 혼합경제도 쇠퇴했다. 1980년대 미국 레이건 정부와 영국 대처 정부가 등장하면서 복지국가에 대한 이념적 비판이 거세졌고, 통화량 감소, 공기업 사유화, 재정 균형, 복지 축소를 주장하는 '신자유주의'가 세계적 차원에서 힘을 얻기 시작했다. 1980년대 이후 복지국가는 축소와 재편을 강요받았고, 국가별로 저마다 복지를 둘러싸고 뜨거운 정치적 논쟁을 벌였다.

그러나 21세기에도 복지국가는 사라지지 않고 선진 산업국가의 복지 재정은 지속적으로 증가하고 있다. 한국에서도 복지국가가 등장한 이래 복지 재정은 증가하고 복지 제도는 계속 발전해왔다. 특히 탈산업화, 고령화, 가족 구조의 변화로 실업자, 은퇴 노인, 직장 여성을 위한 복지의 필요성이 더욱 증가했다. 2007~2008년 세계 금융 위기가 발생한 이후 많은 정부는 경제 침체에 취약한 사회적 약자를 지원하는 동시에 사회 결속을 강화하는 사회제도로서 복지국가를 새롭게 주목하고 있다. 복지국가는 사회 통합을 강화하는 데 도움이 될 뿐 아니라, 산업 평화를 유지하고 경제성장을 위한 필수 요소로 인정받고 있다.

복지국가는 자본주의 시장경제가 필연적으로 만들어내는 사회 불평등을 보완하고 사회 통합에 기여한다. 하지만 절대적·기계적 평등을 추구하는 것은 아니다. 현대 복지국가에 커다란 영향을 미친 미국 정치철학자 존 롤스John Rawls는 《정의론》에서 '공정성'을 통한 '정의'를 강조했다. 그에 따르면, 사회는 모든 사람이 균등한 직위와 직책을 가질 '기회의 평등'이 필요한 동시에, 사회의 최대 취약 계층에게 최대의 이익을 줘야 한다(최소 극대화 원칙). 이러한 주장은 순수한 능력주의와 다르며, 취약 계층을 대하는 '긍정적 우대'를 강조한다. 다른 한편, 인도 경제학자 아마티아 센Amartya Kumar Sen은 《자유로서의 발전》에서 빈곤층에게 사후에 현금을 지급하기보다 사전에 빈곤에서 벗어날 수 있는 역량을 키워주는 것이 중요하다고 주장했다. 그는 모든 사람을 위한 교육과 의료 등 기본적 권리 보장이 빈곤을 예방할 뿐 아니라 불평등을 줄이는 데 효과적이라고 보았다. 이런 점에서 복지국가는 개인의 최저 생활을 보장하는 데 그치지 않고 개인의 적극적 자유를 실현해 잠재적 역량을 발휘하도록 지원하는 장기적 목표를 추구한다.

한국, 복지국가로 가는가

한국에서도 1987년 이후 민주화가 공고해지고 시민사회가 발전하면서 의료보험 같은 복지 제도가 확대되었다. 특히 1998년 김대중 정부가 등장한 이후 건강보험, 고용 보험, 국민연금 등 사회보험이 확대되고 공공 부조가 도입되면서 본격적으로 국가 복지가 발전했다. 국민연금이 모든 국민에게 적용되었고, 산재보험과 고용 보험 역시 전 사업장에 적용되었다. 국민기초생활보장법이 제정되어 공공 부조가 실행되었으며, 국가가 빈곤을 책임지는 정책과 수급자의 권리가 강조되었다. 이 시기를 최저 생활 보장과 보편적 복지 제도를 도입한 '복지국가의 태동기'라고 볼 수 있다. 노무현 정부 이후에도 정부 복지 재정은 지속적으로 늘어났으며 많은 국민이 사회보험 혜택을 받았다.

그러나 한국의 복지 제도는 아직 많은 문제점이 있다. 사회보험의 혜택을 받지 못하는 복지 사각지대가 광범위하게 존재하며, 특히 비정규직 근로자의 국민연금, 건강보험, 고용 보험 적용률은 30퍼센트대에 불과하다. 최후 사회 안전 망이라 할 수 있는 기초생활보장제도 역시 부양 의무자 기준 때문에 미흡한 점이 있다. 한국의 공공 사회 지출 비중은 약 10퍼센트 수준으로 OECD 회원국 가운데 최하위권이다. 스웨덴, 덴마크 등 북유럽 국가의 3분의 1에도 못 미친다. 또한 공교육비 지출은 가장 낮은 수준인 반면, 사교육비 부담은 세계 최고 수준이다. 직업훈련과 주거 복지를 위한 정부 지출도 매우 낮다.

  미성숙한 복지국가로는 한국 사회의 노인 빈곤, 청년 실업, 비정규직 증가로 인한 소득 불평등 확대를 막기에 역부족이다. 한국 복지국가는 사회적·경제적 불평등을 줄이기 위해 보건과 연금 등에서 보편적 사회 보험을 확대하는 동시에 교육과 훈련 같은 사회 투자social investment를 위한 제도 개혁을 추진해야 하는 과제를 안고 있다. 세계 최고 수준에 이른 불평등을 완화하지 못한다면 사회 갈등은 갈수록 심화될 것이다. 로마 역사가 플루타르코스가 말했듯이 "부자와 가난한 자 사이의 불균형은 모든 공화국의 가장 오랜 치명적 우환이다".

책이 사라지는 세상이 온다면 우리의 사고가 멈출까? 미국 소설가 레이 브래드버리Ray Bradbury의 《화씨 451Fahrenheit 451》을 보면 세속적이고 통속적 정보만이 중요하게 취급되는 미래 사회가 등장한다. 빠른 속도의 문화에 중독된 사람들이 쾌락만을 추구하는 미래에 대해 비판적 사고를 갖게 만드는 독서는 이 사회에서 불법으로 간주된다.

사람들한테 해석이 필요 없는 정보를 잔뜩 집어넣거나 속이 꽉 찼다고 느끼도록 '사실'들을 주입해야 돼. 새로 얻은 정보 때문에 '훌륭해'졌다고 느끼도록 말이야. 그러고 나면 사람들은 자기가 생각을 하고 있다고 느끼게 되고, 움직이지 않고도 운동감을 느끼게 될 테지. 그리고 행복해지는 거야. 그렇게 주입된 '사실'들은 절대 변하지 않으니까. 사람들을 얽어매는 철학이니 사회학이니 하는 따위의 불안한 물건들을 주면 안 돼. 그러한 것들은 우울한 생각만 낳을 뿐이야.

'화씨 451'은 책이 불타는 온도를 상징한다. 인간의 생각이 통제되는 사회를 놀랍게 예측한 《화씨 451》이 보여주는 미친 세상은 현재 우리의 세상과 너무 닮아 있다. 텔레비전 예능 프로그램의 인기, 광범위하게 보급된 인터넷과 스마트폰, 버스와 지하철에서조차 게임과 만화, 영화를 즐기는 것이 우리 모습이다. 매일 접하는 수많은 이미지의 홍수 속에서 우리는 좀처럼 생각할 시간을 갖지 못한다. 학교는 어떠한가. 어린 시절 동화책을 즐겨 읽던 아이들도 고등학교에 들어가면 학원에 쫓겨 책을 잡을 시간이 없다. 학교 선생님들은 학생들에게 독서를 권장하지 않는다. 오로지 시험 성적을 위한 반복적 암기와 문제 풀기 능력만 요구할 뿐이다. 좋은 성적은 좋은 대학에 들어가게 만들어주고 개인의 행복을 좌우한다는 믿음 때문이다.

24시간 계속되는 텔레비전 뉴스, 출근길 지하철역에 쌓인 무가지 신문들, 인터넷 포털 서비스에서 제공하는 공짜 정보 속에서 살아가는 사람들은 과거보다 사회를 더 잘 이해하고 있는가? 시청률 경쟁, 실시간 인기 검색어 순위는 우리에게 사회를 진지하게 들여다볼 시간을 주지 않는다. 얄팍한 정보는 개인이 어떻게 사는지, 어떤 삶을 살아야 하는지, 다른 사람들은 어떻게 사는지 진지하게 성찰할 것을 요구하지 않는다. 우리는 정보 기술을 통해 이전보다 촘촘하게 연결되었다고 생각하지만 사실 더 철저히 개인화되고 고립된 삶을 산다. 하지만 나는 우리의 세상이 놀라운 살인 사건과 추문, 나와 무관한 다른 사람들의 뉴스, 그리고 별로 듣고 싶지 않은 불행한 사람들의 이야기로 가득 찬 세상이라고 믿고 싶지 않다.

이 책의 첫머리에 등장한, 고대 그리스 철학자 아리스토텔레스가 말한

"인간은 정치적 동물"이라는 표현은 현대사회에서 더욱 의미심장하다. 사회에 관심이 없는 사람은 한마디로 바보다. 인간은 사회를 떠나서 살 수 없다는 주장은 결국 개인과 사회가 불가분의 관계에 있다는 것이다. 후대 학자들은 사회가 무엇인지에 대해 서로 다른 관점을 제시하며 끝없는 논쟁을 벌였다. 일부 학자들은 끈질기게 이 문제와 씨름했다. 결론부터 말하면 이 책은 개인과 사회가 분리될 수 없다는 아리스토텔레스의 주장에 동의한다. 또한 '호모 폴리티쿠스'라고 인간을 표현한 아리스토텔레스를 따라 우리 모두가 '호모 소키에타스'라고 주장한다. 그러나 사회가 전적으로 개인의 행동을 규정한다는 주장에는 동의하지 않는다. 개인이 사회로부터 독립해서 행동할 수 있다는 견해에도 동의하지 않는다. 이제는 개인과 사회가 어떤 상황에서 어떤 관계를 형성하고 어떻게 서로 영향을 주는지 이해하는 것이 중요한 문제다.

이 문제는 단지 사회가 어떻게 만들어지는지 묻는 것으로 끝나지 않는다. 더 나아가 사회가 어떻게 조직되어야 하는지, 개인은 사회를 바꾸기 위해 어떻게 행동해야 하는지를 묻는다. 계몽주의의 등장, 정치혁명, 산업혁명 이후의 역사를 보면 사람들은 세 가지 다른 각도에서 사회를 바라본다.

첫째, 19세기 프랑스 사회학자 뒤르켐은 개인과 분리된 사회가 존재한다고 보았다. 그는 산업화로 인해 작업이 분화되고 개인주의가 확산되는 것을 매우 두려워했다. 특히 사회규범이 없는 사회는 매우 위험하다고 보았다. 그는 프랑스 노동자계급이 사회주의를 지지하는 것은 사유재산제를 철폐하기 위해서가 아니라 전통적 사회연대와 가치가 파괴되는 것에 저항하는 것이라고 보았다. 그는 강력한 사회연대를 맺은 공동체를 다시 구성하기 위해 직업 조직을 기반으로 한 사회주의를 지지했다. 사회주의 기원에 관한 뒤르켐의 강의를 기록한 원고는 1928년에 그가 죽은 뒤 조카 마르셀 모스가 '사회주의'라는 제목으로 출간했다. 뒤르켐의 사회주의는 물론 마르크스가 말한 계급 없는 사회의 사회주의와는 다르다. 하지만 둘 다 사회가 강력한 공동체를 기반으로 유지되어야 한다고 보았다.

둘째, 상호작용주의 이론은 구조적 사회학의 거시적 접근법에 반대하고 사회가 개인의 상호작용에 의해 형성된다고 믿는다. 20세기 미국 사회학자 어빙 고프먼은 개인의 행동, 반응, 상호 적응의 대면 접촉 과정에 관심을 가지며 미시 사회학을 제시했다. 상호작용은 주로 언어와 행동 양식을 통해 이루어지며, 사회적 상호작용의 목표는 다른 사람들과 소통하는 것이다. 고프먼은 개인의 상호작용에도 통제가 존재한다고 지적했다. 어떤 사람이 자신이 원하는 정보를 얻기 위해 소통을 하는 경우 그는 상대방의 행동을 통제한다. 동시에 개인은 상호작용을 하면서 상대방이 원하는 역할을 연기하기도 한다. 고프먼이 '자아의 표현'이라고 부르는 '사회적 자아'는 상호작용주의 이론의 주요 관심 대상이다. 상호작용주의는 개인의 행동을 이해하려고 노력하되, 같은 계급의 인간은 같은 행동을 할 것이라 기대하며 인간 행동을 일반화하려는 생각을 거부한다. 대신 모든 사람이 서로 다른 태도, 가치, 문화, 신념을 지닌다고 믿는다. 또한 사회과학자들은 죽어 있는 통계에 의존하지 않고 사회 속에서 사람들을 관찰해야 한다고 믿었다.

셋째, 아리스토텔레스는 사회를 자연적 공동체로 여기며 개인보다 폴리스를 우선적으로 생각해야 한다고 믿었다. 폴리스는 유기체같이 한 부분이라도 없으면 전체가 유지될 수 없다. 여기에서 폴리스는 현대적 의미의 국가를 가리키는 것이 아니라 고대 그리스의 도시국가를 의미한다. 폴리스는 사회정의와 경제 안정을 이루기 위한 것이 아니라 '좋은 삶'을 위해 만들어졌다. 아리스토텔레스는 폴리스를 정치적 동반자로 보았고, "정치적 동반자는 함께 사는 것에 그치는 것이 아니라 고귀한 행동을 위한 것으로 간주되어야 한다."고 주장했다. 이는 죽음의 공포 때문에 '자연 상태'에서 벗어나기 위해 사회 안전과 경제협력을 추구하는 개인들이 사회계약을 통해 국가를 만들었다는 사고와는 엄연히 다르다.

이 책에서 우리는 사회를 이해하는 세 가지 방식을 탐색했다. 어떤 이는 사회란 구조와 규칙의 실재라고 본다. 규범이 없는 사회는 끔찍한 혼란을 낳는다. 또 어떤 이는 사회가 개인의 상호작용에 의해 계속 변화하는 것이라고 말한다. 이러한 상호작용은 어떤 구조와 규칙에 의해서 결정되는 것이 아니다. 개인은 자신이 처한 상황을 이해하고 변화하는 의식과 기술, 권력을 가질 수 있다. 마지막으로 어떤 이는 사회란 미덕을 키우고 동반자를 만들고 공동선을 추구하는 것이라고 말한다. 사회와 개인은 서로 긴밀하게 연결되지만 사람은 공식적 규칙을 곧이곧대로 따르지 않는다. 어떻게 좋은 삶을 살아야 할지에 관한 습관과 지식을 가지는 것이 바로 미덕의 핵심 문제다. 이쯤에서 눈치 빠른 독자들은 깨달았겠지만 나는 세 번째 방식이 마음에 든다.

구조를 강조하는 이론은 인간 행위를 집단행동으로 축소하고 본질적 원리로 환원하는 경향이 있다. 마르크스주의의 경제결정론과 프롤레타리아혁명 이론은 가장 대표적인 이론적 실패 사례다. 레비스트로스의 연구에서 볼 수 있듯이 구조적 설명은 유용한 점이 많지만, 일부 구조주의자들의 주장처럼 인간의 모든 행동을 구조의 작동으로 설명할 수는 없다. 반면에 개인의 상호작용을 강조하는 이론은 개인의 기호, 취향, 욕구에 관심을 가지지만, 사회 모든 구성원이 공동으로 추구하는 목적과 도덕적 가치, 삶의 의미와 중요성, 우리 모두가 공유하는 좋은 삶에 대한 문제에 답하지 못한다.

이러한 방식을 두고 누군가는 '그래서 어쨌다는 거야?'라고 물을 수 있다. 사회학 내부에서도 거시 사회학과 미시 사회학을 통합하는 문제는 간단하지 않다. 개인과 사회의 관계를 통합적으로 사고하려는 이론가들의 노력도 완벽하지 않다. 나는 이 책에서 탁월한 현대 사회학자 기든스와 부르디외의 견해와 이론을 소개했지만, 누구도 확실한 답을 찾지는 못했다. 최근 신제도학과 경제학, 진화 심리학, 합리적 선택이론, 게임이론 등이 새로운 이론적 성과를 제공했지만 모든 것을 설명할 수는 없다. 이 문제는 더 복잡한 사회학 이론을 다룬 책에서 언급하겠지만, 나는 이 책이 독자들에게 사회와 개인의 관계를 진지하게 묻고 생각하게 하는 밑감이 되기를 기대한다.

이 책에서 아리스토텔레스가 말한 '좋은 사회' 속에 있는 개인의 '좋은 삶'이 과연 어떤 모습일지 명확하게 밝히기는 어렵지만, 우리는 몇 가지 전제를 생각해볼 수 있다. 첫째, 좋은 사회는 시민들이 사회문제를 생각하고 공동선을 위해 봉사하고 참여하는 문화적 기반을 가져야 한다. 모두가 세금 납부를 회피하거나 군 복무를 기피하고 자녀를 학교에 보내지 않는다면 공동체는 유지되지 못할 것이다. 그러나 2008년 금융 위기 이후 이명박 정부는 고통 분담을 감수하는 대신 부자들을 위해 세금을 감면했으며, 병역 면제자들을 대거 고위 공직에 발탁했다. 박근혜 정부의 박근혜−최순실 게이트는 사리사욕을 채우는 권력형 비리의 결정판을 보여주었고 국민적 규탄을 받았다. 좋은 사회는 개인이 이기적 욕심을 버리고 공동선을 위해 희생할 수 있는 미덕을 요구한다. 투표에 참여하고, 사회문제에 관심을 가지며, 다양한 시민 단체에 자발적으로 참여하는 사람이 많아질수록 공동선을 실현할 가능성은 커질 것이다. 아무 대가도 받지 않고 자원봉사와 긴급 구호에 나서는 사람이 많아질수록 사회 성원들 사이의 유대감은 커질 것이다.

둘째, 시장의 효율성은 경제를 운영하는 원리는 될 수 있지만 사회가 시장의 지배를 받아서는 안 된다. 자유 시장경제를 신봉하는 사람은 개인의 선택과 경쟁을 선호한다. 그러면 우리는 부자가 더 좋은 병원에서 치료받을 수 있도록 영리 병원을 허용해야 하는가? 학교보다 비싼 수업료를 내는 학원에 어린 학생들을 보내야 하는가? 아무 연금도 없이 은퇴한 노인을 국가는 그대로 방치해도 되는가? 사회는 국내총생산과 국내총소득으로 평가해서는 안 된다. 사회의 교육, 의료, 공공 부조는 경제적 효율성이 아니라 사회 성원의 '좋은 삶'과 관련이 있는 가치판단의 문제기 때문이다. 사회복지는 단순한 사회 지출이 아니라 인간의 존엄을 지키고 미래를 위한 투자가 되어야 한다. 그러기 때문에 국가 운영은 기업 경영과 다르다. 직원 10만 명을 고용하는 기업의 최고 경영자가 100명이 사는 마을의 이장이 된다고 해서 반드시 성공하는 것은 아니다. 최고 경영자는 능력이 없는 직원은 해고하면 되지만, 마을에서는 능력이 없다는 이유로 누구든 쫓아낼 수 없기 때문이다.

모두를 위한 사회과학

마지막으로 사회 불평등을 줄이고 소득과 부의 공정한 분배를 확대해야 사회연대 의식과 시민의 미덕이 커진다. 아리스토텔레스는 "가장 완벽한 공동체는 중간계급이 통제하고 (상층과 하층의) 다른 두 계급보다 그 수가 많은 것이다."라고 말했다. 실제로 빈부 격차가 커질수록 시민의 연대 의식은 약해진다. 지난 수십 년 동안 한국의 빈부 격차는 점점 커졌으며, 현재 가장 심각한 수준에 이르렀다. 복지 재정의 확대를 주장하면 보수 세력으로부터 '좌파 포퓰리즘'이라는 공격을 받는다. 우리 사회에는 사회 불평등이 개인의 노력에 따라 생기는 것이기에 정당하다는 생각이 널리 퍼져있다. 부자들은 공립학교보다 우수한 교사와 시설을 갖춘 사립학교를 선호한다. 상류층은 자신들만을 위한 최고급 수준의 민간 병원을 요구한다. 고급 아파트 단지에 사는 부자들은 한 동네에 임대 아파트가 들어오는 것을 꺼린다. 이처럼 부유층이 공공서비스와 공공 기관을 이용하지 않으면 가난한 사람들만 이용하게 될 것이고, 공공서비스를 이용하지 않는 부자들은 세금을 내지 않으려고 한다. 세금이 줄어들면 학교, 병원, 도서관, 박물관, 공원, 운동 시설, 시민 회관과 같은 공공시설이 줄어들고, 공적 영역이 약해지면 공동체의 소속감도 약해진다. 고급 백화점, 화려한 쇼핑센터를 이용하는 사람들과 재래시장과 노점상을 찾는 사람들이 분리된다면 사회의 공공선은 존재할 수 없다. 분배의 정의와 공공선은 밀접한 관련을 가지기 때문이다.

사회를 어떻게 보느냐의 문제는 곧 사회 속에서 어떻게 살아가느냐의 문제와 직결된다. 그래서 사회를 바라보는 서로 다른 시각은 학문적 논쟁인 동시에 정치적·윤리적 문제이기도 하다. 사회과학은 가치중립성을 추구하는 동시에 불가피하게 가치 지향적 성격을 띤다. 이 때문에 사회과학은 과학이냐 이데올로기냐는 질문을 받기도 한다. 어쩌면 사회과학은 과학과 이데올로기 가운데 어느 하나가 아니라 양자 사이의 중간쯤에 있는 것인지도 모른다. 그래서 사회과학은 많은 사람을 갈등과 혼란에 빠뜨리는 한편, 지적 자유를 향한 끝없는 탐구와 도전의 장이 되기도 한다. 부디 이 책을 읽는 독자들이 머나먼 진리의 항해에서 길잡이가 되어줄 북두칠성을 만나기 바란다.

모두를 위한 사회과학

부록

사회과학 계보도

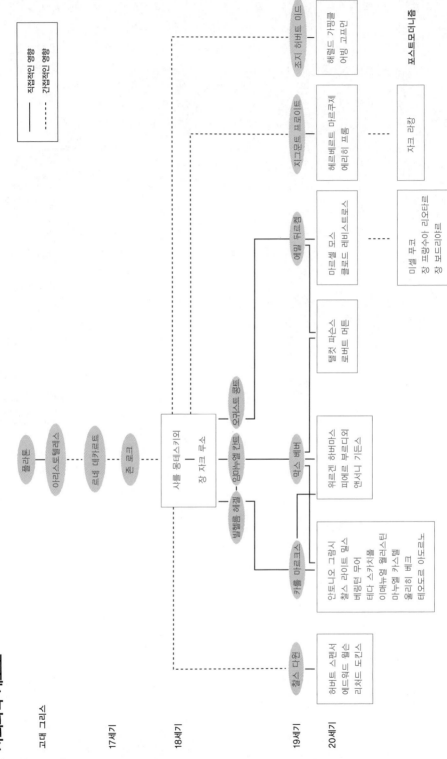

사회과학 관련 추천 도서

사회과학의 고전

《정치학》, 아리스토텔레스(Aristoteles) 도서출판 숲, 2009. 기원전 300년 전후의 그리스 도시국가 시대에 개인과 국가의 역사적 운명 공동체의 원칙을 서술한 고전. 국가의 형성과 구조, 바람직한 국가형태를 고찰하고 통치 방법, 교육원리 등을 기술했다.

《군주론》(1512), 니콜로 마키아벨리(Niccoló Machiavelli) 까치, 2008. 16세기에 출간된 정치학의 고전. 현대 현실주의 정치를 최초로 제시한 책으로, 정치적 행위는 종교 규율과 전통 윤리에서 벗어나야 한다고 주장한다. 그는 세간의 오해와 달리 "목적을 위해 수단과 방법을 가리지 말아야 한다."는 말을 남긴 적이 없다. 다만 사리사욕이 아닌 공동체를 위한 '좋은 목적'을 강조했을 뿐이다.

《방법 서설》(1637), 르네 데카르트(René Descartes) 문예출판사, 1997. 현대적 사유가 시작되는 분기점을 상징하는 저서. 이 책에서 "자신의 이성을 인도하고 모든 학문에서 진리를 찾기 위한 방법"을 다룬 서설을 자처했다.

《통치론》(1690), 존 로크(John Locke) 까치, 2007. 명예혁명이 발생한 지 2년 뒤에 명예혁명을 옹호하며 저술한 정치적 자유주의 이론의 고전. 개인의 생명, 안전, 재산을 지키는 정치사회 결성의 원칙을 제시하고 법의 지배를 주장한다.

인민의 동의가 권력 행사의 기초고, 인민이 저항권의 기초임을 말했다.

《법의 정신》(1748), 샤를 몽테스키외(Charles Montesquieu) 홍신문화사, 2006. 법의 정신은 평등과 자유 보장, 공공복지를 이루는 것이라고 주장했다. 사법부 독립을 핵심으로 하는 삼권분립이 법의 정신을 실현하는 데 꼭 필요하다고 보았다.

《인간 불평등 기원론》(1755), 장 자크 루소(Jean Jacque Rousseau) 책세상, 2003. 인간 역사를 진보가 아닌 타락과 퇴보의 과정으로 보았다. 원시적 자연 상태에서는 모든 인간이 평등한 삶을 누렸지만, 사유재산이 생기면서 경제적 불평등이 발생했다고 비판한다. 또한 경제적 불평등에서 인간의 불평등이 비롯되었다고 강조한다.

《국부론》(1776), 애덤 스미스(Adam Smith) 비봉출판사, 2007. 18세기 유행하던 중상주의를 비판하고 자유방임을 주장한 경제학의 고전. '보이지 않는 손'에 의해 궁극적으로는 경제행위가 공공복지에 기여한다고 주장했다.

《미국의 민주주의》(1835~1840), 알렉시스 드 토크빌(Alexis de Tocqueville) 한길사, 2002. 19세기 미국 민주주의 정치체제의 특성을 분석한다. 또한 민주주의가 미국의 지식인, 감정, 풍습, 정치사회에 미친 영향을 고찰한다.

《자유론》(1859), 존 스튜어트 밀(John Stuart Mill) 책세상, 2009. 시민혁명의 이념이었던 자유의 본질에 대해 탐구한다. 사회가 개인에게 정당하게 행사할 수 있는 권력의 성질을 설명한다. 《논리학 체계》, 《정치경제학 원리》도 그의 주요 저서로 평가받는다.

고전적 사회학자

《공산당 선언》(1848), **카를 마르크스(Karl Marx)·프리드리히 엥겔스(Friedrich Engels)** 백산서당, 1989. 마르크스와 엥겔스가 발표한 유명한 선언문으로 공산주의 운동의 이정표로 평가받는다. 현대사회의 계급과 계급 갈등을 분석한 날카로운 통찰력이 돋보인다. 정치경제학 분야의 필독서인 《자본론》은 마르크스의 대표 저서다.

《자살론》(1897), **에밀 뒤르켐(Émile Durkheim)** 청아출판사, 2008. 현대사회에서 자살의 증가가 단순한 개인의 선택이 아니라 사회구조와 관련이 있다고 주장한다. 뒤르켐의 다른 저서 《사회학적 방법의 규칙들》과 《종교 생활의 원초적 형태》도 사회학의 중요한 고전으로 평가받는다.

《프로테스탄트 윤리와 자본주의 정신》(1903~1905), **막스 베버(Max Weber)** 풀빛, 2006. 베버의 대표적 저서로 마르크스의 정치경제학에 반대하고 정신, 문화, 종교가 경제 발전에 영향을 미친다고 주장한다. 서구 자본주의 발전에 개신교가 중요한 역할을 수행했다고 지적한다. 한편 베버 사회학의 정수를 집대성한 명저 《경제와 사회》는 경제와 사회의 질서, 지배, 권력, 계급 등 다양한 주제를 연구한 성과물이다.

사회과학의 방법

《사회학적 상상력》(1959), **찰스 라이트 밀스(Charles Wright Mills)** 돌베개, 2004. 거대 이론과 추상적 경험주의를 비판하며 개인과 사회의 관계를 파악하는 사회학자의 임무를 강조한다. 1950년대에 출간된 책이지만 지금도 사회학 입문서로 가장 읽을 만하다.

《진리와 방법》(1960), 한스게오르크 가다머(Hans-Georg Gadamer) 문학동네, 2012. 전통적 인식론을 비판하면서 과학주의·객관주의 방법으로는 정신과학적 진리에 접근할 수 없다고 주장한다.

《과학혁명의 구조》(1962), 토머스 쿤(Thomas Kuhn) 까치, 2002. 과학 발전에서 패러다임의 변화에 따라 과학적 지식이 바뀐다고 주장한다. 과학사뿐 아니라 인간 지식에 관한 패러다임을 바꾼 저서다.

《추측과 논박》(1963), 칼 포퍼(Karl Popper) 민음사, 2001. 실증주의를 비판하면서 반증의 방법을 제시한 포퍼의 과학철학에 관한 대표 저서다. 고전적 관찰과 귀납의 과학 방법론을 거부하고 과학자가 개별적으로 설정한 가설을 경험적인 증거가 결정적으로 반증하는 방법을 통해 과학이 발전함을 주장한다.

《확실성의 종말》(1997), 일리야 프리고진(Ilya Prigogine) 사이언스북스, 1997. 뉴턴 이래의 결정론적 자연법칙을 거부하고 20세기 물리학의 혁명을 주도한 양자역학과 상대성이론을 이용해 불확실성을 설명하는 새로운 자연법칙을 제시한다.

자연과 사회

《종의 기원》(1859), 찰스 다윈(Charles Darwin) 홍신문화사, 2007. 생물학에 관한 책이지만 인류 사상에 가장 큰 영향을 미친 책 가운데 하나다. 특히 기독교 세계관에 치명적 타격을 주었다. 원래 제목은 '자연선택에 의한 종의 기원에 관한 연구'였으며, 생물 종에서 개체 간 변이가 일어날 경우 환경에 가장 적합한 것만이 살아남는다는 주장을 제시한다. 다윈의 이론은 스펜서의 진화 사회학, 마르크스의 역사 유물론, 그리고 제국주의 발전에도 큰 영향을 미쳤다.

《이기적 유전자》(1976), 리처드 도킨스(Richard Dawkins) 을유문화사, 2010. 인간을 이기적 유전자에 의해 조종당하는 기계로 본다. 생물학, 유전학, 사회학에 큰 영향을 주었다.

《인간에 대한 오해》(1981), 스티븐 제이 굴드(Stephen Jay Gould) 사회평론, 2003. 환경결정론을 주장하는 대표적인 저서. 다양한 생물학적 결정론의 오류를 체계적으로 비판한다.

《통섭》(1998), 에드워드 윌슨(Edward O. Wilson) 사이언스북스, 2005. 자연과학, 사회과학, 인문학 등 다양한 지식 분과의 통합을 주장한다. 사회현상도 생물학 지식을 활용하여 설명할 수 있다고 보는 사회생물학과 깊은 관련을 가지고 있다.

인류학과 사회학

《미개사회의 범죄와 관습》(1926), 브로니슬라프 말리노프스키(Branislaw Kasper Malinowski) 책세상, 2010. 트로브리앤드 섬의 부족사회에 관한 민속지 보고서로 법과 사회 관습에 관한 새로운 해석을 제시한다. 트로브리앤드 3부작으로 불리는 《서태평양의 항해자들》, 《북서 멜라네시아 미개인의 성생활》, 《산호 섬의 경작지와 주술》이 유명하다.

《문화의 패턴》(1934), 루스 베네딕트(Ruth Fulton Benedict) 까치, 2005. 문화

의 여러 유형에 관한 고전적 연구. 아메리카 원주민의 문화를 조사하면서 인간 문화 간에 다양한 차이가 있으며, 문화를 이해하려면 상대적 관점이 필요하다고 주장한다.

《슬픈 열대》(1955), **클로드 레비스트로스**(Claude Levi-Strauss) 한길사, 1998. 현대 인류학에 가장 큰 영향을 준 레비스트로스의 대표적 저서. 세상을 문명과 야만이라는 이분법으로 나누는 서구의 시각을 거부하고, 문화적 다양성이란 측면에서 각 문화를 보는 새로운 시각을 제공한다.

문화와 사회

《계몽의 변증법》(1947), **테오도르 아도르노**(Theodor W. Adorno)·**막스 호르크하이머**(Max Horkheimer) 문학과지성사, 2001. 20세기에 출간되어 소외된 노동, 대량 소비사회, 문화 산업이 미치는 영향을 분석함으로써 커다란 논란을 일으켰다.

《현대 세계의 일상성》(1968), **앙리 르페브르**(Henri Refevre) 기파랑, 2005. 현대 자본주의사회에서의 사회변동이 어떻게 일상생활의 성격을 바꾸는지 비판적으로 설명한다.

《오리엔탈리즘》(1978), **에드워드 사이드**(Edward Said) 교보문고, 2007. 오리엔탈리즘으로 총칭되는, 동양을 바라보는 서양의 사고, 인식, 표현의 본질을 규명한다. 오리엔탈리즘이 동양을 지배하려는 서양의 의도와 직결된 것임을 밝히고 지식과 권력의 관계를 식민지 상황에서 분석한다.

《구별 짓기》(1979), **피에르 부르디외**(Pierre Bourdieu) 새물결, 2005. 아비투

스, 상징적 권력, 문화 자본이라는 개념을 통해 개인들의 취향이 단순한 개인적 선택의 결과가 아니라 계급적·이데올로기적 의미를 지닌다고 본다.

《상상의 공동체》(1983), **베네딕트 앤더슨**(Benedict Anderson) 나남출판, 2002. 민족과 민족주의는 고대부터 존재하는 실재가 아니라 자본주의가 발전하는 시기에 등장한 '문화적 조형물'이라고 주장한다. 민족을 '상상의 공동체'라고 보는 관점은, 특정한 시기에 사람들의 경험을 통해 구성되고 의미가 부여된 역사적 공동체를 강조한다.

미시 사회학

《정신·자아·사회》(1934), **조지 허버트 미드**(George Herbert Mead) 한길사, 2010. 상징적 상호작용주의 이론이 분석한 개인과 사회에 관한 명저. 개인은 자신이 속한 집단의 다른 구성원의 자아와 관련될 경우에만 개인의 자아를 가질 수 있다고 지적한다.

《실재의 사회적 구성》(1966), **피터 버거**(Peter Berger)·**토마스 루크만**(Thomas Lukman) 문학과지성사, 2014. 현상학의 영향을 받은 지식사회학에 관한 저서. '사회적 구성'이라는 개념을 사회과학에 도입했으며, 사회적 실재는 개인과 집단의 상호작용을 통해 사회적으로 구성된다고 주장한다.

《자아 연출의 사회학》(1969), **어빙 고프먼**(Erving Goffman) 현암사, 2016. 개인이 일상에서 타자와 상호작용을 통해 어떻게 자신을 표현하는지 설명하는 고프먼의 대표적 저작이다.

정신분석과 사회학

《문명 속의 불만》(1930), 지그문트 프로이트(Sigmund Freud) 열린책들, 2004.
문명사회가 등장하면서 인간의 성욕이 억제되고 인간의 불만이 커진다고 주
장한다. 또한 사회가 어떻게 성을 규제하는지 분석한다. 저자의 대표작으로는
《꿈의 해석》이 있다.

《자유로부터의 도피》(1941), 에리히 프롬(Erich Fromm) 홍신문화사, 1991. 현
대사회의 인간이 속박에서 벗어나 자유를 얻지만 동시에 고립과 무기력에 빠
지는 현실을 분석한다. 자유의 부정적 측면이 커지면서 전체주의가 등장하는
현실을 비판한다.

《에로스와 문명》(1955), 헤르베르트 마르쿠제(Herbert Marcuse) 나남출판,
2004. 프로이트의 정신분석을 독일 철학의 전통에서 재해석해 인간 소외, 욕
망의 변증법을 분석한다. 성과 권력까지도 도구로 만드는 현대사회의 변화를
비판한다.

《자크 라캉 세미나》(1973), 자크 라캉(Jacques Lacan) 새물결, 2008. 정신분석
의 새로운 토대를 마련한 라캉은 언어, 주체, 기표, 상징에 관심을 가졌다.

성과 젠더

《성性 정치학》(1970), 케이트 밀레트(Kate Millet) 이후, 2009. 가부장제가 여
성을 남성에 종속시키고 여성을 열등한 존재로 취급한다고 비판한다. '개인적
인 것이 정치적인 것'이라고 지적하며 여성과 남성의 관계가 정치적인 것이라

고 주장한다.

《가부장제 이론》(1990), **실비아 월비**(Sylvia Walby) 이화여자대학출판부, 1996. 젠더에 관한 연구로 유명한 영국 사회학자의 가부장제와 여성에 관한 대표적 저서다.

《젠더 트러블》(1990), **주디스 버틀러**(Judith Butler) 문학동네, 2008. 가장 영향력 있는 미국 페미니즘 이론가가 과거의 페미니즘 이론을 한 번에 허물어뜨린 저서. 섹스와 젠더의 구분을 허물고 지배 권력의 토대인 가부장적 이성애주의의 성격을 분석한다.

경제와 사회

《돈의 철학》(1900), **게오르크 지멜**(Georg Simmel) 길, 2013. 마르크스의 자본론에 필적할 만한 저서로 화폐의 현상학을 탐구한다. 사회적 상호작용의 경제적 수량화로 인해 사회생활에서 내용과 형식의 분리가 생긴다고 본다. 자본주의와 합리성이 발전할수록 모든 사회생활에서 인간 소외가 나타난다고 주장했다.

《자본주의·사회주의·민주주의》(1942), **조지프 슘페터**(Joseph Schumpeter) 한길사, 2011. 마르크스주의 이론을 비판하면서 민주주의의 여러 모순을 분석했다. 자본주의가 사회의 조정과 통제를 받으며 관리 자본주의를 거쳐 사회주의로 이행한다는 이론을 제시했다.

《거대한 전환》(1944), **칼 폴라니**(Karl Polanyi) 길, 2009. 시장경제란 존재할 수 없으며, 인간, 자연, 화폐가 상품에 불과하다는 주장은 오류라고 비판한다. 시장과 국가는 사회라는 실체에 담긴 인간 자유와 가치를 추구하는 데 기여해야 한다고 주장한다.

《기호와 공간의 경제》(1994), **스코트 래시**(Scot Lash)·**존 어리**(John Urry) 현대 미학사, 1998. 대량생산과 대량 소비에 기반한 조직 자본주의가 약화되고 새로운 정보 구조와 생산 체계가 등장했다고 주장한다.

《맥도날드 그리고 맥도날드화》(1999), **조지 리처**(George Ritzer) 시유시, 2003. 맥도날드로 대표되는 패스트푸드점 원리가 지배하는 미국 사회, 나아가 현대 사회를 분석한다.

《뉴캐피털리즘》(2006), **리처드 세넷**(Richard Sennet) 위즈덤하우스, 2009. 현대 자본주의경제에서는 자신의 삶을 연속적인 이야기로 만들 수 있는 가능성이 사라진다. 삶의 서사를 통제할 수 없는 개인의 한계를 분석한다.

산업과 노동

《노동과 독점자본》(1974), **해리 브레이버만**(Harry Braverman) 까치, 1998. 자본주의경제 노동과정의 '탈숙련화'에 대한 고전적 연구다. 산업사회에서 노동 분업, 과학기술의 변화와 노동과정의 관계, 노동의 비인간화에 대한 연구로 유명하다.

《감정 노동》(1983), **앨리 러셀 혹실드**(Alie Russell Hochschild) 이매진, 2009. 노동이 우리의 감정을 어떻게 상품으로 만드는지 탐구한다. 미국 델타 항공사 승무원에 대한 경험적 연구를 통해 감정 노동이 개인과 사회관계에 미친 영향을 분석한다.

《노동의 종말》(1995), **제러미 리프킨**(Jeremy Rifkin) 민음사, 2009. 첨단 기술

의 발전과 경영 혁신이 해고와 대량 실업을 불러와 노동자가 없는 세계가 올 것이라고 본다. 자원봉사와 공공서비스 조직인 '제3부문'의 확대를 새로운 대안으로 제시한다.

계급과 계층

《유한계급론》(1899), 소스타인 베블런(Thorstein Bunde Veblen) 우물이있는집, 2012. 유한계급이 명예와 과시성을 추구하는 것의 의미를 분석하고, 부자들이 효용보다 과시성 소비에 몰두하는 이유를 추적한다.

《파워 엘리트》(1956), 찰스 라이트 밀스(Charles Wright Mills) 부글북스, 2013. 1950년대 미국 사회를 지배하는 정치·경제·군사 엘리트가 긴밀하게 연결되어 파워 엘리트가 등장했다고 주장한다.

《학교와 계급 재생산》(1978), 폴 윌리스(Paul Willis) 이매진, 2004. 영국의 노동자계급 자녀들이 학교 체제에 저항하면서 결국 노동자계급이 되어 계급 재생산에 기여하는 과정을 분석한다.

《한국 노동계급의 형성》, 구해근 창비, 2002. 한국 노동자계급에 관한 사회학적 연구다.

정치와 사회

《그람시의 옥중수고》(1971), 안토니오 그람시(Antonio Gramsci) 거름, 2006.

서유럽 사회에서 러시아혁명 같은 혁명이 일어나지 않는 이유를 날카롭게 분석한다. 자본주의사회의 '헤게모니'가 공고해지면서 모든 사회 구성원의 동의를 획득하는 과정을 추적한다.

《좌파와 우파를 넘어서》(1994), 앤서니 기든스(Anthony Giddens) 한울, 2008. 현대사회의 주요 정치 이념인 자유주의, 사회주의, 보수주의를 평가하고 혁명, 복지국가, 민주주의, 환경의 변화를 설명한다.

《나 홀로 볼링》(2000), 로버트 퍼트넘(Robert D. Putnam) 페이퍼로드, 2009. 19세기 토크빌이 미국을 방문했을 때 감탄한, 열정적으로 공동체에 참여하는 '미국의 정신'은 사라지고, 사회적 자본이 쇠퇴하는 미국 사회의 현실을 분석한다. 사회적 자본을 바탕으로 상부상조, 협조, 신뢰, 제도적 효율성과 같은 사회적 자본의 결과를 극대화하고 파벌주의, 인종주의, 부패와 같은 부정적 결과를 최소화해야 한다고 주장한다.

《민주화 이후의 민주주의》, 최장집 후마니타스, 2005. 민주화 이후 한국의 정치 변화에 대해 설명한다.

역사와 사회

《문명화 과정》(1939), 노베르트 엘리아스(Nobert Ellias) 한길사, 1996. 현대 유럽 문명의 심리적·사회적 기원을 밝히는 엘리아스의 대표적 저서다. 사회학적 통찰력으로 가득 차 있다.

《독재와 민주주의의 사회적 기원》(1966), 배링턴 무어(Barrington Moore) 까치, 1990. 유럽과 아시아에서 지주와 농민의 관계가 어떻게 민주주의의 등장에 영

모두를 위한 사회과학

향을 주었는지 분석하는 역사 사회학의 고전. 부르주아지가 민주주의혁명에서 중요한 역할을 수행했다고 지적한다.

《물질문명과 자본주의》(1967), 페르낭 브로델(Fernand Braudel) 까치, 1995. 현대 역사학의 고전. 15~18세기 유럽 역사의 일상생활을 탐구한다.

《국가와 사회혁명》(1979), 테다 스카치폴(Theda Skocpol) 까치, 1989. 프랑스 혁명, 러시아혁명, 중국 혁명을 국가, 사회 제도, 국제 체계를 중심으로 해석한다.

《근대 세계 체제 1·2·3》(1974), 이매뉴얼 월러스틴(Immanuel Wallerstein) 까치, 2013. 16~19세기 자본주의 세계경제의 변화에 관한 저서. 16세기 자본주의 세계경제가 확대되면서 '세계 체제'가 탄생했다고 지적한다.

《극단의 시대》(1994), 에릭 홉스봄(Eric John Ernest Hobsbawm) 까치, 2009. 20세기 현대사의 파노라마를 세계 전쟁, 사회혁명, 문화혁명, 제3세계 같은 다양한 주제에 따라 탁월하게 서술한다. 그의 다른 저서《혁명의 시대》,《자본의 시대》,《제국의 시대》도 유명하다.

모더니즘과 포스트모더니즘

《광기의 역사》(1961), 미셸 푸코(Michel Foucault) 인간사랑, 1991. 인간의 광기를 역사적으로 분석하면서 권력과 지식의 불가분의 관계를 탐구했다. 정신병에 관한 지식이 발전하면서 정신병원이 생겨나는 권력의 현상을 추적한다. 푸코의 다른 저서《감시와 처벌》,《말과 사물》,《성의 역사》도 유명하다.

《포스트모던적 조건》(1979), 장 프랑수아 리오타르(Jean-François Lyotrad) 서광사, 1992. 포스트모던 사회에서 거대 서사가 사라지는 대신 지식이 상대화되고 다양한 가치가 존재한다고 주장한다.

《시뮬라시옹》(1981), **장 보드리야르(Jean Baudrillard)** 민음사, 2001. 대중 커뮤니케이션과 대중 소비의 시대에서 현대 문화의 가상적·비현실적 성격이 커진다고 주장한다. 현대사회의 인간은 시뮬레이션이 된 경험과 느낌의 지배를 받으며, 무엇이 실제로 존재하는지 알지 못한다고 지적한다. 그의 다른 저서 《소비의 사회》는 현대사회의 소비는 단순한 경제적 행동이 아니라 의미를 지니는 기호를 조작하는 체계적 행위라고 분석한다.

《포스트모더니티》(1990), **앤서니 기든스(Anthony Giddens)** 1991, 민영사. 기든스의 대표 저서로 현대성의 중요한 특징을 설명하며, 포스트모더니즘을 비판한다. 원제는 '현대성의 결과'인데 옮긴이가 이와 다른 이름을 붙였다.

《포스트모더니티의 조건》(1989), **데이비드 하비(David Harvey)** 한울, 2013. 포스트모더니즘 비판서. 포스트모더니즘을 특정한 역사 조건에서 나타나는 심미적 움직임으로 본다.

정보사회

《미디어의 이해》(1964), **마셜 매클루언(Marshall McLuhan)** 커뮤니케이션북스, 2011. 전자 매체가 인간 사회를 '지구촌'으로 만들고 있다고 주장한다.

《제3의 물결》(1980), **앨빈 토플러(Alvin Tofler)** 한국경제신문, 2002. 무형의 기술과 정보가 중요한 소유 형태로 등장하는 '제3의 물결'은 사회를 수직에서 수평으로, 중앙집권 정치를 소규모 지방분권 정치로 바꿀 것이라고 예측한다.

《네트워크 사회의 도래》(1996), **마누엘 카스텔(Manuel Castells)** 한울, 2008.

현대사회를 정보 통신수단으로 개인과 집단이 긴밀하게 연결된 네트워크 사회로 본다. 《정보 시대: 경제, 사회, 문화》의 3부작 가운데 첫 번째 책이다.

현대사회의 전환

《**탈산업사회의 도래**》(1973), **대니얼 벨**(Daniel Bell) 아카넷, 2006. 기술 발전에 따른 서비스 경제의 확대, 전문직 계급의 부상, 이론적 지식의 중요성 증가 등 탈산업사회의 특징을 제시했다.

《**탈산업사회의 사회이론**》(1981), **알랭 투렌**(Alain Touraine) 이화여자대학교 출판부, 1994. 산업사회와 사회운동의 변화에 대한 연구를 소개한다. 투렌은 1969년 '탈산업사회'라는 개념을 최초로 사용했다.

《**엔트로피**》(1980), **제러미 리프킨**(Jeremy Rifikin) 세종연구원, 2000. 열역학 제2법칙인 엔트로피 법칙의 개념을 이용하여 현대 물질문명을 비판한다. 사용이 불가능한 에너지가 사용이 가능한 에너지를 초과하는 상황을 지적하며, 과학기술 발전을 통한 물질적 풍요를 추구하는 데 근본적 한계가 있다고 경고한다.

《**의사소통 행위 이론**》(1981~1987), **위르겐 하버마스**(Jürgen Habermas) 나남 출판, 2006. 하버마스의 대표 저서. 현대사회가 생활 세계(Lebenswelt)와 체계(System)의 이중 구조로 구성되었으며, 생활 세계에서 의사소통적 합리성을 통해 진리를 상호 검증할 수 있다고 주장한다.

《**위험 사회**》(1992), **울리히 베크**(Urlich Beck) 새물결, 2006. 현대사회의 단순한 합리성이 과학기술, 핵무기, 환경오염으로 인한 위험을 증가시킨다고 지적한다.

　《액체 근대》(2000), **지그문트 바우만**(Zygmunt Bauman) 강, 2009. 현대사회가
안정적이고 견고한 '고체'와 달리 끊임없이 변화하는 성질을 가진 '액체'의 성격
을 지닌 사회로 변화했다고 지적한다. 예측과 통제가 가능한 사회가 불안정성
이 지배하는 사회로 이동했다고 주장한다.

참고 문헌

1장 사회과학, 사회를 탐구하다

데이비드 흄, 김성숙 역, 《인간이란 무엇인가A Treatise of Human Nature》(1739), 동서문화사, 2016

아리스토텔레스, 천병희 역, 《정치학Politica》, 숲, 2009

에드거 앨런 포, 윤성 역, 《모르그가의 살인 사건The Murders in the Rue Morgue》(1841), 동림, 2001

에드워드 사이드, 박홍규·최유준 역, 《음악은 사회적이다Musical Elaborations》(1991), 이다미디어, 2008

에밀 뒤르켐, 민문홍 역, 《사회 분업론De la division travail social》(1893), 아카넷, 2012

———, 황보종우 역, 《자살론Le Suicide》(1897), 청아출판사, 2008

존 로크, 이재한 역, 《인간 오성론An Essay Concerning Human Understanding》(1690), 다락원, 2009

토머스 하디, 이동민 역, 《테스Tess of the d'Ubervilles》(1891), 소담출판사, 1994

Immanuel Kant, "What is Enlightenment?"(1784), Kant: Political Writing, Cambridge University Press, 1911

Mark Granovetter, "The strength of Weak Ties", American Journal of Sociology, Volume 78, Issue 6, 1973

2장 개인과 사회, 무엇이 더 중요한가

대니얼 디포, 신윤덕 역, 《로빈슨 크루소Robinson Crusoe》(1719), 삼성출판사, 2003

맬컴 글래드웰, 노정태 역, 《아웃라이어Outlier》(2008), 김영사, 2009

미겔 데 세르반테스, 박철 역, 《돈키호테Don Quixote》(1605), 시공사, 2015

미셸 투르니에, 김화영 역, 《방드르디, 태평양의 끝Vendredi ou les limbes du Pacifique》(1967), 민음사, 2003

애덤 셰보르스키, 최형익 역, 《자본주의와 사회민주주의*Capitalism and Social Democracy*》(1985), 백산서당, 1995

애덤 스미스, 김수행 역, 《국부론*The Wealth of Nations*》(1776), 비봉출판사, 2007

에밀 뒤르켐, 노치준 역, 《종교 생활의 원초적 형태*The Elementary Forms of Religious life*》(1912), 민영사, 1992

장 자크 루소, 정영하 역, 《사회계약론*Du contrat social*》(1762), 산수야, 2011

카를 마르크스·프리드리히 엥겔스, 이진우 역, 《공산당 선언*Manifest der Kommunistischen Partei*》(1848), 책세상, 2002

폴 윌리스, 김찬호 역, 《학교와 계급 재생산*Learning to Labor : How Working Class Kids Get Working Class Jobs*》(1981), 이매진, 2004

표도르 도스토옙스키, 홍대화 역, 《죄와 벌》(1866), 열린책들, 2009

Howard Becker, *Outsiders*, Simon and Schuster, 1963

3장 자연과 사회, 무엇이 다른가

대니얼 에버렛, 윤영삼 역, 《잠들면 안 돼, 거기 뱀이 있어*Don't sleep, There Are Snakes*》(2008), 꾸리에북스, 2009

데즈먼드 모리스, 김석희 역, 《털 없는 원숭이*The Naked Ape*》(1967), 문예춘추사, 2011

루이스 모건, 최달곤·정동호 역, 《고대 사회*Ancient Society*》(1877), 문화문고, 2005

리처드 도킨스, 홍영남 외 역, 《이기적 유전자*The Selfish Gene*》(1976), 을유문화사, 2010

비투스 드뢰셔, 이영희 역, 《휴머니즘의 동물학*Tierisch Erfolgreich*》(1996), 이마고, 2003

스티븐 제이 굴드, 김동광 역, 《인간에 대한 오해*The Mismeasure of Man*》(1981), 사회평론, 2003

에드워드 윌슨, 이병훈 역, 《사회생물학*Sociobiology*》(1975), 민음사, 1992

오스발트 슈펭글러, 양해림 역, 《서구의 몰락*Der Untergang des Abendlandes*》(1918~1922), 책세상, 2008

월트 로스토, 이상구 역, 《경제성장의 여러 단계: 반공산당 선언*The stages of Economic Growth : A Noncommunist Manifesto*》(1960), 진명문화사, 1962

찰스 다윈, 송철용 역, 《종의 기원*On the Origin of Species* 》(1859), 동서문화사, 2009

콘라트 로렌츠, 《공격성에 관하여*On Aggression*》(1966), 이화여자대학교출판부, 1989

토머스 맬서스, 이서행 역, 《인구론*An Essay of the Principle of population*》(1798), 동서문화사, 2016

Edward B. Tylor, *Primitive Culture*, Harper Torchbooks, 1871

Herbert Spencer, *The Study of Sociology*, D. Appleton and Company, 1873

Richard Hernstein·Charles Murray, *The Bell Curve: Intelligence and Class Structure in America Life*, Simon & Schuster, 1996

Saundra K. Schneider and William G. Jacoby, "A Culture of Dependence? The Relationship Between Public Assistance and Public Opinion", *British Journal of Political Science* 33(2003): 213-231

4장 사회과학에 진리가 있는가

마르셀 모스, 이상률 역, 《증여론*Essai sur le don*》(1925), 한길사, 2002

브로니슬라프 말리노프스키, 최협 역, 《서태평양의 항해자들*Argonauts of the Western Pacific*》(1922), 전남 대학교출판부, 2013

아쿠타가와 류노스케, 김영식 역, 《라쇼몽》(1915), 문예출판사, 2008

일리야 프리고진, 이덕환 역, 《확실성의 종말*La fin des certitudes*》(1996), 사이언스북스, 1997

토머스 쿤, 김명자·홍성욱 역, 《과학혁명의 구조*The Structure of Scientific Revolutions*》(1962), 까치, 2013

Karl R. Popper, *The Open Universe: An Argument for Indeterminism*, Routledge, 1992

Robert K. Merton, *Social Theory and Social Structure*, Free Press, 1957

5장 사회과학 지식은 어떻게 만들어지는가

리처드 니스벳, 설선혜 역, 《무엇이 지능을 깨우는가*Intelligence and How to Get it*》(2009), 김영사, 2015

마거릿 미드, 조혜정 역, 《세 부족사회에서의 성과 기질*Sex and Temperament: In Three Primitive Societies*》(1935), 이화여자대학교출판부, 1998

미셸 푸코, 문경자 외 역, 《성의 역사*Historie de la sexualite*》(1976), 나남출판, 2004

브로니슬라프 말리노프스키, 최협 역, 《서태평양의 항해자들*Argonauts of the Western Pacific*》(1922), 전남 대학교출판부, 2013

수디르 벤카테시, 김영선 역, 《괴짜 사회학Gang Leader for a Day》(2008), 김영사, 2009

스티븐 레빗·스티븐 더브너, 안진환 역, 《괴짜 경제학Freakonomics》(2005), 웅진지식하우스, 2007

윤국일 역, 《신편 경국대전》, 신서원, 2005

제임스 프레이저, 신상웅 역, 《황금 가지The Golden Bough》(1890), 동서문화사, 2007

존 롯, 진성록 역, 《프리덤노믹스Freedomnomics》(2007), 부글북스, 2007

프랭크 뉴포트, 정기남 역, 《여론조사Polling Matters》(2004), 휴먼비즈니스, 2007

피에르 부르디외, 이상호 역, 《재생산La Reproduction》(1970), 동문선, 2000

필립 짐바르도, 이충호·임지원 역, 《루시퍼 이펙트The Lucifer Effect》(2007), 웅진지식하우스, 2007

Alfred Kinsey, *Sexual Behavior in the Human Male*, Indiana University Press, 1948

———, *Sexual Behavior in the Human Female*, Indiana University Press, 1953

Charles Booth, *Life and Labour of the People in London*, Macmillan, 1892

John Goldthorpe et al., *The Affluent Worker*, Cambridge University Press, 1968

Robert W. Fogel, *Railroads and American Economic Growth : Essays in Economic History*, The Johns
　　Hopkins University Press, 1964

Ronald Inglehart, *The Silent Revolution*, Princeton University Press, 1977

———, *Culture Shift in Advanced Industrial Society*, Princeton University Press, 1990

Tony Ashworth, *Treuch Warfare, 1914~1918 : the Live and Live System*, Holmes & Meier, 1980

6장 사회를 비교하면 사회과학이 보인다

루스 베네딕트, 정승섭 역, 《국화와 칼The Chrysanthemum And the Sword》(1946), 헤원출판사, 2006

리처드 니스벳, 최인철 역, 《생각의 지도The Geography of Thought》(2003), 김영사, 2004

막스 베버, 김상희 역, 《프로테스탄트 윤리와 자본주의 정신Die Protestantische Ethik und der Geist des
　　Kapitalismus》(1904~1905), 풀빛, 2006

배링턴 무어, 진덕규 역, 《독재와 민주주의의 사회적 기원Social Origins of Dictatorship and Democracy》
　　(1966), 까치, 1990

새뮤얼 헌팅턴, 이희재 역, 《문명의 충돌 The Clash of Civilizations》(1996), 김영사, 2016

알렉시스 드 토크빌, 임효선 역, 《미국의 민주주의De la démocratie en Amérique》(1835), 한길사, 2002

에드워드 사이드, 박홍규 역, 《오리엔탈리즘Orientalism》(1978), 교보문고, 2007

에밀 뒤르켐, 윤병철·박창호 역, 《사회학적 방법의 규칙들Les Regles de la methode sociologique》(1895), 새물결, 2001

클로드 레비스트로스, 박옥줄 역, 《슬픈 열대Tristes Tropigues》(1955), 한길사, 1998

테다 스카치폴, 한창수·김현택 역, 《국가와 사회혁명: 혁명의 비교 연구State and Social Revolution : A Comparative Analysis of France, Russia, and China》(1979), 까치, 1982

Ludger Müller-Wille(ed.), William Barr(trans.), Franz Boas among the Inuit of Baffin Island, University of Toronto Press, 1998

7장 현대사회는 어떻게 변하고 있는가

대니얼 벨, 김진욱 역, 《자본주의의 문화적 모순The Cultural Contradictions of Capitalism》 (1976), 문학세계사, 1990

알랭 투렌, 조형 역, 《탈산업사회의 사회이론Le Retour de l'acteur: Essai de sociologie》 (1984), 이화여자대학교출판부, 1994

앙드레 고르, 이현웅 역, 《프롤레타리아여 안녕Adieu au Prolétariat》(1980), 생각의나무, 2011

앨프리드 챈들러, 김두얼 외 역, 《보이는 손 The Visible Hand》(1977), 지식을만드는지식, 2014

울리히 베크, 홍성태 역, 《위험 사회Risk Society》(1992), 새물결, 2006

위르겐 하버마스, 장춘익 역, 《의사소통 행위 이론Theorie des kommunikativen handelus》(1995), 나남출판, 2006

존 나이스빗, 이창혁 역, 《메가트렌드Megatrend》(1982), 21세기북스, 1987

찰스 다윈, 송철용 역, 《종의 기원On the Origin of Species 》 (1859), 동서문화사, 2009

카를 마르크스·프리드리히 엥겔스, 강유원 역, 《공산당 선언Manifest der Kommunistischen Partei》(1848), 이론과실천, 2008

클레이 서키, 송연석 역, 《살리고 쏠리고 늘긇다Here Comes Everybody: The Power of Organizing Without Organizations》(2006), 갤리온, 2008

프랜시스 후쿠야마, 이상훈 역, 《역사의 종말The End of History and the Last man》(1997), 한마음사, 1994

헤르베르트 마르쿠제, 박병진 역, 《일차원적 인간One-Dimentional Man》(1964), 한마음사, 2009

Claude-Henri de Saint-Simon, Du système industriel,

8장 사회과학, 불평등을 해부하다

김윤태·서재욱, 《빈곤: 어떻게 싸울 것인가》, 한울, 2013

레너드 T. 홉하우스, 김성균 역, 《자유주의의 본질 Liberalism》(1911), 현대미학사, 2006

리처드 윌킨슨·케이트 피킷, 전재웅 역, 《평등이 답이다 The Spirit Level》, 이후, 2012

소스타인 베블런, 김성균 역, 《유한계급론 The Theory of the Leisure Class: An Economic Study of Institutions》
    (1899), 우물이있는집, 2012

스콧 피츠제럴드, 김욱동 역, 《위대한 개츠비 The Gread Gatsby》(1925), 민음사, 2003

아마티아 센, 김원기 역, 《자유로서의 발전 Development as Freedom》(1999), 갈라파고스, 2013,

앙드레 고르, 이현웅 역, 《프롤레타리아여 안녕 Adieux au Prolétariat》(1980), 생각의나무, 2011

예란 테르보른, 이경남 역, 《불평등의 킬링필드 The Killing Field of Inequality》(2013), 문예춘추사, 2014

이정우, 《불평등의 경제학》, 후마니타스, 2010

장 자크 루소, 주경복 역, 《인간 불평등 기원론 Discours sur l'origine et les Fondements de l'inégalité parmi les
    hommes》(1755), 책세상, 2003

조지프 스티글리츠, 이순희 역, 《불평등의 대가 The Price of Inequality》(2012), 열린책들, 2013

존 롤스, 황경식 역, 《정의론 A Theory of Justice》(1971), 이학사, 2003

찰스 라이트 밀스, 정영진 역, 《파워 엘리트 Power Elite》(1956), 부글북스, 2013

카를 마르크스·프리드리히 엥겔스, 이진우 역, 《공산당 선언 Manifest der Kommunistischen Partei》(1848),
    책세상, 2002

토마 피케티, 정경덕 외 역, 《21세기 자본 Capital in the Twenty-First Century》(2013), 글항아리, 2015

토머스 H. 마셜·톰 보토모어, 조성은 역, 《시민권 Citizenship and Social Class》(1950), 나눔의집, 2014

플라톤, 천병희 역, 《국가 Politeia》, 숲, 2013

해리 브레이버만, 이한주 역, 《노동과 독점자본: 20세기에서의 노동의 쇠퇴 Labor and Monopoly Capital:
    the Degradation of Work in the Twentieth Century》(1974), 까치, 1998

Asa Briggs, "The Welfare State in Historical Perspective", Christopher Pierson and Francis G.Castles,
    eds., The Welfare State Reader, Polity, 1969(2006)

Erik Olin Wright, *Class, Crisis and the State*, London: New Left Books, 1978

James Burnham, *The Managerial Revolution*, Harmondsworth: Penguin, 1941

Kingsley Davis and Wilbert E. Moore, "Some principles of stratification", *American Sociological Review* 10 (2), 242–9, 1945

Pitirim Alexandrovitch Sorokin, *Social and Cultural Mobility* (1927), Free Press, 1959

찾아보기

모두를 위한 사회과학

지은이 | 김윤태

1판 1쇄 발행일 2011년 11월 14일
개정판 1쇄 발행일 2017년 3월 6일
개정판 2쇄 발행일 2018년 10월 22일

발행인 | 김학원
편집주간 | 김민기 황서현
기획 | 문성환 박상경 임은선 최윤영 김보희 전두현 최인영 이보람 정민애 이문경 임재희 이효온
디자인 | 김태형 유주현 구현석 박인규 한예슬
마케팅 | 이한주 김창규 김한밀 윤민영 김규빈 송희진
저자·독자서비스 | 조다영 윤경회 이현주 이령은(humanist@humanistbooks.com)
조판 | 홍영사
용지 | 화인페이퍼
인쇄 | 청아문화사
제본 | 정민문화사

발행처 | (주)휴머니스트 출판그룹
출판등록 | 제313-2007-000007호(2007년 1월 5일)
주소 | (03991) 서울시 마포구 동교로23길 76(연남동)
전화 | 02-335-4422 팩스 | 02-334-3427
홈페이지 | www.humanistbooks.com

ⓒ 김윤태, 2017

ISBN 979-11-6080-008-1 03300

• 이 도서의 국립중앙도서관 출판예정도서목록(CIP)은 서지정보유통지원시스템 홈페이지(http://seoji.nl.go.
  kr)와 국가자료공동목록시스템(http://www.nl.go.kr/kolisnet)에서 이용하실 수 있습니다.
  (CIP제어번호: CIP2017003752)

만든 사람들

편집주간 | 황서현
기획 | 최윤영(cyy2001@humanistbooks.com) 이보람
편집 | 권혁주
디자인 | 김태형 박인규
일러스트 | 국태이